JURISPRUDENCE IN SOCIETY

社會中的法理

（第10卷）

西南政法大学法社会学与法人类学研究中心　主办
张永和　主编

法律出版社
LAW PRESS · CHINA

总　序

法理学试图要解决的终极问题是“法律是什么”。不过,这始终应该是当下问题,因为脱离了当下的讨论,我们就不能触摸到这个问题的本质。唯此,法理学才可能找到自己真正的问题。所以说,任何一个传世的经典法理学问题都是大师们对那个时代法律的思考。

“法律是什么”是每个时代都需要的考问,但每一个时代都有每个时代自己的法律问题。所以,如果仅简单地问“法律是什么”,这可能还是一个大而化之的问题。因为,如果“法律是什么”的问题在不同社会、不同时代被提出,答案可能不一样。所以,当我们提出“法律是什么”时,我们是否确定,我们究竟是在问古希腊、中国先秦还是今天的中国。

当然,问题还不仅仅如此,对于这一发问,其实还包含具体的“法律是什么”和“为什么法律是这样”的价值分析。这可能是两个不同范畴的考问,但显然,我们的问题属于前一个问题,即法律具体是什么?或者说,法律究竟是什么。

因此,如何发问,也不简单。只有将其放在法律人的全部活动中,放在法律赖以生存的社会中,我们才会发现这是不能简单回答的问题,因为这不是一个简单的理论性问题,而是一个非常复杂的实践性问题。

法律作为一种文化积淀,存在于社会中,根植于共同体的观念认知、推理方式与价值取向中。传统的法学研究方法在我们把握繁杂的社会现象与个体行为多样性,以及二者之间内在的机理关系方面已显得苍白,无法使我们透过法律窥视社会的真实和文化的民族特质,也无法厘清和说明我们的生活世界到底经历着怎样的改换与变迁的路径。

所以,必须下大力气对社会现实做深度研究,必须知道法律是如何对社会以及人们的生活产生影响,我们才可能找到问题的答案。我们相信,大量的数据和田野调查一定会告诉我们“法律是什么”。同时,只要你亲历实证调研,并审美那些鲜活的素材,或许你会有属于自己的问题和思想,尽管这些经验看上去并不那么优雅。不过,我们并不应排斥大家们深邃的思想并从中得到理性启迪。

《大学》中有"格物致知"之说,朱熹认为:"所谓致知在格物者,言欲致吾之知,在即物而穷其理也。"用今天的话来讲就是,要获得知识,必须考察事物,以求认识事物的理。近年来,法理学界的研究似乎在悄悄变化,正在朝研究社会现实问题的方向转变。许多学者通过法社会学和法人类学的数据统计和田野调查对这个问题进行交叉研究,对中国现阶段的法制状况进行有意识的盘点,并生产出了许多成果,其中不乏上品。这是相当可喜的。但是,由于受问题意识、叙述方式以及篇幅的影响,能够刊载这些成果的刊物不多。为使这些成果得以问世,经与法律出版社商量,决定出版《社会中的法理》。通过这种形式,试图让大家看到今天中国的"法律是什么"。

本出版物接受法社会学与法人类学的译介、现实问题的研究以及法社会学与法人类学的研究报告。字数可在5万字以内。

这是一项长期的事业,我们真诚地期望得到海内外有志于该研究的学者同人的支持,不断地对"法律是什么"追问和盘点,为我们的法治事业尽绵薄之力。

来稿请惠寄:shzdfl@163.com。

张永和*

---

* 西南政法大学教授、博士研究生导师,人权研究院执行院长,法社会学与法人类学研究中心主任,人类学博士。

目　录

Contents

◎ 法治专论

◎ 理论探讨

◎ 法治专论

量化“法治”：WGI 法治指数研究

◇王裕根*

引　言

通过法治进行社会治理是世界各国发展走向成熟的标志。改革开放以来，我国的法治建设取得了重要成就，其标志性的事件就是将“依法治国、建设社会主义法治国家”写入宪法。以党的十八届四中全会为起点，我国正走向全面推进依法治国的新时代。由于世界各国的历史传统和社会条件殊异，各国法治理念与实践模式也不尽相同。法治发展的实践表明，对法治进行量化评估或将成为各国法治改革和发展的新引擎。随着我国经济社会发展诸领域逐步法治化、治理法治化、法治技术化日益影响着人们对法治观念的感知和认识。通过评估和研判人们实践中的法治观念，可能有助于校准和明确国家法治建设发展的方向，从而寻求法治发展和改革路径。世界银行全球治理指标（Worldwide Governance Indicator，WGI）是世界上较早评估世界各国法治（rule of law）发展水平的实践模式之一，其法治量化评估结果已成为世界各国法治改革和发展的重要参照。诚然，法治量化评估的前提在于一个科学的量化评估标准：一方面，衡量一个国家和地区的发展水平在很大程度上取决于一国或地区对“法治”的科学定义；另一方面，法治发展水平评估不能单凭个人意志主观认定，而须借助科学的量化工具。从世界范围来看，WGI 的法治量化实践起步较早、持续时间较长、量化实践体系相对成熟，可为世界各国开展法治量化评估提供丰富的实践经验。

对“法治”概念进行操作化研究，并借助社会统计学以及数学计算知识得出系列量化评估数据，最终形成“法治指数”（the rule of law index）。从世界法治发展的历史来看，法治指数是一种法治文化和理念的传播，而

---

* 中南财经政法大学法学理论专业博士研究生。

开展法治的量化实践是重塑法治文化和推进法治建设转型的需要;从知识社会学的角度来看,“指标”和“指数”作为“法治”观念传播的媒介符号,是公众领悟法治精神、感受法治发展水平的技术知识,对增加理解社会发展开放性和透明度的知识存量具有重要贡献。近年来,随着 WGI 法治指数以及世界正义工程(World Justice Project,WJP)法治指数的实践经验不断被引介到我国,我国产生了第一个法治指数——“余杭法治指数”。“余杭法治指数”作为地方法治评估的试验田,在理论和实践中都引起了国内学者广泛关注。这集中表现为地方法治指数评估的理论基础得到澄清、构建中国法治指数评估的理论意义得到阐明,以及专项评估的实践经验得到初步论证;尽管如此,却鲜见对 WGI 法治指数的“原创性”内容进行深入剖析。而从某种意义上讲,世界法治指数是“源”,构建中国法治指数评估是“流”。解决“源流”问题或将成为全面认识“法治指数”内涵本质的关键。鉴于此,通过研究 WGI 法治指数的实践路径、逻辑构造及其数据组合模型,有助于研判 WGI 法治指数兴起的原初动力、量化实践和社会效果,准确认识当前我国法治指数评估出现的理论和实践问题,并以此不断完善中国法治指数评估的路径,从而不断完善和创新我国法治指数评估理论。

对法治的实证研究也将离不开对我国法治指数实践的经验观察。通过反思地方法治建设的综合评估与法治指数的专项评估的实践经验发现,法治评估研究方法的实证性以及学科交叉性增添了法治评估的中立性、技术性和科学性。深入研究 WGI 法治的量化评估方法,将可能进一步在理论和实践上深化和丰富实证主义研究方法在法学理论方面的“想象”,使法学研究与社会学研究方法乃至数理统计学的理论模型深度融合,提升法学研究在其他人文社会科学研究的影响力。如此,在新的情境和视野中,不断提高我国法学理论界对中国法治实践的思想认识,创新和发展符合中国法治发展实际的法学理论。当然,本文无意构建中国法治指数评估的具体指标模型和路径演进,而是在经验上论证法治指数评估可能成为我国法治发展改革的新动力的同时,在实践层面上再现和反思 WGI 法治指数的全貌,并以此为经验参照解释中国法治指数评估的路径指向,以期推动我国法治指数评估在理论和实践中不断向纵深发展。

一、法治之问：本体考察与量化之维

（一）“法律”之多重面相

什么是“法律”？这是一个至今都没有准确答案的问题，犹如对“什么是正义”的回答一样。从广义上说，法理学可以被界定为法律的智慧，或者对法律事业的性质和语境的理解。[1] 而对法律的本体追问始终是西方法理学界最核心的关切。历史地看，西方自然法学派致力于回答“法律应该是什么”，即从法律的内容（价值）层面上讲，法律应该是公平正义并保障人权和自由的，因此，“恶法非法”。分析实证主义法学派致力于回答“法律是什么”，即从法律的形式上看，法律是一套逻辑自洽的规则体系，具有强制的规范效力，因而“恶法亦法”。社会学法学派致力于回答的问题是“法律在社会中的功能如何”，即从法律的功能上看，通过法律控制社会，充分发挥社会整合功能，能够有效实现社会目的，实现社会和谐稳定。尽管西方三大法学流派诞生的问题背景不一，但其追问的法理学“问题”总是与当时的政治历史条件和社会经济条件密切相关，这就决定了每个时代的问题域又是相对的，随时代的不同而不断发展变化。虽然西方三大法学流派都在不同层面回答了法律之本体论方面的问题，但最终都没有以明显的理论优势压倒对方或者双方；相反，却是以一种包容和开放的态度相互彼此借鉴各自的理论优势，这进一步说明“法律”具有丰富的内涵，而其本体性问题具有开放性和复杂性。从法律的内容、法律的形式再到法律的功能，凸显了法律的多重面相，每一重面向都体现了法学家对法律乃至法治认识的智慧结晶。不可否认，“法律”的面向是开放和多元的，从不同的侧面来看，会形成不同的视角，进而对法律之本体追问会形成不同的回答。正如博登海默总结的那样：“法律是一个带有许多大厅、房间、凹角、拐角的大厦，在同一时间里想用一盏探照灯照亮每一间房间、凹角和拐角是极为困难的，尤其当知识和经验受到局限的情况下，照明系统不适当或至少不完备时，情形就更是如此了。”[2]

通过法律进行治理表现为法治。由于法律之本体问题本身具有开放

---

〔1〕 参见［英］韦恩·莫里森：《法理学——从古希腊到后现代》，李桂林等译，武汉大学出版社 2003 年版，第 2 页。

〔2〕 ［美］E. 博登海默：《法理学：法律哲学与法律方法》，邓正来译，中国政法大学出版社 2004 年版，第 217 页。

性,因此,非经激烈争辩和时代考验,难以对什么才构成"法治"达成共识。中华人民共和国成立以来,囿于意识形态的限制,我国要不要搞法治以及法治的正当性如何始终是法学界讨论的重点。至1997年把"依法治国,建设社会主义国家"写入宪法之后,法治的正当性与界定才取得初步共识。但随之而来的是,如何推进法治成为学界关注的焦点。"法律移植论"和"本土资源论"之间的观点交锋、难解难分,并一直持续到今天。而伴随着量化技术的发展,如何借助先进的统计分析工具量化法治建设水平、查摆法治建设中的弊端,成为学界热议的话题。因而有学者认为,我国法治建设可谓经历了正名法治、定义法治和量化法治的逻辑推演,三者共时共存、陈陈相因。从论者间达成的共识程度来看,它们依次属于现在完成时态、现在完成进行时态和现在进行时态。[1] 总体来看,如果说西方法理学界是从法治变革的宏观角度为法律之本体追问提供理论资源,那么对于法治建设相对弱后的中国来说,法理学界则更多从微观层面、从中国社会发展的实际出发来讨论如何对接西方法治文化植入中国土壤的成长环境。清晰可见的是,正名法治、定义法治以及量化法治等理论命题都是在西方法治文化冲击下回应中国法治建设的需要,体现了"法治"在不同的社会条件下的多重维度。

(二)量化"法治":文化溯源与意义重述

既然"法治"[2]本身缺少一个准确的含义,那么在实践中寻求另外一种途径对法治观念进行量化分析,在更加具体的意义上链接法治观念的实践,便成为定义"法治"观念的有益尝试。显然,量化"法治"并不是要否定"法治"本真意义上的内涵,而是在明晰法治观念的基础上试图在法治实践

---

[1] 参见张志铭、于浩:《共和国法治认识的逻辑展开》,载《法学研究》2013年第3期。

[2] 《牛津法律词典》把"法治"解释为一个无比重要的,在内容上却未曾被界定、甚至是不可能被界定的概念。亚里士多德的法治双重含义:守法之治和良法之治。此即已成立的法律获得普遍的服从,而大家所服从的法律应该是良好的法律。此后,1885年英国著名法学家艾尔伯·维恩·戴雪在《英宪精义》中又赋予"法治"以这样的特征:"任何人不受惩罚或者遭受法律上的身体制裁和财产剥夺,除非明显违法了普通法建立起来的行为方式,并且每个人,无论他的级别或者地位,都应该服从普通法的权威而且有义务遵从普通法院的管辖。"美国法学家富勒在《法律的道德性》中认为,法律应包括八个内在道德性:普遍性、公开性、不溯及既往、清晰明确、不自相矛盾、可行性、稳定性、一致性,如果任何一个法律体系丢失了其中一个或多个维度将不构成"法治"观念,这八个形式特征是构成法律的内在道德。与"厚的"法治观念相区别,它可称为"薄的"法治观念(thin conceptions of rule of law)。

中去截取“法治”观念表现的不同侧面，在不同的侧面中量化法治发展水平。其实，最早对法治的量化研究始于20世纪60年初期至70年代中期美国的“法律与发展运动”。“法律与发展运动”注重实证量化研究与社会调查，在这样一种量化的法治技术文化背景下，基于法律变革和发展的需要，通过定量比较各国在法律制度发展方面的差异，可为本国法治改革和进步提供决策参考。而在20世纪90年代，伴随统计技术的不断提高以及计算成本的降低，社会经济统计技术和手段不断提高并不断延伸到社会生活诸领域，社会生活指标化趋势日益显著。[1] 在理性文化和技术支撑的前提下，全球治理指标（WGI）法治指数、世界正义工程（WJP）法治指数、全球清廉指数、全球透明指数等世界指数先后流行于国际舞台，尤以世界法治指数为重，在不同程度上影响了后发国家对本国法治发展话语的构建和法治评估文化的重塑。以WJP的数据[2]为例，WJP从2014年开始便对世界不同国家进行国家整体法治水平评估，并最终以年度报告的形式通过官网向世界发布。据WJP官网数据显示，2014年中国整体法治水平评估得分为0.45（分值设置在0~1区间），在99个受调查国家中排名为73位；2015年中国法治指数得分为0.48，在所有102个受调查国家中为排名为71位。由此可知，整体看来，近两年我国法治水平在WJP法治评估报告中排名中下游。尽管相比2014年，2015年我国法治评估水平有所提升，但在世界的排名依然相对靠后。这种数据反映了WJP对法治价值和内涵的认识，一定程度体现了全球法治最新发展水平以及法治的文化价值，因而很容易被世界相关媒体进行传播报道。但是，每一个国家的数据排名和得分是否准确反

---

〔1〕 See Kevin E. Davis et al., “Indicators as a Technology of Global Governance”, *Law & Society Review* 46, 2012, p. 21.

〔2〕 2006年，美国律师协会前主席纽康姆（William H. Neukom）创立了一个名为世界正义工程（The World Justice Project）的非营利组织，该组织在微软、通用、福特等跨国公司的基金会提供大笔经济支持的前提下，于2008年发布了一套独立的法治指数。此后，该组织又于2010年公布了世界正义工程法治指数第一份报告，至2015年已连续公布了5份研究报告。从2015年WJP法治指数最新报告得出，WJP“法治”的四项基本原则下，设置9个一级指标和47个二级指标，并在此指标体系下运用专家咨询和民意调查的方式直接获得“一手”数据测量法治水平，最终运用加权平均法来计算国家整体的法治水平。*The World Justice Project Rule of Law Index*（2010－2015），http://world justice project. org. 由于2014年以前的WJP法治指数年度报告对受调查国家法治评估只显示一级指标的分值，而不进行国家整体法治水平的评估，即对各一级指标的分值进行数据处理得出一国整体法治水平评估值，因此，很难进行国家之间历年比较，即便比较也很难做到客观中立。

映各国法治建设的实绩,如何全面审视"法治指数"背后的文化意义,则需进一步研究确定。

针对世界法治指数的数据报告,有学者直言不讳地指出,世界银行全球治理指数与世界正义工程法治指数本质上难以做到价值中立,难免受到西方中心主义价值观的影响,这种世界治理评估报告和世界法治指数报告实际上就是利用自己建立的所谓"普世价值"标准对别国治理状况的评估,实际上是在推出自己的政治价值,争取有利于自己政治话语权。[1] 因此,为了我国能在世界舞台中争夺法治评估的话语权和主动权,占领构建法治评估价值体系的制高点和主动权,有必要重新塑造我国的法治评估文化思维和技术思维,在历史与现实中、在法治发展话语的普遍性和特殊性中寻求适合于本国法治发展的评估路径。

改革开放以来,我国法治秩序是在中西方法治文化相互结合和碰撞中形成的,量化"法治"的文化思维和技术思维正是在不同法治文化相互碰撞和交流中孕育而生。相比西方国家的法治评估文化成熟度,我国量化"法治"观念的技术文化思维则起步较晚,相对不成熟,因而量化"法治"的文化思维要在中国健康成长也将面临着法治文化重塑问题。诚然,"法治"具有普遍性和特殊性,[2]法治文化当然也具有普遍性和特殊性。因此,一方面,我国面临着传统法律文化与西方法治文化之间的继承与借鉴问题,因而就必须充分认识法治文化的特殊性与普遍性,并在法治评估指标设置中努力寻求二者的平衡;另一方面,在推进中国的法治量化评估实践中,要努力形成中国特色法治文化的自觉意识,在形式和内容上展现中国法治发展改革的深刻文化内涵,并在法治文化和话语上重塑中国法治建设成就,使其融入我国法治发展评估背后的法治发展话语的构建体系中,努力争取在同一个法治发展平台上对话。

因此,从文化重塑的角度上看,必须使中国文化与西方文化的区别成为一种如同西方各国文化之间的区别一样,是在同一个现代文化形态范围之内的区别,只有这样才是一种平等的区别。也唯有如此,才可能展开与其他现代民族文化之间的真正的、平等的对话。否则,我们就势必只能处在不平

---

[1] 参见江必新、邵长茂:《论国家治理商数》,载《中国社会科学》2015 年第 1 期。

[2] 有学者认为,即便法治具有普遍性,在世界范围内存在规则之治、法律的平等实施以及良法之治的内涵,但是,这些特征的内涵并不是千篇一律的,而是受到一定社会条件的制约。参见朱景文:《论法治评估的类型化》,载《中国社会科学》2015 年第 7 期。

等的文化区别、不平等的文化比较以及不平等的文化对话等诸多不平等的地位。[1] 不难理解的是,世界法治的量化评估实践与西方理性主义和科学主义的文化传统密切相关。而在中国,正因为缺乏相应的法治文化传统,使对"法治"内涵的实质及其实践观念的演变缺乏可量化的科学标准。从这个意义上讲,我国法治发展的现代化,从根本上说将是法治文化和制度体系的现代化。随着域外量化法治评估实践的技术思维和文化思维不断传入我国,我们需要思考的问题不仅是如何采取有效的策略应对这种"文化入侵",更要在文化的交流和对话中思考重塑我国法治评估的文化思维和技术思维,以便在国际舞台的交流中争取话语主动权,而后者对加快我国国家治理体系和治理能力现代化建设、坚定走中国特色社会主义道路的信心至关重要。因此,开展法治评估的量化实践不仅是我国法治建设转型发展的需要,更是重塑我国法治文化主动争取法治发展话语权的需要,也是构建中国特色社会主义法治体系的必然要求。从某种意义上说,推动国家治理体系和治理能力现代化离不开一种"文化的现代化"。正如有学者指出,中国的现代化"只有最终落脚在一种新的现代中国文化形态上,才算有了真正的根基和巩固的基础,否则其他方面的现代化或者难以达成,或者甚至得而复失"。[2]

此外,从整个法学学术史来看,对"法治"进行实证量化研究,既能丰富和充实法学研究领域的内容,也必将带来法学研究方向的转变:由宏观的法律之本体论问题研究向微观的法律之认识论问题研究转变,由静态意义上的法治研究到动态意义上的法治研究转变,由理论意义上的法理学问题向实践意义上的法理学问题转变。于是,作为一种"实践"意义上法治研究趋势,将可能改变法理学界的研究格局。这种改变并不否定传统意义上的规范研究,而是在新的时代背景下与传统规范意义上的研究并驾齐驱、相得益彰,共同促进中国法学研究走向开放、包容和繁荣发展,从而不断提高法学理论服务于法治发展的本领。

二、法治指数:理论背景与研究概况

(一)"法治指数"的知识社会学语境

随着法治全球化进程不断加快,对法治开展量化评估的技术文化和实

---

[1] 参见甘阳:《古今中西之争》,三联书店 2006 年版,第 45 ~ 46 页。

[2] 同上书,第 34 页。

践经验不断被引入我国。浙江余杭、香港法治指数评估的实践就是在借鉴域外法治评估实践的经验基础上不断发展而来的。法治指数,是指通过设计系列指标、借助采用社会学的量化工具以及统计学的计算和检验方法得出的衡量一个国家或地区法治发展水平的量化数据。法治理论是法治指数的诞生前提,而法治指数是对法治思想指数化的塑造。[1] 量化"法治"以澄清和界定"法治"概念为前提,"法治"维度的指标化是得出法治指数的重要桥梁。

运用社会学研究方法对"法治"概念进行操作化(operational)是形成法治指数的关键一步。所谓概念操作化,就是要把我们无法得到有关社会结构、制度或过程,以人们、思想和特征的外在事实来替换,以便通过后者来研究前者。操作化即是将抽象的概念转化为可观察的具体指标的过程。而"指标"是一些编码数据的"集合含义",这些编码数据旨在测量不同单位过去和未来的动态变化。运用大数据平台和云计算技术的功能,通过对复杂的社会现象进行"指标"意义分类界定,便形成了系列数据。这些数据是对复杂的社会现象的代表性简化,从中运用统计学的方法用一个或更多标准可以比较不同实体(国家、公司)的变化情况。"指标"代表了产生知识的权力确证,并且提供和分享认识世界的方式,它通常蕴含了理想社会的观念以及如何实现的过程,具有排序、简化和评估的功能。[2] 当然,各种不同的操作化结果相互之间只是在反映概念内涵的准确性和涵盖性上存在程度上的差别,唯一、绝对准确、绝对完善的操作化指标是不存在的。[3] 通过对法治概念操作化分析,运用"指标"简化日常生活中复杂而丰富的"法治"内涵,使人们在思维中加深了嵌入在日常生活中的知识。这种知识的产生离不开社会指标化思潮和统计科学技术的发展。同时,随着人们对新知识的加深理解以及在实践中深化对知识运用,也将刺激新的技术应运而生,形成"技术—知识—技术"的知识社会时代。知识转变为技术的速度和规模为现代性的可能性提供了基础。如果在现在和过去之间存在一个深刻的鸿沟,那么它就位于技术的性质上,位于技术在改变了社会关系,改变了我们认识这

---

[1] 参见孟涛:《法治的测量:世界正义工程法治指数研究》,载《政治与法律》2015年第5期。

[2] See Kevin E. Davis et al., "Indicators as a Technology of Global Governance", *Law & Society Review* 46, 2012, pp. 8–11.

[3] 参见风笑天:《社会学研究方法》,中国人民大学出版社2009年版,第97页。

个世界的那些途径上。[1]

从知识社会学的角度来看，理性的社会文化和社会心理结构催生了“指标”作为认识社会现象的一种技术工具。从指标的诞生，到指标广泛应用于社会经济生活领域，改变了以往人们对社会生活体验和观察后的经验认识，由此，社会的知识存量逐渐增加，并随着社会的不断进步而发展。作为一种衡量社会进步的重要手段，指标将在未来社会发展中占据重要地位，社会的知识存量也将日益呈现为指标数据和许多数理知识的扎堆重建。

事实上，对经济社会生活诸领域进行指标化、精细化管理已非新鲜事。早在20世纪初期，马克斯·韦伯在解释资本主义经济和社会发展走向理性化时就曾指出：“资本主义独特的理性形态取决于那些最重要技术因素的可靠性，从根本上决定了资本主义的现代形态依赖于现代科学的特点，特别是基于数学和精确理性试验的自然科学的特点。”[2]而在我国，随着改革开放不断深入，国外先进的资本管理模式和技术也逐渐涌入社会生活的多个层面，使我国经济社会生活分工日益精细化和技术化。例如，大数据平台、云计算等方面的信息管理技术被广泛应用到企业、政府管理部门，使管理工作更精细化和准确化，大大降低了管理工作的人工成本，提高了工作效率和管理效益。有学者甚至认为，我国社会已开始走向数据驱动管理的时代：无论是政府还是企业组织，数据收集和分析已成为其基层管理部门的基本要求；以数据分析结果为根据制定政策和法规，并将社会管理从事后处罚转向事前防备，尤其在医疗健康、国土安全、智慧城市建设、防范和打击恐怖活动、社会治安、治理社会腐败等方面发挥着重要作用。[3] 可以说，运用先进的科学技术知识管理和服务社会生活生产的诸领域已成为我国的发展趋势。这种趋势常表现为知识与社会的深度融合，并相辅相成共同生产认识和理解社会的知识。从某种意义上讲，对“法治”进行量化评估就是向社会贡献认识“法治”细节的知识。当然，这种知识的有效生产离不开借助科学的量化统计技术以及社会力量的共同参与。

而在科学研究领域，生活在计算的社会科学时代，使大数据环境培训了

---

〔1〕 参见[加]尼科·斯特尔：《知识社会》，殷晓蓉译，上海译文出版社1998年版，第22页。

〔2〕 [德]马克斯·韦伯：《新教伦理与资本主义精神》，马奇炎、陈婧译，北京大学出版社2012年版，第14～15页。

〔3〕 参见刘红：《大数据应用促进社会科学定量研究走向深入》，载《中国社会科学报》2015年1月7日，第551期。

一大批社会科学研究者,并通过吸收其他科学知识发展了一种新的研究范式。[1] 可以认为,定量研究使自然科学和社会科学的学科界限被逐步打破,而量化研究使社会科学的研究范式发生革命性的转变。在此背景下,用量化工具定量分析社会现象可谓比比皆是。"法治指数"概念的出现更使指标化运动与法学研究紧密地结合起来。[2] 同时,"法治指数""幸福指数""清廉指数""价格指数"等概念的诞生为人们认识社会现象提供了知识储备。从某种意义上讲,社会知识的提供者呈现主体单一到多样的特征,且伴随知识社会的逐步形成,社会知识的存量和增量范围将逐渐扩大。而在学术研究领域,为了生产更多关于法治运作的经验研究知识,促使人们在法律与社会之间形成更丰富全面的认识,注重多学科交叉研究的社科法学流派影响力不断扩大,并逐步形成学术共同体。

(二)研究概况

伴随法治指数评估实践在国内不断深入发展,国内学界开始对其理论维度、路径选择以及正当性作了系统研究。与此同时,也有不少学者理性审视法治指数评估的弊端,主要表现为指标设置不科学、权重设置不合理、数据信息不真实等问题。从研究内容来看,国内学者大多集中于法治指数的评估路径之辨、评估指标之辨、评估方法之辨以及评估定量之辨,并且镶嵌于法治指数本土化之辨的目标之中。[3] 从研究类型的角度来看,可归纳成以下几方面。

首先,地方法治指数与法治评估的理论研究相对成熟。地方法治指数诞生的逻辑前提是,地方法治建设需要恰当的评估,通过比较查找差距,以寻找法治改革和发展的动力。与此同时,不少学者对地方法治建设的正当性也给予了充分论证,认为地方法治建设的理论起点是,在保证国家法治统一的情况下,充分发挥地方法治建设先行先试的作用,有利于提高国家整体法治水平。[4] 而针对地方法治指数的现有实践,有学者则对地方法治评估的实践进行类型化分析,论证了地方法治评估建构的正当性基础及其逻辑

---

[1] See David Lazer et al., "Computational Social Science", *Science* 323, 2009, pp. 721 - 723.

[2] 参见钱弘道等:《法治评估的实验——余杭案例》,法律出版社2013年版,第26~27页。

[3] 参见周尚君、王裕根:《法治指数评估的理论反思与前瞻》,载《广州大学学报》(社会科学版)2015年第3期。

[4] 参见付子堂、张善根:《地方法治建设及其评估机制探析》,载《中国社会科学》2014年第11期;钱弘道等:《法治评估及其中国应用》,载《中国社会科学》2012年第4期。

展开,并认为地方政府在推进地方法治指数时,需要关注法治评估的普遍性和特殊性、公众参与法治评估以及法治指标统计方法的科学性等问题。[1] 总体来看,因余杭法治指数源于地方法治评估实践,使学界对地方法治评估实践乃至地方法治建设关注度较高,对地方法治建设的法治评估问题的动力因素、体制障碍以及实践困境做了大量研究,产生了一大批颇有见地的理论成果,丰富和发展了法学理论的研究范式。

其次,法治指数的中国语境研究备受关注。对法治指数中国语境的高度关注源自世界法治指数对我国法治评估的影响。不少学者认为,针对世界法治指数在各国法治改革和发展的影响力日益扩大的状况,为争取法治评估话语的主动权、体现中国文化传统和法治发展现状,中国很有必要根据自己的实际设计一套法治指数。一方面,将世界法治指数的量化方法引入我国是法治发展和变革的需要;另一方面,具有实证性的法治指数研究方法将对我国法学理论研究格局造成冲击,促使我国法学研究方法的转型。但是,法治指数本身存在世界性与中国性、封闭性与开放性、真实性和虚假性等问题不得不引起高度重视。[2] 与此同时,如何结合中国实际构建中国式法治指数,始终是学界面临的一个无法回避的课题。有学者甚至直言不讳地指出,根据中国的法治建设水平以及社会发展的实际,有必要编制一套以法治指标和社会经济指标为两大组成部分的“法治国情指数”,才能准确分析法治建设状况与经济发展的关联,从而为宏观法治决策提供基础。[3] 不难理解的是,“法治国情指数”是充分考虑中国法治建设具体实际的产物,但“法治国情指数”考虑的“国情”范围究竟有多大、与“法治”含义的关联度如何,尚待进一步论证。而有的学者则比较消极地认为,在我国还是一个自上而下由政府主导推进法治建设的国家,“法治指数”有可能沦为“唯GDP 发展之后的新政绩工程”。[4] 这部分学者的担心反映了法治指数评估在我国法治建设过程中的生存环境,对建构我国法治指数评估路径的选择具有重要的警示意义。此外,还有学者结合构建中国法治评估的语境,从

---

[1] 参见周尚君、彭浩:《可量化的正义:地方法治指数评估体系研究报告》,载《法学评论》2014 年第 2 期;张德淼、康兰平:《地方法治指数的理论维度及实践走向》,载《理论与改革》2014 年第 6 期。

[2] 参见侯学宾、姚建宗:《中国法治指数设计的思想维度》,载《法律科学》2013 年第 5 期。

[3] 参见蒋立山:《中国法治指数设计的理论问题》,载《法学家》2014 年第 1 期。

[4] 参见陈林林:《法治指数中的认真与戏谑》,载《浙江社会科学》2013 年第 6 期。

理论上辨析了法治评估模式的类型及其制约条件,[1]这为我们深入了解法治指数在中国成长的土壤环境提供了思想基础。

最后,法治指数专项化评估研究日受青睐。由于我国国土面积较大,区域经济社会发展不平衡,再加之各地区的文化传统不一,要在全国建立一个统一的法治指数评估指标体系的条件暂不具备。既然暂时无法建立一个衡量一国整体法治发展水平的法治指数模型,那么尝试建立一个衡量某一专业法治领域的法治指数评估类型,就可能成为建立全国整体法治指数评估的有益尝试。鉴于此,为了大力推进法治指数在法治改革和发展中的"晴雨表"作用,不少学者尝试对法治的某一专项领域进行评估,例如,浙江大学光华法学院钱弘道教授主持的司法透明指数课题、[2]中国政法大学司法文明协同创新中心张保生教授主持的司法文明指数[3]以及中国政法大学应松年教授和马怀德教授共同主持的法治政府评估指数[4]等专项法治指数,都极大地丰富了法治指数评估的实践。从部分与整体的关系来看,这些专项评估是法治指数评估的重要组成部分。积极探索专项法治指数评估的实践,有利于为编制综合性、整体性法治指数评估提供丰富的经验。

无论是地方法治指数评估的实践探索,还是法治指数专项评估的路径选择,终究是为了解决"如何更好地推进法治指数中国化"问题。因此,借鉴世界法治指数评估的经验,联系中国具体实际解决法治指数中国化前进中的问题,始终是学界致力于解决的重心。从目前的研究现状来看,我国法治指数的研究大致以"法治指数中国化问题"为基本主体,以"法治指数地方实践"和"法治指数专项化实践"为两翼,基本形成"一体两翼"的研究格局。但遗憾的是,除对世界法治指数有一些简单的译介外,却鲜有全面的研究。而在国内学界对法治指数评估的理论研究及评估实践付出巨大努力和探索时,我们也要保持清醒的头脑,认识到"法治指数"既不是什么"作秀"的工具,更不是解决制约一个国家或地区法治发展"瓶颈"的"万能钥匙"。

---

[1] 参加钱弘道、杜维超:《法治评估模式辨异》,载《法学研究》2015年第6期。

[2] 参见方桂荣、钱弘道:《司法透明指数的合理化考证》,载《内蒙古社会科学》2015年第2期。

[3] 参见张保生、张中、吴洪淇等:《中国司法文明指数报告2014》,中国政法大学出版社2015年版。

[4] 参见中国法治政府评估课题组:《中国法治政府评估报告2013》,载《行政法学研究》2014年第1期。

换言之,虽然法治指数在监测和评估法治发展状况具有重大意义,但可能带来的问题是,到底有没有一个科学的评估标准来衡量一国或一个地区的法治发展水平,同时,又该如何组织开展评估本国或本地区的法治发展状况,以寻求法治发展和改革的路径。显然,阐明这些问题的实质,就必须全面整体辩证地看待法治指数评估,充分认识到量化"法治"的科学性及其限度。基于此,下面的章节将以 WGI 法治指数为研究个案,对其内部构造、逻辑结构、计算方法以及结果运用进行深入的剖析和研究,以期对 WGI 法治指数有个反思性的理解,为全面推进中国法治指数评估实践及其改革创新提供理论前提和思想准备。

三、WGI 中的法治指数及其量化过程

(一)作为一国无形资产的"法治"

国家的财富在哪?世界银行在 2006 年的报告《国家财富在哪:21 世纪的资本计量》(*Where is he Wealth of Nation:Measuring Capital for the 21st Century*)中指出,回答这一问题将对世界各国理解可持续发展观念产生深远影响。[1] 同时,该份报告表明,与国内产值和自然资源要素一样,人力资本和制度价值要素也在很多国家的总财富中占比很大。在该份报告中,制度质量与人力资本成了世界银行对无形资产收益进行相关回归分析的两个重要因子。其中,通过法律来治理所体现的制度质量和价值是世界银行关注的重点,这与世界银行全球治理指标体系的目标管理紧密联系。世界银行认为,法治发展水平是一国无形资产的重要组成部分,对整个国家无形资产的收益贡献突出。就无形资产意义上的法治发展程度而言,世界银行根据社会资本和管制维度的关联矩阵将"法治水平"界定为:法治水平 = 管制维度/社会资本。从该公式可推定,一国社会资本越高,在管制维度(制度质量)不变的情况下,"法治水平"可能越低。据此,世界银行通过考虑法治、教育以及外汇等因素对无形资产的贡献,用柯布 - 道格拉斯函数计算无形资产收益,并对法治、教育以及外汇对无形资产贡献的边际报酬率进行计算后,发现无形资产的累积主要由法治程度和学校教育构成。其中,法治指

---

[1] See The International Bank for Reconstruction and development /The World Bank Washington,DC 20433, *Where is the wealth of nations*, *Measuring Capital for the 21st century*,2006,pp. 93 - 99.

数可决定一国57%的无形资本价值,而学校教育则占36%的无形资产,外汇占7%(见图1[1])。

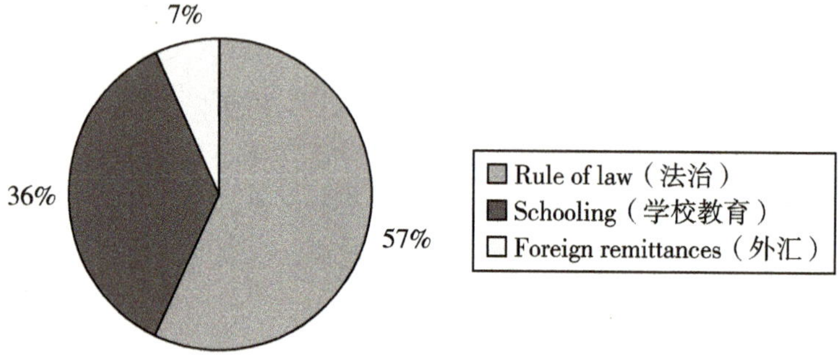

图1　世界无形资产的构成(2000年)

图1表明,法治发展程度已成为世界银行衡量各国无形资产的重要组成部分,并且也使我们对一国资产总体构成有了全新的理解。在以往衡量国家综合实力的过程中,国内自然资源、人力资本以及生产总值成为衡量一个国家强弱的重要指标,但由于这些指标在不同国家的定义、测量方法以及假定条件不同,因此,很难把不同数据连接起来,从一国总资产中估计剩余无形资产将为综合理解一国财富总值提供可能。世界银行全球治理指标体系通过关注治理的维度以及各国的制度质量(通过法治能够测量),可以估计出一国的无形资产,这就使在计量一个国家的软实力方面相比以往更靠近了一步。此种软实力,从根本上说,还包括国民素质、法治意识以及制度质量等其他相应的文化制度体系。因此,从这个意义上讲,重新研究世界银行全球治理指标中的法治指数有助于重塑我国的法治评估文化系统,不断改进我国无形资产效益。

(二)治理指标化下的"法治"观

世界银行对法治问题的关注始于对全球各国治理问题的关注。在20世纪70年代中后期至90年代中期,美国法律学界掀起了一场"法律与发展运动"。美国法律学界主张,法律制度在保证合同的强制履行与保障私人财产权利方面具有重要的经济功能,并且,在政治安排上法律规范具有强调

[1] 该数据为世界银行于2000年测得,参见The International Bank for Reconstruction and development /The World Bank Washington, DC 20433, *Where is the wealth of nations, Measuring Capital for the 21st century*, 2006, p. 96。

民主、尊重人权和保障社会福利的显著特征。在上述观念的作用下，学界达成了如下共识：法律制度的整体质量是社会发展的重要因素；“法治”是社会发展的前提性条件。在此背景下，世界银行开始关注各国的“治理”问题，尤其重视各国如何把“法治”嵌入各国政治、经济决策的最佳途径。为了准确评估法律变革与社会发展的关系，就需要大量经验数据作支撑，这些数据产生于对不同国家之间整体的法律制度质量所做的定量分析。[1] 自1996年开始，来自世界银行的考夫曼（Daniel Kaufmann）、克雷（Aart Kraay）和马斯特鲁济（Massimo Mastruzzi）建议（鉴于三位学者在下文中多次同时出现，为行文方便，取各自姓氏中首字母，以 KKM 指代三位），在整合来自国际政府组织和非政府组织的各种指标数据基础上，发展一套能够有效评估世界各国治理状况的综合指数，形成全球治理指数。从1996年到2014年，世界银行共发布16份全球治理指数报告，其中，1996年至2002年每两年发布一次，2003年至2014年每一年发布一次。在历份全球治理指数报告中，“法治”指标都作为全球治理水平的重要衡量标准之一，通过对法治水平的测量，可以判断出一国的政治和经济环境，并将影响投资者的投资行为和决策。可见，对不同国家法治状况进行评估并计算相应的法治指数是世界银行全球治理指数的重要组成部分。

在全球治理指标体系中，“法治”嵌入“治理”的内涵中。其实，如“法治”一样，“治理”是一个至今在国内外学界都未达成共识的概念。有些学者把“治理”定义过宽，[2] 有些学者则定义过窄。[3] 而在全球治理指标体系语境下，考夫曼等学者综合广义和狭义的“治理”概念之后，把治理定义为“一个国家权力运行的传统和机制”。在此定义下，主要包括三个方面内容：（1）政府的选举、监督和替代的过程；（2）政府有效制定和推行合理政策的能力；（3）公民和国家得到调整经济和社会关系的制度的尊重。同时，用六个聚合性维度测量“治理”观念：发言权与问责（Voice and Accountability）、政局稳定与无暴力（Political Stability and Absence of Violence）、政府效能

---

[1] See Kevin Davis, “What Can the Rule of Law Variable Tell Us about Rule of Law Reforms?”, *Michigan Journal of International Law*, 26, 2004, pp. 142 – 145.

[2] 例如，在2002年主题为“市场的制度建设”世界发展论坛中，把“规则、强制执行机制以及组织机构数量”都包括在“治理”内。

[3] 例如，1992年世界银行提出的定义：治理就是国家发展过程中为管理经济和社会资源时表现出来的权力运行方式。

(Government Effectiveness)、监管质量(Regulatory Quality)、法治(Rule of Law)以及腐败控制(Corruption Control),形成全球治理指标体系。[1] 三个治理方面的内容与六个治理维度的对应关系,如表1所示:

表1 WGI治理内容与指标

治理内容	治理指标
选举政府、监督政府和政府更替的过程	言论和负责任(Voice and Accountability,VA):在某种程度上反映一个国家公民是否享有选举政府、言论表达自由、集会自由和传播自由的观念认知; 政治稳定和无腐败(Political Stability and Absence of Violence,PV):反映民众对政府感到十分不稳定的可能性,或者政府可能被非法或者暴力手段推翻的观念认知,其中包括政治煽动性下的暴力和恐怖主义
政府有效制定和推行合理政策的能力	政府效能(Government Effectiveness,GE):反映公共服务质量、公民服务质量以及不屈从政治压力的独立程度的观念认知,也包括政策制定和执行的质量以及政府对政策承诺的可信度; 监管质量(Regulatory Quality,RQ):反映政府制定和执行合理政策和规则能力的观念认知,这些政策和规则将促进私人部门的发展
公民和国家得到调整经济和社会关系的国家制度的尊重	法治(Rule of Law,RL):在某种程度上反映政府代理人对社会规则的确信并借助社会规则管理的观念认知,尤其表现在合约履行情况、财产权利、警察、法院以及犯罪和暴力的倾向; 控制腐败(Control of Corruption,CC):反映国家权力干预私人利益的程度,包括各种形式的腐败以及政治精英阶层和私人团体操控国家的程度

这六个治理维度由30余个不同数据库的数百个变量组成,每一个治理维度可能由不同数据库的数据组合而成。这些数据库类型大致可分为四类:调查组织、官方数据提供者、非政府组织、商业信息提供者。[2] 这些数据库的每一个变量都反映治理观念的某一方面感知,其数据基本上每年都会更新,并且部分会在相应的官网公布,以供不同的数据需求者查阅。伴随

---

[1] http://info.worldbank.org/governance/wgi/index.aspx#home, Accessed July 14, 2017.

[2] See http://info.worldbank.org/governance/wgi/index.aspx#home, Accessed July 14, 2007.

数据库变量的更新,每年六个聚合性指标的观测值将同步更新。[1]

在全球治理指标体系下,法治作为治理观念下的一个重要组成指标,是否意味着治理的内涵和外延比"法治"概念要宽广?确信的是,全球治理指标体系把"法治"观念考虑进去,是为了便于准确测量各国治理状况。由于"治理"观念本身的不确定性,基于其他目的而采取不同的"治理"定义,也是值得期许的。[2]

"治理"和"法治"的观念都具有复杂性和模糊性,准确辨识二者之间的关系就显得相当困难。按照一般理解,法治是国家治理能力现代化的表征,[3]并引领社会各项事业健康持续发展。但这并不代表,法治仅是治理的"工具"或"手段","法治"本身实则承载着一定的秩序、公正、人权和效率价值。从内涵和外延上看,"治理"和"法治"是两个不同的概念,具有自己特殊的范畴,在不同的时空和历史环境中含义不同。[4] "治理"通常指的是,通过结合本土实践,不断调试或提炼出事情处理的最好实践,强调一种协商解决和民主参与的尊严价值,并在尊重差异的基础上使不同规范秩序能够协调共存,总体表现为"社会互动性"(social responsiveness)理念;而"法治"通常指的是,通过立法协调和平衡社会各方利益,为社会冲突提供解决聚道,保障正当程序权利,保证同等案件在法律上获得同样的公平处理,从而使社会协调有序,总体表现为"社会规范性"(social regularity)。其实,"治理"和"法治"比人们所理解的共同之处还要多,并且它们之间的关系表现为重叠和界限不清,也表现相互吸收和相互分离。通过观测治理的"社会互动性"关系表现,某些法治的"社会规范性"价值能够得到测量。反之亦然,通过观测各国的法治水平,可以反映一国的治理水平。[5]

在全球治理指标体系下,"法治"这个聚合性指标来自不同数据库的变量。这些数据库分为代表性数据库和非代表性数据库,代表性数据库包含了许多国家并且用作这些国家的法治指标可能是世界上所有国家的共性指

---

〔1〕 See Daniel Kaufmann et al., "The Worldwide Governance Indicators: Methodology and Analytical Issues", *Hague Journal on the Rule of Law* 3, 2011, p. 226.

〔2〕 Ibid., p. 223.

〔3〕 参见张文显:《法治与国家治理现代化》,载《中国法学》2014 年第 4 期。

〔4〕 See Neil Walker and Grainne de Burca, "Reconceiving Law & New Governance", *Columbia Journal of European Law* 13, 2007, pp. 519 – 525.

〔5〕 Ibid., pp. 536 – 537.

标,也即涵盖了大部分发达国家和发展中国家的所有指标。非代表性数据库要么覆盖具体的区域范围(如拉美民主动态调查只覆盖拉丁美洲国家);要么覆盖特殊的收入水平国家(世界银行国家政策与制度评估只针对发展中国家)。测量"法治"观念的数据库有23个,其中代表性数据库9个,非代表性数据库14个。[1] 按照数据库类型划分,民间调查组织和官方组织分别都有7个,商业信息提供者有3个,非政府组织有6个。其中,通过计算得知,民间调查组织和官方组织数据库分别占所有数据库总和的34%,而商业信息提供者和非政府组织所占比例分别为10%和22%(见表2和图2)。

表2　"法治"变量的数据库来源类型

数据库类型	数据库
调查组织(Survey) 7个	世界竞争力论坛、世界竞争力年鉴、企业营商环境调查、盖洛普世界民意调查、非洲调查、拉丁美洲调查、美国调查
商业信息提供者 (Commercial Information Provider)3个	国际政治风险指南、经济学人智库、全球市场在线
非政府组织 (Non Governmental Organization)6个	十字路口国家、贝塔斯曼基金会、自由之家、世界正义工程法治指数、全球清廉指数、遗产基金会
官方组织(Public Sector) 7个	世界银行国家政策与制度评估、非洲开发银行国家政策与制度评估、亚洲银行国家政策与制度评估、美国国务院贩卖人口报告、机构概括数据库、国际农发基金评估、人权数据库

[1] http://info.worldbank.org/governance/wgi/index.aspx#home, Accessed July 14, 2007.

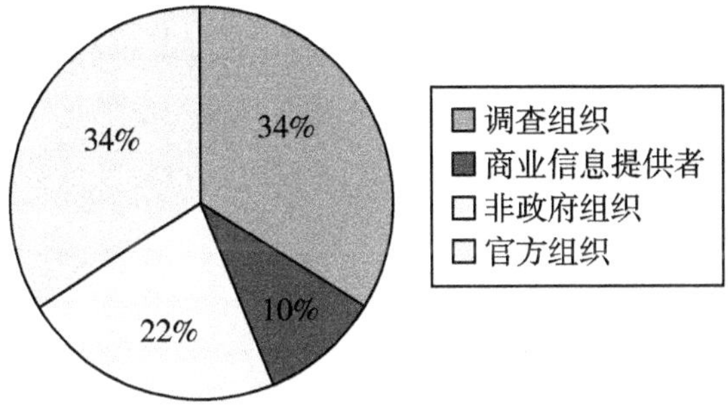

图 2　“法治”变量来源数据库的比例分布

从测量法治观念的数据库分布类型和比例来看,一方面,官方组织以外的数据库类型占大多数,这有利于减少样本偏见,保证数据来源的多样性和客观性。另一方面,数据库来源的多样有利于最大可能测量一国“法治”真实值,使不同国家之间的比较具有意义。从测量形式上看,代表性数据库和非代表性数据库通过专家评估、民意调查等方式测量不同国家的“法治”观念,直接反映了一国公民、组织和机构对“法治”观念的感知,间接反映了一国法治发展状况。

测量方法贯穿着不同学科复杂的技术思维,也是自然科学的核心观念。[1] WGI 法治指数与 WJP 法治指数最大的区别就在于,在对涵盖法治内容或观念测量的数据库进行“二次分析”的基础上,采用一种聚合性方法构建“法治”的组合性指标,通过未观测组合模型(Unobserved Components Model,UCM)的统计方法来处理不同数据库之间对同一国家“法治”观念测量数据之间的内在联系。这种内在联系体现了一国真实的法治水平,从而生成“法治指数”。与观测到的测量数据不同,WGI 法治指数体现为一种“未观测值”。在 KKM 看来,UCM 统计方法至少有以下三个方面的优势:一是 UCM 方法用共同单元重新标度和调整数据的方法,有助于保存数据资源潜在的最基本信息;二是 UCM 方法提供正常的逻辑结构,据此按照指标数据的精确程度对重新标度的指标加权,而不是简单的不加权平均,后者常发生在其他跨国治理和投资环境的组合测量中;而 UCM 方法的第三个优势本身强调了与“法治”组合性指标相关的不确定性,适用 UCM 统计方

〔1〕 See Tom Ginsburg,“Pitfalls of Measuring the Rule of Law”, *Hague Journal on the Rule of Law* 3,2011,p. 274.

法的前提是为了说明这样一个事实,那就是每一个数据的“法治”变量提供的是不完整的信息,而这种信息蕴含了难以直接观测到的深层次潜在“法治”观念。而UCM提供了一套合理且更加包容的能够连接不同数据资源的方法,运用UCM处理不同数据库之间“法治”指标变量数据信息本质上是一个“单一提取”的过程。[1]

(三)UCM的逻辑构造

1.权重配置

在区分了每一个数据库与“法治”观念相关的变量后,接下来的问题是,如何最佳地组合不同数据库的测量信息,以便最大可能地准确测出一国真实的法治水平。显然,运用UCM模型离不开对不同数据库之间提供的数据信息有效性的估计。UCM模型的一个关键假设是,不同数据库之间的误差是独立的或不相关联的,因此,不同数据库之间高强度的数据联系不是数据库之间的测量误差关联,而是反映数据库测量数据的高度准确性。在KKM看来,这种高度准确性的关联表明,不同数据库测量的信息是丰富有效的。因而,在对代表性数据库之间分配权重时,相比那些弱相关的数据库,应该给那些强相关的数据库确定低的误差变量并配置高的权重。在构建“法治”组合性指标时,KKM须对代表性和非代表性数据库的权重进行配置,具体分为五个步骤。(1)识别各个数据库内部与“法治”相关的变量,然后通过聚合方法计算这些变量,得出每一个数据库的一个简单而不加权平均的数据。例如,在“世界市场在线”中心组织的调查中,只有“司法独立和犯罪”两个变量与法治有关,用简单的算术平均法把这两个变量求出一个代表“世界市场在线”调查组织关于测量法治观念的指标数据。(2)运用公式计算每一个数据库的指标数据后,根据各数据库覆盖国家的数量和发展水平,确定究竟是代表性数据库还是非代表性数据库。(3)在对法治组合性指标估计值进行聚合计算过程中,对代表性数据库形成的指标数据进行权重配置。所不同的是,在聚合法治组合性指标时,不是用简单的平均赋权,而是根据其相互关联程度配置权重。低的误差变量和强的关联性,表明该数据库提供的信息越丰富,则配以高的权重。(4)对非代表性数据库形成的指标数据进行相关回归分析(regress),获取误差变量和参数的估计值。

---

[1] See Daniel Kaufmann et al., “The Worldwide Governance Indicators: Methodology and Analytical Issues”, *Hague Journal on the Rule of Law* 3, 2011, pp. 237 - 239.

如果与权重配置高的数据库之间的关联很大,并且得到的误差估计值也低,则配以高的权重。(5)对法治组合性指标的每一数据库配以新的权重,重新计算法治组合性指标估计值。[1] 显然,代表性数据库和非代表性数据库的权重配置过程不一样:前者运用最大似然函数功能对误差变量和参数进行估计,从而确定权重配置;后者则考虑到不同数据库之间测量的国家和指标的不连续性,采用相关回归分析法对误差变量和参数值进行估计,确定权重配置。但是,二者都遵循同样的假设:每一个数据库都是独立的、不相关联的;误差变量与权重配置成反比关系。

2. 计算过程

KKM 遵循以下步骤,用 UCM 模型计算不同国家最终的法治水平估计值[2]:

用 $J(j = 1,2....j)$ 代表每一个国家,k 代表法治的组合型指标下的每一个数据资源的指标,y_{jk} 表示国家 j 在某个数据库指标 k 观测到的值,g_j 表示真实的法治估计值,并假定 g_j 是一个均值为0方差为1呈正态分布的随机变量。ε_{jk} 表示干扰项或者误差项。这不仅包括观念或者测量上的误差,同时也表达了每一数据库指标不能完全准确测量“法治”观念的全部内容。α_k 和 β_k 表示参数,并和 ε_{jk} 共同匹配观测数据和未观测数据。同时,KKM 假定:(1) ε_{jk} 作为干扰项是相互独立的,干扰项 ε_{jk} 的统计独立于未观测值 g_j,也就是说,观念误差在不同的指标和国家之间是互不相关的,并且在数据库 M 和数据库 K 不同的情况下,干扰项的均值为 0,有 $E[\varepsilon_{jk}\varepsilon_{jm}] = 0$;(2) 假定误差项是呈正态分布的,并且均值为0,未观测法治估计值 g_j 与 ε_{jk} 也都呈正态分布;(3) 未观测法治估计值与观测估计值之间的关系是呈线性关系。

首先,综合参数项、误差项、未观测值 g_j 和观测值 y_{jk},得到的线性函数用公式表示为:

$$y_{jk} = \alpha_k + \beta_k(g_j + \varepsilon_{jk}) \tag{1}$$

---

[1] See Christiane Arndt and Charles Oman, *Uses and Abuses of Governance Indicators*, Paris: Organization for Economic Cooperation and Development (OECD) Development Centre Studies, 2006, pp. 49 – 55.

[2] See Daniel Kaufmann et al., "The Worldwide Governance Indicators: Methodology and Analytical Issues", *Hague Journal on the Rule of Law* 3, 2011, pp. 220 – 246; Christiane Arndt and Charles Oman, *Uses and Abuses of Governance Indicators*, Paris: Organization for Economic Cooperation and Development (OECD) Development Centre Studies, 2006, pp. 103 – 105.

其次,利用最大似然函数估计代表性数据库的参数值 α_k、β_k 以及干扰项 ε_{jk}。计算公式为:

$$L(Y,\alpha,\beta,\sigma_\varepsilon^2(1),\cdots\sigma_\varepsilon^2(K)) = \prod_{j=1}^{J}(2\cdot\pi)^{-J/2}\mid\Omega\mid^{-1/2}\cdot \exp\left(-\frac{1}{2}\cdot(y(j)-\alpha)'\Omega^{-1}(y(j)-\alpha)\right) \quad (2)$$

再次,计算每一指标的权重。根据上述 KKM 对权重配置的假设,每一个指标的权重值与它的误差幅度成反比,也就是说误差幅度越大,权重越小。用公式表示为:

$$w_k = \frac{\sigma_k^{-2}}{1+\sum_{k=1}^{k}\sigma_k^{-2}} \quad (3)$$

最后,在已知参数和权重的情况下,结合观测到的数据 y_{jk},建构一个未观测聚合"法治" 估计值。进一步说,在国家观测到的数据 y_{jk} 形成条件分布时,一个国家的总体法治估计值也呈正态分布。于是,代表性数据库中的每一国家"法治估计值"用公式表示为:

$$E[g_j\mid y(j)\alpha,\beta] = \sum_{k=1}^{k(j)} w_k\frac{y_{jk}-\alpha_k}{\beta_k} \quad (4)$$

其标准方差的计算公式为:

$$SD[g_j\mid y(j),\sigma_\varepsilon^2(1)\cdots,\sigma_\varepsilon^2(k)] = \left(1+\sum_{k=1}^{k}\sigma_k^{-2}\right)^{-\frac{1}{2}} \quad (5)$$

按照上述数据处理步骤,可以得出 1996～2014 年世界银行运用全球治理指标体系对中国法治的评估值(见表 3)。

表 3　WGI 体系下的中国法治指数(1996～2014 年)

年份	估计值(Estimate)	标准误差(Stand error)	数据库个数(Number of data sources)
1996	-0.43	0.19	7.00
1998	-0.35	0.19	8.00
2000	-0.48	0.16	9.00
2002	-0.41	0.17	10.00
2003	-0.47	0.17	10.00
2004	-0.43	0.16	12.00
2005	-0.49	0.16	12.00

续表

年份	估计值（Estimate）	标准误差（Stand error）	数据库个数（Number of data sources）
2006	-0.55	0.15	13.00
2007	-0.45	0.15	14.00
2008	-0.34	0.14	14.00
2009	-0.32	0.14	15.00
2010	-0.33	0.14	15.00
2011	-0.39	0.13	16.00
2012	-0.49	0.13	16.00
2013	-0.46	0.13	15.00
2014	-0.33	0.15	13.00

注:全球治理指标法治估计值整体区间设置在[-2.5~2.5]之间,其中“-”并不是数学意义上负数关系,在此代表示这种标准分关系。

资料来源:世界银行官网:载 http://info.worldbank.org/governance/wgi/index.aspx#home。

通过表 3 分析可知,世界银行全球治理指标体系对中国的法治评估所采用的数据库资源整体上呈增加趋势,而标准误差呈下降趋势。从统计学原理来看,数据库资源越丰富,采取的法治观念数据信息越多,标准误差将逐渐降低,亦即数据库越充分,标准误差越小(见图 3)。当然,仅从上表的估计值来看,很难看出中国法治发展变化情况,但并不否定此处借助具体数

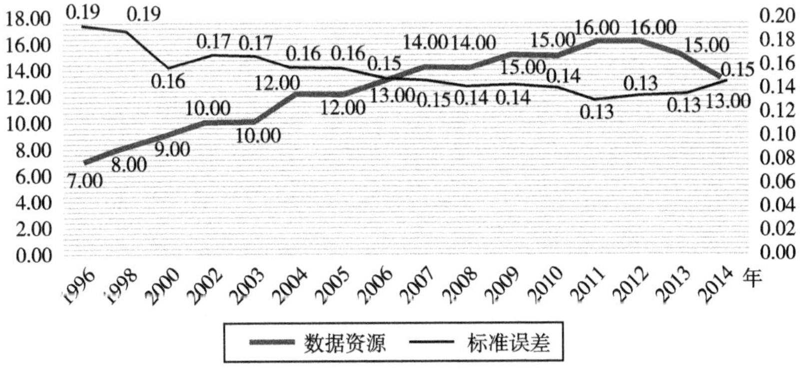

图 3 中国 WGI 法治指数数据库与标准方差分布

据的技术中立性来分析和描述UCM的内部逻辑架构。

3.结果反思与平衡

在整个计算过程中,确定代表性数据库和非代表性数据库的权重非常重要,甚至可以说,权重设置的准确性与否决定了测量偏见的程度有多大。在可能存在相互关联的数据库之间配置权重,不是一个在指标理论上的"重要性"问题,而是考虑到不同数据之间的一个"信息重合"问题。在对一国真实的法治估计值计算后,需充分考虑该估计值的误差问题。

而根据KKM体系的推断,如果该国的可利用"法治"观念信息越多,则标准方差越小。换言之,k值越大,这些独立数据资源就越准确,则σ_k^2越小。"法治"估计值的标准误差对于法治估计值的信度和效度是必不可少的,因为固有的不确定性是测定估计值时就存在的。例如,不管什么时候,比较两个国家的法治值,或者比较一个国家在不同时期的法治值,总会联系两个法治的估计值并给出90%的自信区间,也就是说,法治估计值是标准方差的±1.64倍。这个值域,即"边际误差",可以用以下叙述来解释:根据观测数据,那些真实但未观测到的数值有90%的可能性在此区间。一个相当有用的基本原则是,当两个国家的这些边际误差重叠时,或者是同一时间的两个点,它们的治理估计差值是非常小的,对统计分析几乎没有什么影响。[1]

在估计各国"法治"水平中,存在"边际误差"不仅是一个使用主观数据库来测量法治值的结果,更反映了一个基本事实:用可利用的数据资源来表示标准性概念是不完善的。例如,采用问卷调查来测量各国"司法独立"观念认知,显然是不能准确测量各国"法治"的全部观念。况且,在发展水平不同的国家,有着不同的社会、法律和政治传统以及不同的信仰和期待,这使尝试比较各个国家的公共的正义观念没有太大意义。[2] 但WGI法治指数的一个核心优势是,研究者充分认识到它的不完善性,除此之外,当他们比较不同国家或者不同时间的法治估计值时,让WGI法治指数适用者正面考虑用此方法存在边际误差,并提供量化完善技术把此种不完善性充分考

〔1〕 See Daniel Kaufmann et al., "The Worldwide Governance Indicators: Methodology and Analytical Issues", *Hague Journal on the Rule of Law* 3, 2011, pp. 220–246.

〔2〕 See Jim Parsons, "Developing Clusters of Indicators: An Alternative Approach to Measuring the Provision of Justice", *Hague Journal on the Rule of Law* 3, 2011, p. 179.

虑进去。[1]

四、批判与回应:WGI 法治指数争议性问题探究

在 KKM 公布的系列工作性文章中,提及同行学者对 WGI 指标体系及其统计方法的批判。这些批判或直接或间接地揭示了用聚合性方法估计 WGI 六个组成性指标可能存在的问题。针对这些批判,KKM 都作了回应。在批判和回应之间,能够清晰可见 WGI"法治"组合性指标的路径依赖及其潜在风险,分析这些争议性问题将从整体上把握 WGI 法治指数生成的科学依据及其限度。

(一)是否可用于比较?

这种比较既包括"法治"估计值在同一时间段不同国家之间的比较,也包括同一国家在不同时间段的比较。KKM 建立这种比较的前提是,假定世界平均值是不变的,因此,一个国家的相对位置在同一时间段的比较以及相对位置随着时间的变化比较都是有意义的。但是批评者认为,在不考虑世界平均值变化的情况下,这种比较不能看出国家内部变化及不同国家之间的法治水平的升降。[2] 此外,由于数据库每一年都在变动,国家在同一时间段的比较和同一国家在不同时间段的比较,不能建立在潜在的两个极不相同的数据库基础之上,因而很难比较。[3]

为了回应上述批判,KKM 选取了近三年更新的数据库,并对潜在数据库作连续性估计以寻找有利证据证明世界平均水平是否存在显著的变化。但最终表明,这些数据库没有表明世界平均值存在显著的变化,也说明把世界平均值设定为 0 并无大碍。[4] 而针对两个国家可能不出现在同一数据库的测量中,或者同一国家不能连续出现在同一数据库等极端情形,KKM 认为,"法治"组合性指标的聚合性优势就在于,尽管缺乏共同的数据库,它仍能使不同国家作相互比较。因为,聚合性方法能够提供一种科学合理的

---

[1] See Daniel Kaufmann et al., "The Worldwide Governance Indicators: Methodology and Analytical Issues", *Hague Journal on the Rule of Law* 3, 2011, p. 231.

[2] See Christiane Arndt and Charles Oman, *Uses and Abuses of Governance Indicators*, Paris: Organization for Economic Cooperation and Development (OECD) Development Centre Studies, 2006, pp. 67 – 68.

[3] See Daniel Kaufmann et al., "Worldwide Governance Indicators Project: Answering the Critics", *World Bank Policy Research Working Paper*, No. 4149, March 2007, p. 5.

[4] Ibid.

方式使不同的潜在数据置于同一个共同单元中,使没有出现在同一数据库中的国家进行比较。聚合性指标的一个品质就在于,把不同的数据库的指标数据转换成共同的单元,并且不考虑是否为共同的数据库情况下作一个比较。当然,这也要考虑标准误差。[1]

上述批评与回应,主要围绕KKM构建治理指标体系的目的展开,那就是在不同国家之间和时间段之间能否比较,这种比较的前提是不同数据库之间存在大量潜在的“法治”观念信息,对此,KKM用聚合性方法并考虑误差的前提下,来解决不同国家之间比较的问题。如果仅从目的来看,很难说这种比较是没有意义的,但也应该看到其缺陷之所在。不可否认的是,KKM开创了UCM聚合性方法来解决不同数据库之间的信息联系和提取的问题,因而从本质上说,UCM模型为对数据的处理就是一个“去伪存真”的过程,目的是得出各国真实的法治估计值。但是,UCM模型又是建立在许多个前提假设基础上的,其中一个关键假设是,不同数据库的误差是相互独立并且不相关的,并以此为前提分别配置代表性数据指标和非代表性数据指标的权重。但这种“假设”是否现实?这就涉及UCM测量的数据库之间的关联度问题。

(二)数据库之间不相关?

这是许多批评者都质疑的地方。可以说,一个核心假设在KKM本身看来都不太现实的是,数据库的误差是不相关联的。[2] 在批评者看来,至少以下四个方面的事实能够足以证明数据库之间的误差存在相互关联。(1)一个数据库的专家主观评估数据可能成为其他数据库的来源或者影响其他数据库专家的评估。例如,在法治观念测量数据库体系中,国家政策和风险评估的数据可能成为或影响遗产基金会组织专家的评估。(2)两个数据库的数据来源可能都来自第三方数据库的专家评估。例如,“自由之家”评估可能成为两个不同的数据库的来源。(3)数据库中的数据来源往往受国家的经济发展水平或者财政、政治危机的影响,因而具有时间性和不稳定性。(4)由于对数据库的问卷回答带有具体的文化语境,而不同数据库的

---

〔1〕 See Daniel Kaufmann et al., “Worldwide Governance Indicators Project: Answering the Critics”, *World Bank Policy Research Working Paper*, No. 4149, March 2007, p. 5.

〔2〕 See Christiane Arndt and Charles Oman, *Uses and Abuses of Governance Indicators*, Paris: Organization for Economic Cooperation and Development (OECD) Development Centre Studies, 2006, p. 65.

问卷调查往往来自同一国家居民的回答，因而其具有相关性。上述事实的存在使 KKM 指标体系的信赖度大打折扣。由于数据库之间的指标数据存在关联，这使每一数据库提供的“法治”观念信息并没有像 KKM 所设想的那样是非常充分的，并且边际误差比实际计算还要大。例如，不同的数据库之间，尤其是商业风险评级机构之间在评估中产生的关联误差，使并没有像它们显现的那样提供丰富的法治观念信息。这样，带来的后果便是，相互关联的数据库配置较高的权重的合理性将减损，进而跨国间比较的正当性缺失。

为解决这一问题，KKM 希望通过相关的统计和技术手段，来证明这种关联性很小或者不存在。在 KKM 看来，数据库之间的关联并不是整个数据库指标数据之间的系统特征。然而，评价这种批评有多大的重要性很难。因为来自不同数据库“法治”观念的高度联系，要么确实归因于观念误差，要么是基于这样一个事实，那就是这些数据资源事实上准确测量了不同国家“法治”观念的差异，因此，就很有必要相互采纳。通过比较商业风险评级机构（经常被认为最能证明群体思维）提供的排名，KKM 提出一种新的计算方式区分这两种产生关联性的原因。他们最终惊讶地发现，相比公司问卷调查，这些数据资源相互之间并无关联性，这就把数据资源之间的相互关联的偏见引向怀疑。[1]

毫无疑问，不同数据库之间存在相互关联的误差。问题是，如何采用科学的统计方法使这种误差减少到最低程度。KKM 提出的关键“假设”毕竟与“现实”不符。但是，如果没有这个关键“假设”，KKM 聚合性方法的理论基础将不存在，也就很难建构整个“法治”量化指标体系的正当性。毕竟，建构“法治”指标的正当性是，数据库指标之间必须是测量“法治”观念，从这种意义上讲，数据库之间必须是相互关联的。但每一个数据库的测量必须与其他数据库在测量形式和方法都不同，因而又必须是相互

---

〔1〕 See Daniel Kaufmann et al., “The Worldwide Governance Indicators: Methodology and Analytical Issues”, *Hague Journal on the Rule of Law* 3, 2011, p. 242; Daniel Kaufmann et al., “Governance Matters VI: Aggregate and Individual Governance Indicators for 1996 – 2006”, *World Bank Policy Research Working Paper*, No. 4280, July 2007, pp. 1 – 93.

区别的。[1] 而在现实中,为了不低估同一国家"法治"水平,每一个数据库在测量时就必须提高数据的准确性,于是希望采用独立的数据库信息来补充或印证已有的数据库信息,这就不可避免会引用其他相关的数据库或者受其他数据库的影响,而这种现实总是会与KKM的"假设"存在冲突。因此,应该认识到,用UCM聚合性方法估计不同法治水平的国家并在不同国家之间进行比较,存在其固有缺陷。

(三)样本偏见

在批评者看来,即便假设成立,那么各个数据数据库之间也存在样本偏见。涵盖"法治"观念测量的代表性数据库和非代表性数据代表不同利益相关者,包括从民意调查到专家评估,再到商业调查的差异。由于存在不同的利益主体,再加上问卷回答者往往受国家经济发展水平和政治、财政危机的影响,这就不可避免形成样本偏见。批评者坚信,由于存在样本偏见,各个数据库的数据指标提供的信息不太准确,造成权重配置不合理,使聚合性指标方法不能准确衡量一国的法治水平。例如,在经济学人智库(Economist Intelligence Unit)的调查中,商业经营者希望更少的管制和低的税收,但合理的税收和适当管制有利于维护公共利益。如果测量"法治"观念只注重商业人士的观念,那么就不可避免形成样本偏见。这样,不但影响准确评估一个国家法治发展状况,而且不能为发展中国家提供发达国家的法治衡量标准的准确信号,因而不能有效为本国改革和发展提供参照和解决对策。除此之外,有些商业精英阶层评估法治状况经常受国家发展水平影响。也就是说,那些发展水平高的国家,法治水平得分就高。然而,在过去的10年里,商业精英阶层对发展中国家的财政经济危机的主观偏见,表明投资者的信心水平并不是建立在一个国家真实的治理水平上的。[2]

为了回应上述争议,KKM宣称他们依赖的数据库不仅来自商业组织,也有来自非商业组织和个体的数据。且在报告中,他们进一步指出,其数据

---

[1] See Daniel Kaufmann et al., "The Worldwide Governance Indicators: Methodology and Analytical Issues", *Hague Journal on the Rule of Law* 3, 2011, p. 242; Daniel Kaufmann et al., "Governance Matters VI: Aggregate and Individual Governance Indicators for 1996 - 2006", *World Bank Policy Research Working Paper*, No. 4280, July 2007, p. 23.

[2] See Christiane Arndt and Charles Oman, *Uses and Abuses of Governance Indicators*, Paris: Organization for Economic Cooperation and Development (OECD) Development Centre Studies, 2006, pp. 70 - 71.

来源不仅包括跨国商业调查组织的数据,还包括非政府组织和多边机构提供的数据。而在所有的商业调查组织中,所有受访者并非都是商业精英或外国投资者,也有相当一部分的调查者是公司员工。在他们看来,关键的问题是,商业精英阶层是否本质上与其他社会成员对“法治”观念有着截然不同的观点。事实上,不同类型的数据库的相关系数是一致的。这也就表明,商业精英的评估与其他类型的受访者并非明显不同。KKM认为,这种批评的背后隐含了另外一种相关批评,那就是专家评估不仅仅会形成偏见,而且可能是错误的评估。因此,在批评者看来,专家主观评估与家庭问卷调查的关联性很弱。家庭式的问卷调查更能捕捉“法治”信息的客观性,而专家评估更显微弱。但在KKM看来,并没有明显证据证明专家评估存在测量误差,而在家庭问卷调查中就没有测量误差。在一个对国家抽样的更大样本中,专家评估和家庭问卷调查的关联性很低将是不太现实。因此,KKM认为,商业调查、专家评估以及家庭问卷调查是相互关联,直接测量反映“法治”观念信息的代表性样本。[1]

尽管如此,由于社会研究中人的特殊性和社会现象的复杂性等因素,[2]数据采集的样本偏见始终是存在的,并直接影响最终的法治测量水平。因为,法治观念的代表性数据库和非代表性数据,本身是对不同国家的个人、组织潜意识的法治观念的最直接测量,这种测量不但带有主观性,而且具有不确定性。“法治”观念变量本是法治水平不完美的代表,很难从根本上去衡量真实的水平。从统计学的原理来看,各数据库的生成从源头上就带着样本偏见,因此缺少在构建“法治”观念的组合性指标时所要求的那种客观性和准确性。从某种意义上说,意识到样本偏见就是要揭开WGI中的法治指数“遮羞布”,至少在两个方面具有重要意义:一是提醒数据库的制作者采用科学的统计方法和多样的数据类型,以最大可能减少样本偏见的误差;二是提醒数据库的使用者,尤其是“法治”组合性指标数据的使用者不要过度解读某些数据,在使用时保持谨慎的态度。

(四)缺乏透明

如下的问题是批评者较为关注的:每一个数据库差异化的变量是如何

---

〔1〕 See Daniel Kaufmann et al., “Worldwide Governance Indicators Project: Answering the Critics”, *World Bank Policy Research Working Paper*, No. 4149, March 2007, pp. 12 – 14.

〔2〕 参见风笑天:《社会学研究方法》(第3版),中国人民大学出版社2009年版,第6页。

与其他变量结合成一个数据库的代表性指标数据的？数据库给国家排名的系列标准是什么？[1]这些问题共同指出了KKM的治理指标体系缺乏透明性。例如，在“全球在线市场”的调查中，如何把“司法独立”和“犯罪”这两个法治变量结合成一个该数据库的组合性指标数据，数据库内部变量的计算过程如何，KKM对此并未作出详细说明。由于指标之间缺少一个演算过程，使人们很难理解每一个数据库指标数据的生成过程，也就更难理解作为用聚合性方法计算之后的“法治”组合性指标，遑论如何使用好它。另外，有些数据库是难以查阅到的，有的甚至需要花费高昂的价钱才能获取。由于构成组合性指标的数据库数据不公开透明，这就使缺乏一定同行学者的批评和使用。

作为回应，KKM表示，构建组合性指标的指标数据已经向公众公开，大部分数据库数据都已经进入公众视野，公众可以通过其官方网站查阅，同时也能在世界银行官网中查阅。但是，其他通过商业风险评级机构和商业信息调查得到的数据资源只能用商业手段获取。为了最大限度透明化，这些组织原则上同意使用这些保密数据用作计算治理指标。但至今仍没有向公众完全公开的数据库包括世界银行国家政策与制度评估(Country Policy and Institutional Assessment, CPIA)，还包括非洲发展银行和亚洲发展银行的评估。因为涉及这些组织机构政策的披露，并且也不是构建组合性指标所需要的，所以没有公开。[2] 当然，KKM也意识到，接受公众审查WGI指标体系数据具有重要意义。因此，除CPIA的数据外，所有的数据库的分散数据以及组合性指标的聚合数据都已向公众开放，这足以保证数据向使用者开放和接受同行的审查。甚至在KKM看来，这种披露程度已经超过经济专业领域的公开标准。[3]

显然，对于数据使用者来说，是希望能够全面掌握WGI的全部数据，不仅是为了全面理解，更是为了准确使用KKM指标体系的方法。但事实上，

---

[1] See Christiane Arndt and Charles Oman, *Uses and Abuses of Governance Indicators*, Paris: Organization for Economic Cooperation and Development (OECD) Development Centre Studies, 2006, p. 72.

[2] See Daniel Kaufmann et al., "The Worldwide Governance Indicators: Methodology and Analytical Issues", *Hague Journal on the Rule of Law* 3, 2011, p. 227.

[3] See Daniel Kaufmann et al., "Worldwide Governance Indicators Project: Answering the Critics", *World Bank Policy Research Working Paper*, No. 4149, March 2007, p. 28.

出于保护数据发布者的商业秘密,要做到完全公布又是不太可能的。然而,这并不否定公开 WGI“法治”组合性指标构建体系的重要性。换言之,公开透明的指标体系模型是完善 KKM 组合性指标体系的重要途径。这里可能需要进一步考量的是,由何人公开、向谁公开、公开的内容和形式如何等问题。因不同的指标体系的量化主体和目的不同,公开的内容和形式也不尽相同。就 KKM“法治”指标体系而言,如果能够进一步公开不同数据库的指标数据以及如何用聚合性方法演算成单一的组合性指标,将有助于使用者更好地理解量化一国“法治”评估水平的技术手段。仅公布量化模型和公式,还不足以告诉使用者或者研究者一国“法治”评估水平是如何生成的。

从对 KKM 指标体系的批评和回应中可以看出,量化“法治”观念关键的三步是采集数据、分析数据和处理数据。采集数据是前提,分析数据建立在系列假设基础上,而处理数据决定了最终结果。从某种意义上说,批评者产生样本偏见的质疑及对关联性假设的质疑,大多来自 KKM 采集和分析数据的过程。对数据结果是否可用于比较以及对公开透明性的质疑则贯穿于采集、分析以及处理数据的全过程。其中,数据分析和处理是整个量化评估过程的关键,所以就决定了同行学者批评的主攻方向。

毫不奇怪的是,也许在 KKM 看来,其数据处理和分析模式已是万无一失,但批评者总是以一种“完美的眼光”去挑剔聚合性方法在分析处理数据上的不足。从目的上看,无论是批判还是回应,误差变量和测量结果的边际误差是批评者和 KKM 都希望极力避免的。但实际上,任何一个“法治”测量指标体系都存在误差,一方面,这是因为“法治”本身一个复杂的社会现象,难以全面测量,测量结果不可避免存在误差;另一方面,“法治”观念在社会生活中总是具有相对的稳定性和一致性,尤其是对 KKM“法治”组合指标体系来讲,其“法治”变量并不是“法治”观念的全部代表,仅靠科学的统计方法难以消除误差的存在。或许,评估设计者能做的只是保持谨慎的态度以最大可能减少误差。所以,如果不考虑指标生成的具体语境,即便得出全球治理组合性指标是多么准确和可信,那仍然可能是错误的结论。[1]这一点为 KKM 所认同,同时 KKM 认为全球治理指标体系的一个核心优势是,研究者充分认识到它的不完善性。除此之外,当他们比较不同国家或者

---

〔1〕 See Juan Carlos Botero et al. ,“Indices and Indicators of Justice,Governance and the Rule of Law:An Overview”,*Hague Journal on the Rule of Law* 3,2011,p. 158.

不同时间的值时,让WGI使用者正面考虑用此方法存在边际误差并提供量化完善工具把这种不完善性充分考虑进去。[1]

五、反思中国法治指数评估:来自WGI法治指数的启示

对中国法治指数评估的理论反思一直是学界关心的话题。论及余杭法治指数时,学界多以WJP法治指数或香港法治指数为参照进行对比分析,进而得出一些在理论和实践中完善法治指数评估的建议。例如,在国内学者看来,余杭法治指数的评估主体缺乏中立性,法治评估标准缺乏普遍性。与WJP法治指数相比,"限制政府权力、遏制腐败、保障基本权利"等方面的法治内容缺位,而这三项"法治"指标是法律明确规定的重要内容。法治评估不能以特殊性掩盖或者代替法治评估指标的普遍性。[2] 还有学者认为,香港法治指数与余杭法治指数是不可比较的,因为他们采用的"法治"内涵不同,采取的测定指标和计算方法也有差异。尽管香港和余杭法治指数都采用专家认定和公众投票的形式来测量法治指标,但仍不能确保法治指数获得数据的有效性和科学性,因为数据反映的只是不同群体的主观感知,难以保证客观性。[3] 可以认为,上述批评与反思直接或间接地反映了学界对国内法治指数评估路径和方法的担忧。面对国内学界的批评与质疑,又不得不重新思考这样一些问题:法治指数评估的目的究竟为何?如何推进法治指数评估?如何保证法治指数评估的数据来源的科学性?如何正确使用和对待法治指数评估的数据?参照WJP法治指数和香港法治指数的实践经验,不少学者对上述问题都作了相当多的回应,但都是从宏观上回答了要不要法治指数以及怎样推进法治指数评估等重大理论问题。如果换一个参照系来考量中国的法治指数评估,或许能在微观层面进一步回答推进法治指数评估需要关注的问题与解决方法。而作为最早兴起的一个量化"法治"实践的样本,WGI法治指数可以成为一个重要的参照系。

显见不争的是,WGI法治指数的路径选择和评估方法都与WJP法治指

---

[1] See Daniel Kaufmann et al., "The Worldwide Governance Indicators: Methodology and Analytical Issues", *Hague Journal on the Rule of Law* 3, 2011, p. 231.

[2] 参见张保生等:《世界法治指数对中国法治评估的借鉴意义》,载《法制与社会发展》2013年第6期。

[3] 参见李锦:《中国式法治指数若干问题的思考》,载《湘潭大学学报》(哲学社会科学版)2014年第3期。

数和余杭法治指数有重大区别。WGI 法治指数与 WJP 法治指数的最大区别在于,不是直接界定“法治”观念的内容,将“法治”概念进行操作化,并以此设定若干个指标变量测量人们对“法治”的观念、认知和态度,并运用统计学的相关分析方法以及线性计算法来计算一国总体的法治水平,而是在搜集世界范围内现有能够反映“法治”观念的测量数据库的基础上,通过对数据库反映的“法治”观念信息进行二次分析,采用一种聚合性方法和运用 UCM 统计方法提取体现一国“法治”水平的“未观测值”。WGI 法治指数与余杭法治指数最大的区别在于,不是由政府委托第三方学术组织完成的,而是通过第三方学术组织独立完成的,因而相对具有更大的中立性。除如上的重大区别外,WGI、WJP 以及余杭法治指数评估的区别,还表现在启动主体、指标设置方法等方面(见表 4)。

表 4　WGI 法治指数、WJP 法治指数与余杭法治指数之比较

内容类型	WGI 法治指数	WJP 法治指数	余杭法治指数〔1〕
启动主体	非官方组织	非官方组织	官方推进,委托学者评估
启动年份	1996	2006	2006
指标设置	不设置具体的法治一级指标;“法治”观念来自不同数据库的测量信息,法治估计值来自对数据信息的“去伪存真”	约束政府权力;无腐败;开放性政府;基本权利;安全与秩序;规则执行;民事司法;刑事司法;非正式司法	党委依法执政;政府依法行政;司法公平正义;权力依法保障;市场规范有序;监督体系健全;民主政治完善;全民素质提升
数据来源	9 个代表性数据库和 14 个非代表性数据库	民意调查(GPP)与专家咨询(QRQ)	政府提供(法律数据);专家评估、公众满意度调查(调查数据)

〔1〕 参见钱弘道:《中国法治指数报告(2007—2011)——余杭的实验》,中国社会科学出版社 2012 年版。

续表

内容类型	WGI法治指数	WJP法治指数	余杭法治指数
权重设置	采用不加权平均法,根据数据库的独立性来赋权,数据库提供的信息越多,权重越大	对每一个一级指标和二级指标平均赋权	用德尔菲法赋权;最后赋予民意调查组(35%),内、外部组(35%)以及专家组(30%)四组综合计算
计算方法	UCM统计方法	线性计算方法	线性计算方法
结果反思	考虑估计值的置信区间和标准误差	作相关回归分析进行信度审查,并参照其他数据库进行外部性审查	内外评审组权重及结果分年度比较分析;四组数据的稳定性和协调对比分析
公开途径	官网	官网	公开出版年度报告

从上表分析得出,无论是在指标设置还是数据来源以及计算方法等方面,WGI法治指数、WJP法治指数与余杭法治指数都有很大差异。因此,在前述章节分析WGI法治指数构成机理的背景下,很有必要以WGI法治指数实践经验为参照系重新反思法治指数评估的路径选择和方法依赖,以期推进中国法治指数评估的路径不断完善。当然,承前述,基于经验分析的背景,这里的经验比较可能不是宏观的理性探讨,而是秉持价值中立的立场,基于比较与分析的思维,对中国法治指数评估可能存在的问题作微观的经验审视。

(一)"参照"而非"依照"

不可否认,法治指数评估为法治改革和发展提供了重要的参照信息。通过法治指数评估,有利于查找国家和地区法治发展过程中存在的短板,进而找准努力和改进的方向,为法治改革和发展提供正确决策指明方向。但值得注意的是,法治指数的各项数据只是为政府决策提供"参照"功能,而不是"依照"功能。这主要是因为,一方面,法治指数的某些指标数据变量往往具有正负功能的暗示。例如,以WGI法治指数中的"犯罪率"变量为例,它描述了"法治"因素和"非法治"因素。换言之,某国犯罪率低不仅表明了该国公民遵纪守法,也暗含了该国司法部门不严厉打击犯罪的可能。像这些具有双重功能的法治变量类型,为法治改革和发展提供的信息是有限的,除非这些变量完全针对服务于法治改革的“法治”因素。另一方面,某些法治变量提供的信息是“法治”观念的不完美代表,缺乏一定的准确性。[1] 再加上,通过统计学意义上的技术处理,很多“法治”信息都失去了原来的本真意义,这就很难为法治改革和发展提供准确依据。WGI 法治指数采用聚合性方法处理不同数据库之间的数据联系,最能说明数据“本真”和“失真”的处理在法治评估中的重要地位。进一步说,任何一个法治指数评估体系都将面临如何保存本真意义上的数据问题。对此,WGI 法治指数评估的经验在于,怎样降低样本偏见和减少测量误差以最大可能保证数据的准确。由于法治指数评估数据存在不确定的一面,因此,法治指数评估只能为政府决策提供“参照”功能,而非“依照”法治指数得出的量化结果作为法治改革决策的依据。否则,将会夸大法治指数评估功能的表现。而在当前我国地方法治评估存在“法治建设”锦标赛的历史背景下,很有必要设置一些制度红线,正确对待法治指数评估与政绩考核的关系。

(二)语境化理解与使用

法治指数评估的数据仅具有“参照”功能,表明“法治”的社会实证研究的限度。这主要是因为,“法治”本身是一个难以界定的概念,对其量化只能做到相对的客观,而不是绝对的客观。[2] 再加上,研究者本人的价值观影响社会实证研究的客观性,“法治”的社会实证研究就存在天然的局限性。[3] 因此,无论国内法治指数评估还是国外法治指数评估,在指标设计以及计算方法等方面都具有一定的限度。尽管国内学界对法治指数评估的数据魅力保持着质疑甚至否定的态度,但只要做到“不唯数据论”,相对客观的法治量化评估数据定优于主观粗糙式的法治评估。对此,KKM 也多次提醒 WGI 的数据使用者,在比较不同国家和时间段的法治水平估计值时,一定要正面考虑用聚合性方法存在的边际误差,并希望使用者能够提供相应方法来改进这种不完善性。而随着科学技术的发展以及统计量化软件的不断进步,在许多国家越来越达成一种共识,那就是世界上已经存在如何使用好数据的知识,只是散见于世界各国的专家中,尚未在法治共同体中内

---

〔1〕 See Kevin Davis, “What Can the Rule of Law Variable Tell Us about Rule of Law Reforms?” *Michigan Journal of International Law* 26, 2004, pp. 146 – 147.

〔2〕 参见钱弘道等:《法治评估的实验:余杭案例》,法律出版社 2013 年版,第 328 页。

〔3〕 参见任岳鹏:《法的社会实证研究之能与不能》,载《政治与法律》2009 年第 8 期。

化,甚至在某种程度上被政府改革者忽略。[1]

由于法治指数评估的科学性存在限度,因此,就必须正确看待法治指数评估数据。毫无疑问,其“参照”功能不能忽视,但如何发挥好数据为法治改革和发展的参照功能,就需要语境化理解和使用作支撑,表现在过程和结果两方面。在过程方面,数据使用者应该思考指标设置是否合理、权重设置依据何在、计算方法是否科学、公众参与度有多大等问题。这些问题都要结合指数设计者时的社会环境和历史条件去理解与思考,客观中立地判断指标设计者处理这些问题的得与失。不同的数据使用者,可能对这些问题答案不一样,也就决定了数据使用者如何看待评估结果。WGI法治指数的批评与回应,足以说明语境化理解法治指数评估的过程具有重大意义,尤其对未来我国法治指数评估的实践有借鉴意义。而在结果方面,KKM对WGI指数的反思与平衡,说明数据使用者应该考虑使用评估结果的限度及社会反响。评估结果的限度是由评估过程的限度决定的,不能认识评估过程的限度很难对评估结果有综合全面的反思。换言之,如果不能分析余杭法治指数的评估过程,就很难对其最终的量化数据有整体性的反思。可能的后果是,或盲目乐观,或过于悲观。使用评估结果的社会反响不免有否定的一面,甚至引来批评与质疑,但正因如此,法治指数评估体系才能日臻完善。因此,使用者对法治指数评估数据需要保持敏感,但不能过于敏感,关键是在过程和结果方面语境化理解与使用。

(三)评估主体中立与数据来源多样

评估主体的中立与数据的来源多样,是任何科学的法治指数评估体系都应该遵循的规则。反观我国余杭法治指数的实践,除学界所批评的法治指标设置不科学之外,最重要的质疑便来自其评估主体的中立性。不少学者认为,余杭法治指数评估是政府联合学者推动的,其中立性值得怀疑。再加上学者在项目上经济不独立,很难保证结果上的客观和公正。[2] 相反,由于WGI法治指数是由三位学者共同推动,不受官方组织的支配,其评估

---

[1] See Juan Carlos Botero et al., “The Rule of Law Measurement Revolution: Complementarity Between Official Statistics, Qualitative Assessments and Quantitative Indicators of the Rule of Law”, in Juan Carlos Botero et al. eds., *Innovations in Rule of Law: A Compilation of Concise Essays*, The Hague: Hiil[etc.], 2012, p. 8.

[2] 参见张保生等:《世界法治指数对中国法制发展的借鉴意义》,载《法制与社会发展》2013年第6期。

主体的中立性保证了结果的客观公正性。事实上,就中国法治指数评估模式而言,比较可行的是发挥更多的大学、科研机构担当第三方评估的角色。在未来的法治指数评估中,应明确政府和学者的关系定位,扩大学者的参与度。[1] 此外,从评估类型来看,余杭法治指数评估是一种“建设评估”,其评估方法的理论基础是一种绩效评估方法。WGI法治指数评估是一种定量评估,其评估方法是通过数据的形式客观来展示“法治”的本质属性。[2] 在绩效评估方法的指引下,其数据形式往往是政府内部的考核数据。进一步说,在余杭法治评估实践中,虽有公众“满意度”调查,但往往限定在政府内部评估事项范围内,很少有关于法治建设水平的客观信息。相反,WGI法治指数采用UCM统计方法的一个最大优势便是,能够保存数据库当中原始数据信息,相对客观的反映的“法治”观念信息。此外,其采用四种不同数据库类型的数据信息,在官方组织提供的数据信息与非官方组织提供的信息之间起到了较好的互补作用,做到最大的客观中立性。在此期间,一种在被KKM称为“聚合性”的方法起到至关重要的作用。无论是评估主体的中立还是数据来源的多样,最根本的目的是要保证评估结果的客观性。评估结果的客观性是法治指数评估的出发点和归宿。在未来中国法治指数评估的路径中,要做到评估主体的中立和数据来源的多样至少应该从以下两方面着手:一方面,要鼓励学者、社会自治组织等独立的第三方参与法治建设评估体系中;另一方面,要加强社会信用体系建设和非官方组织组织发起的独立数据库体系建设。

(四)接受公众开放性审查与监督

国内学者对法治指数评估公正性的质疑,经常源自法治评估过程中公众参与的热情不高。由于公众参与度不高,使法治指数评估往往会被指责为流于形式。究其根本原因,一方面是评估主体对公众参与法治评估的重要性认识不够。例如,就余杭法治指数评估而言,只限于公众“满意度”调查,限定了评估的效果。但事实上,公众作为政府绩效的最终感受者,完全有资格对政府执行法律的效果、政府办事的效率等政府外部行政管理行为

---

〔1〕 参见钱弘道、王朝霞:《论中国法治评估的转型》,载《中国社会科学》2015年第5期。

〔2〕 参见孟涛:《论法治评估的三种类型:法治评估的一个比较视角》,载《法学家》2015年第3期。

进行评估。[1] 另一方面,公众参与法治建设评估热情不高。显然,这种参与不限于对法治建设水平的问卷调查,更多表现在对法治评估的"整体性"和"系统性"缺乏认识。由于公众对为什么要推进法治评估、法治指数评估的数据来源是什么、法治指数评估的指标设置和计算方法的科学性如何等与法治指数评估相关的重点问题缺乏"集体意识",因而就很难在参与法治指数评估的潮流中展开激烈的争辩。这也解释了为何我国法治建设评估具有"嵌入性"特征。[2] 而要改变此种困境,就必须从每一个社会公众做起,因为一个公民对其他公民行为的期待性将决定"集体行为"问题是否得到解决。"善治"就是公民内部相互协调的问题:在公民之间的行为里,一个人对其他人可能的信念将决定一个人的行为。[3]

事实上,在 KKM 看来,公众积极参与能够使人们对指标的内容和方法及其对不同国家的意义进行广泛的审查和公开讨论。[4] 基于此,KKM 通过官方网站适时发布每年的更新数据、指标的计算方法、争议性问题等内容,以引起公众和同行的批评和重视。因为建构 WGI 法治指数组合性指标从来就不是一个目标,它应该看作促成人们讨论并且引起公众关心和感兴趣的起点。[5] 正如每一种观念或者信仰必须接受开放性审查,没有任何一种观点能够被接受,除非它经受批评性审查。[6] 因此,构建中国的法治指数评估,应该注重公众的开放性审查和监督。任何一种法治指数评估选择应当经过公众合法性审查,其评估过程和结果应当通过相应的官方网站进行公布,接受公众和学者的批评和监督。通过公众参与法治建设评估,使公众辨析法治指标设置是否合理、计算方法是否科学、评估结果是否公正。这样做,一方面有利于调动公众参与法治建设评估的积极性;另一方面有利于提高公民法治意识,推进法治社会建设。

---

[1] 参见孟涛:《论法治评估的三种类型:法治评估的一个比较视角》,载《法学家》2015 年第 3 期。

[2] 参见钱弘道等:《法治评估及其中国应用》,载《中国社会科学》2012 年第 4 期。

[3] See Tom Ginsburg, "Pitfalls of Measuring the Rule of Law", *Hague Journal on the Rule of Law* 3, 2011. pp. 278 – 280.

[4] 参见俞可平主编:《国家治理评估——中国与世界》,中央编译出版社 2009 年版,第 437 页。

[5] See Michaela Saisana and Andrea Saltelli, "Rankings and Ratings: Instructions for Use", *Hague Journal on the Rule of Law* 3, 2011, p. 268.

[6] See Michael Rebilcock, and Ronald Daniels, *Rule of law reform and Development*, Cheltenham UK: Edward and Elgar, 2008, p. 17.

结 语

伴随中国特色社会主义法律体系的形成,我国正朝着建立中国特色社会主义法治体系的目标迈进。构建中国特色社会主义法治体系是一个宏大的系统工程,其运行效果和前景预测可以采用科学的量化的手段进行恰当的评估。应当看到,以党的十八届三中全会通过的《中共中央关于全面深化改革若干重大问题的决定》和党的十八届四中全会通过的《中共中央关于全面推进依法治国若干重大问题的决定》分别提出“建立科学的法治建设指标体系和考核标准”和“把法治建设成效作为衡量各级领导班子和领导干部工作实绩的重要内容,纳入政绩考核指标体系”为起点,如何科学地开展法治量化评估或将成为我们这个时代的崭新课题。历史地看,无论是西方发达国家建成的法治社会,还是发展中国家正在建设中的法治社会,其法治的运作都可能面临如何表达法治、如何操作法治等具体场景下的问题。当今世界经济全球化的趋势日渐加强,法治全球化也在无数次思想文化碰撞中不断趋于对话与合作,而开展法治量化评估实践将是法治全球化的一个必然产物。对于后起的发展中国家来说,如何更好地推进法治建设离不开有效的法治评估作支撑。域外法治评估实践为我国法治指数评估实践提供了有益经验,不仅表现在地方法治指数的综合评估,也表现在司法文明指数、法治政府指数等专项评估实践中。随着我国地方法治指数评估实践的深入开展以及专项评估指数的有益尝试,法治指数评估领域出现的重大理论问题也在实践中不断展现。回应问题的关切,可以回到法治指数评估实践的源头进行正本清源,以实践为导向,从实践不断提炼理论问题,在理论上丰富和发展实践之形式。

深入研究 WGI 法治指数的典型实践,对于全面审视我国法治指数评估的理论模型、实践问题以及动力机制,乃至对于争取我国法治评估话语的主动权而言都具有重要的借鉴意义。通过反思我国法治指数评估在理论和实践中出现的问题,并结合对 WGI 法治指数评估的经验观察,就构建中国法治指数评估路径而言,开展“法治”量化评估将可能进一步提升实证研究方法的影响力。

一方面,从某种意义上讲,对“法治”的实证研究改变了传统意义上的规范研究方法。通过寻求实践中的“法治”观念并借助量化的手段使“法治”成为可量化的正义,再一次说明在“什么是法治”这一争议较大的问题上,认识的方法路径或将有新的突破。与此同时,从学术史角度来看,对“法治”进行实证化研究,既丰富和充实法学研究领域的内容,也可能带来法学研究方向的转变:一是由宏观的“法”之本体问题研究向微观的“法”之认知问题研究转变;二是由静态意义上的“法治”观念研究到动态意义上的“法治”观念研究转变;三是由理论意义上的法理学问题到实践意义上的法理学问题转变。此外,“法治指数评估”注重统计学、计量经济学与法学的交叉研究,生动再现了社科法学研究方法在法治指数评估的成功运用。

另一方面,也必须认识到,“法治”量化评估的动力在于不断实践。“法治指数”作为舶来品,在我国还是新生事物,其发展和完善尚待实践中的进一步考量。从某种意义上讲,不断实践可能是支撑法治指数评估体系日趋完善的强大动力。这是因为,法治指数评估体系本身是一个具有实践品质的动态机制,唯有通过不断和反复实践,才可能在实践中不断发现法治指数评估体系暴露出的各种问题,找准问题方向、寻求改进措施,进而在新的层面上提出完善对策。再加之,由于法治建设具有普遍性和特殊性,域外法治评估的理论和实践经验也只有在中国法治建设具体实践中,才可能印证其生命力。换言之,尽管我国地方法治指数的专项评估和法治指数专项评估已在实践中如火如荼地开展,但中国法治指数评估体系的构建并非是一蹴而就、一劳永逸的,需要在实践中不断创新理论方法和实践形式。通过地方法治指数的综合评估和法治指数的专项评估的不断创新实践,将可能为法治指标体系和考核标准顶层制度设计提供经验探索。

在大数据时代,数据显然逐渐成为传递社会发展好与坏、快与慢的重要信号。在面对各种数据信息向我们袭来时,当然也包括法治数据信息,无论我们选择是接受还是拒绝,数据本身的符号意义已经悄悄地潜入我们内心中,并指引我们作出决策和行动。虽然“法治指数”在我国的诞生时间还不长,但它也可能像GDP、居民消费价格指数、幸福指数等经济社会发展指数一样影响我们的行为和决策。在这种时代背景下,也许我们无法回避社会生活指数化带给我们的冲击这一社会事实。尽管法治指数的量化评估总有那么多纰漏之处,但我们不能否定法治指数评估对正确把握法治建设方向的重要作用,问题的关键在于我们如何对待并运用它。显然,“法治指数”评估重在实践“法治”的精神,意在“指”而非“数”。换言之,通过法治指数评估,意在发现数据背后所“指代”的问题,而不是停留在数据表面上的“大小”反映。这就要求,理性看待社会各方对法治指数的态度,综合分析法治指数的社会反响;与此同时,谨慎运用法治评估的系列数据,努力借助多种知识发现数据背后所“指代”的问题。如此,才可能真正认识到,法治指数的量化评估,或将不是政府作秀之工具,而是在评估中发现问题、认清差距、找准方向并不断改进。

“影响性诉讼评选”的法治意义

——基于2005～2015年评选的行政案件分析

◇李媛媛*

引　言

中国的法治建设经历了相当曲折的历程，从奴隶社会和封建社会的“礼治”“人治”，经过清末变法修律时的“礼法之争”和后来的“人治和法治孰优孰劣”之争后，最终确立了法治的地位，并于1999年将“依法治国”写入宪法，作为我国的基本治国方略。目前，我国正处于社会的转型时期，建设中国特色社会主义法治体系和社会主义法治国家是我国依法治国的总目标。一方面，法治国家的建设过程需要实践的探索，只有通过具体的法治实践才能体现出法治的进步和发展。另一方面，法治实践又能为法治开辟未来的发展道路，推动法治进步。[1] 作为重要法治实践的“影响性诉讼评选”(impact litigation)评选活动便是在这一背景下产生的。“影响性诉讼评选”以“个案推进法治，诉讼影响中国”为宗旨，以迅速发展的互联网和高涨的社会公众参与意识为契机，在社会上引起了强烈反响。如今，“影响性诉讼评选”评选活动开展已达11年，通过实证分析，我们发现“影响性诉讼评选”并未实现法治意义上的影响性。“影响性诉讼评选”不应止于案件的影响或者评选活动本身的推广，更应关注“影响性诉讼评选”在推进法治进步方面的影响性。本文旨在通过社会动员理论建构起“影响性诉讼评选”的动员模型，分析各个动员要素，发现其中存在的问题，剖析原因，矫正“影响性诉讼评选”的动员机制，使“影响性诉讼评选”发挥出应有的法治价值，推进法治进步，为社会主义法治国家的建设添砖加瓦。

---

* 河南省平顶山市政府法制办公室科员，法学硕士。

〔1〕 参见胡卫列：《行政诉讼目的论》，中国检察院出版社2014年版，第2页。

"影响性诉讼评选"系舶来品,此概念在美国由来已久。"影响性诉讼评选"主要以公共利益为目标,构建社会化问题的探讨,并从社会和具体情况,促进实现全面的解决方案,以实现对社会问题的改善。其追求公共利益的过程是一个识别、讨论的过程。在中国,"影响性诉讼评选"所选取的是案件价值超越本案当事人的直接诉求,能够对类似案件、立法制度、司法制度和社会管理制度完善改进,对人民法律意识转变产生较大促进作用的个案。[1] 同时,"影响性诉讼评选"也具有一定的公共性质。但关于"影响性诉讼评选"的研究在中国尚不成熟,目前对其研究主要集中在"影响性诉讼评选"的法治意义和民意对司法的影响方面。

对"影响性诉讼评选"法治意义的研究主要有两种观点:肯定"影响性诉讼评选"的法治价值和否定"影响性诉讼评选"在推进法治进程方面的意义。多数学者对"影响性诉讼评选"的法治价值予以肯定,《论影响性诉讼个案的法律价值》认为"影响性诉讼评选"个案是法治文化的结晶、成文法传统下的合理现象、信息化社会的必然产物,其具有彰显治国方略、阐释法律理念、引导社会走向、创制法律规则、拓展法律思维、引导法律适用、创新法律制度以及促进法制建设等法律价值。[2] 《从移植到创新——影响性诉讼的法治意义》认为"影响性诉讼评选"个案通过促进法制统一、发现法律价值、检验立法、群体利益表达、媒体监督、形成先例、普法宣传的作用来促进法治建设。[3] 《论影响性诉讼》认为,"影响性诉讼评选"的法治价值表现为弘扬法治理念,推动依法治国、提高立法水平,促进制度创新、监督依法行政,约束行政权力、保障司法公正,树立司法权威。[4] 《影响性诉讼深刻改变我们的生活》一文认为,"影响性诉讼评选"塑造我们正义、公平观,落实公民权利,推进制度的建设以及打造司法权威,从而推动我国的法治建设,推动和谐社会的构建。[5] 无论哪种观点都肯定了"影响性诉讼评选"在推进立法、司法、执法和法治观念方面的积极作用。对"影响性诉讼评

---

〔1〕 参见吴革:《影响性诉讼是中国律师的新主张》,载中华全国律师协会主编:《规划 · 规范 · 规则——第六届中国律师论坛优秀论文集》,中国政法大学出版社 2006 年版,第 536 页。

〔2〕 参见邓路遥:《论影响性诉讼个案的法律价值》,载《西部法学评论》2010 年第 5 期。

〔3〕 参见吴革等:《从移植到创新——影响性诉讼的法治意义》,载《中国法律》2008 年第 3 期。

〔4〕 参见徐大海:《论影响性诉讼》,载《法学研究》2009 年第 4 期。

〔5〕 参见杨涛:《影响性诉讼深刻改变我们的生活》,载《法治与社会》2006 年第 6 期。

选”的价值予以怀疑的学者主要是从公众意见对司法审判的干预方面着手,例如,《个案影响中国?——影响性诉讼中公众意见对司法的影响及其阐释》从“影响性诉讼评选”产生的原因批判公众接收信息的不完整以及表达的非理性否定公众意见对司法及法治的影响。[1]《理性思辨“影响性诉讼”和“媒介审判”之社会影响》对汹涌的民意对司法的影响表现出深深的忧虑,提议要以司法公开来保持司法理性与网络舆论参与之间的平衡,以相应的法律规范来调整传媒与司法关系及自律的网络媒体和成熟理性的公众为条件。[2]《网络时代影响性诉讼及其法治影响力》通过实证分析发现,“影响性诉讼评选”引发的公众舆论影响案件最终结果的比率越来越高,而影响法治变革的比率却越来越低。因此,文章认为从个案影响法治的层面上讲,“影响性诉讼评选”并不是一个很好的运作方式。[3]

民意对司法的影响的研究主要集中在民意和司法的偏差上,在社会转型时期,由于结构性利益失衡会导致各种社会矛盾,尤其是公权力和普通大众之间的矛盾,“影响性诉讼评选”的出现为这些矛盾表达提供了渠道。“影响性诉讼评选”入选的案件许多都在表达民怨、宣泄情感,且《感官正义与司法正义——对2009十大影响性诉讼案件的再解读》指出传媒影响司法走了一条“通过媒体刺激公众—通过公众影响政府—通过政府左右司法—通过司法改变裁判”的非常规路径。因此,“影响性诉讼评选”案件即使得到了良好解决,也可能并非法治推进的结果,只是公众注视下不得已的光明。[4] 栗峥认为由于传媒渗透力与司法反应能力之间的不匹配,传媒与司法对案件的处理方式差别迥异,司法资源因传媒的影响而配置不均,“影响性诉讼评选”案件所真正影响的可能并不是法治的推进,也不是政府权力的伸缩,他们就如同各种被传媒所选中的其他社会事件一样,成为媒介文化生产与消费的一种“商品”,因此,需要构建一个更好的传媒和司法的互动

---

[1] 参见安德凤、赵华军:《“个案改变中国?”——影响性诉讼中公众意见对司法的影响及其阐释》,载万鄂湘主编:《探索社会主义司法规律与完善民商事法律制度研究:全国法院第23届学术讨论会获奖论文集》(上),人民法院出版社2011年版。

[2] 参见黄明英:《理性辨析“影响性诉讼评选”和“媒介审判”之社会影响》,载《湘南学院学报》2011年第3期。

[3] 参见艾佳慧:《网络时代的影响性诉讼及其法治影响力——基于2005~2009年度影响性诉讼的实证分析》,载《中国法律》2010年第5期。

[4] 参见栗峥:《感官正义与司法正义——对2009十大影响性诉讼案件的再解读》,载《福建论坛》(人文社会科学版)2010年第9期。

机制。[1]

虽然较多学者对"影响性诉讼评选"的法治价值予以肯定,但大多停留在理论论证阶段,并未有以社会动员理论为工具对其进行全面的实证分析,从而体现出"影响性诉讼评选"真正的法治价值,并通过社会动员模型来矫正"影响性诉讼评选"的要素,使其更好地发挥应有的法律价值。

一、"影响性诉讼评选"概述

(一)"影响性诉讼评选"的概念

"影响性诉讼评选"的概念源自美国,该术语描述的是选择和追求诉讼的策略,这种策略作为一个工具来实现广泛而持久的影响,并且能超出特定情况,对公共政策和立法也产生影响。同时,"影响性诉讼评选"支持法律,为未来的立法奠定基础,记载侵犯人权行为以及其他侵害行为,促进政府问责,并通过吸引国内外媒体对重要问题的关注来提高公众意识和教育。在美国设立"影响性诉讼评选"项目通常旨在达成一定的公益目标,这些目标包括:(1)引起诉讼聚合,受到高度关注;(2)获得国内外媒体关于案件进展和相关发展的新闻报道;(3)发展"影响性诉讼评选"试图推进国际人权法律体系的人权倡导者的策略;(4)创建一个正式的网络大学和非政府组织,致力于促进人权项目的工作和类似的努力;(5)在国际机构的相关待审案件中提交和要求提交法庭之友的简要声明。

"影响性诉讼评选"在不同领域引起巨大的社会变化:在司法方面,实现法官在特定情况下的裁定;在行政方面,执行计划,实现项目,帮助解决问题;在立法方面,促进发展战略需要,促进在法律方面的实际变化;在公众方面,教育和赋予他们权力,为其提供技能使他们有更多作为。

"影响性诉讼评选"在本质上是一种动态的参与过程,即旨在适应地方行动者参与行动,以确保参与式民主的实现。这是一个复杂的参与过程,需要保持很高的活力,因为不存在任何一个规则的应用不经任何检验和修改就可以确保成功。除了活力之外,考虑某些障碍和制约因素,在个别情况下"影响性诉讼评选"必须与社会、机构和其他社区相符合。有学者指出,"影响性诉讼评选"的影响是一个长期且循序渐进的过程,它真正的意义在于

---

[1] 参见栗峥:《传媒与司法的偏差——以2009十大影响性诉讼案例为例》,载《政法论坛》2010年第5期。

展示社会现实、赋予期望,然后通过安排活动达到目的。这种参与式的诉讼与传统的诉讼有很大不同,虽然传统诉讼和“影响性诉讼评选”都是面对相同的行政机关和法官,但是它们之间存在如下三个方面的根本区别:第一,“影响性诉讼评选”是一个社会参与的过程,其结果是由媒体和战略共同来实现的;第二,传统诉讼借助法律手段,但“影响性诉讼评选”不限于法律手段,媒体互动、教育等方式也成为“影响性诉讼评选”达致目标的手段;第三,传统诉讼的目的为实现个人权益的诉求和保障,而“影响性诉讼评选”则旨在维护公共利益,保障的是经济、社会和文化方面的权利以及集体人权。“影响性诉讼评选”的产生和发展推动社会变革,加强参与式民主的力量,起到教育作用。

“影响”是指以间接或无形的方式来改变或作用人或事的行为、思想或者性质。因此,“影响性诉讼评选”当是通过诉讼个案对立法、司法、民众甚至整个法治进程都起到影响性作用。“影响性诉讼评选”的概念在我国最早由中华全国律师协会宪法与人权委员会主任吴革提出,所谓“影响性诉讼评选”中的案例是指那些案件价值超越本案当事人的直接诉求,能够对类似案件,对立法制度、司法制度和社会管理制度完善改进,对人民法律意识转变产生较大促进作用的个案。[1] 也有学者将其定义为具有相当社会影响力的诉讼,通常是指在一定的范围内被民众普遍知晓、受公众广泛关注,能够在较大范围内和一定程度上影响立法创新、司法改革和人们法治观念的典型诉讼。[2] 另有学者认为,“影响性诉讼评选”并非限于对某类个案特征的描述,它是进入司法程序的某一纠纷,也包括由其引发的社会舆论、社会活动、制度变迁过程等。他认为,从这个意义上说,“影响性诉讼评选”既指法治进程中的某个静态关键点,又指该点引起的各方联动。[3]

虽然学界对“影响性诉讼评选”这一概念的表述不尽相同,但对其实质的认识和理解并无根本差异,他们都认为“影响性诉讼评选”的特征在于其特殊的影响性。这种影响性超越其个案价值,或者对法律及其法律适用产

---

〔1〕 参见吴革等:《从移植到创新——影响性诉讼的法治意义》,载《中国法律》2008年第3期。

〔2〕 参见刘武俊:《影响性诉讼:法治进步的司法引擎——解读2005年度十大影响性诉讼》,载《人大研究》2006年第3期。

〔3〕 参见王振宇:《司法建议书让法院在影响性诉讼中发挥作用》,载《法制日报》2006年8月25日,第3版。

生影响,或者对个案所蕴含的制度和社会结构产生影响,或者对行政和司法权力产生影响,又或者对公众的法治观念产生影响。总之,对立法、司法、执法和守法都有影响力,且在制度层面也有推进作用。正如"影响性诉讼评选"活动的宗旨所传达的,"个案推进法治,诉讼影响中国"。

国内与"影响性诉讼评选"相似的概念还有"公案"。"公案"是指,媒体和公众利用个案内容所涉及的契合公众需求的主题元素,通过讨论、加工和传播塑造出来的公共事件。[1] 此概念和美国的"高度公开案件"(Highly publicized cases)相似。这类案件除了高度激发民意外,由于主题元素涉及有公权、公民、公德、公害、公益等,还具有公共性质。

(二)"影响性诉讼评选"的形成因素

"影响性诉讼评选"的形成因素众多,但主要有如下四个方面的因素。

第一,网络时代的大背景。据中国互联网络信息中心(China Internet Network Information Center,CNNIC)发布的第38次《中国互联网络发展状况统计报告》显示,截至2016年6月,中国网民规模达7.10亿,互联网普及率达51.7%,该比例超过全球平均3.1个百分点,我国手机网民规模已达6.56亿,网民中使用手机上网的人群占比由2015年底的90.1%提升至92.5%。[2] 绝大多数网民可以随时随地在网络上进行自由表达,且网络信息的传播具有信息来源广泛、传播速度快、信息真假共存、影响广泛等独特的特征,再加上网络表达的双向性和多维性,公众表达往往更迅捷,很容易在网络上形成公共舆论和民生浪潮。正如吴革律师所言:"网络媒体信息传播的便捷性、直接性,使网络成为新闻传播主流渠道之一,公众获得信息,表达意见和观点较之以前更为方便。"[3] 这是中国式"影响性诉讼评选"得以产生的时代背景和技术前提。但不可否认,网络的开放性、虚拟性,也容易导致网络表达的无序性和极端化,公众的部分非理性表达常常被盲目跟风。

第二,主流媒体的关注。影响性案件之所以进入公众视野,是受媒体的

---

〔1〕 参见孙笑侠:《公案的民意、主题与信息对称》,载《中国法学》2010年第3期。

〔2〕 参见中国互联网络信息中心:《中国互联网络发展状况统计报告(2016年7月)》,载中国互联网络信息中心官网:http://www.cnnic.net.cn/hlwfzyj/hlwxzbg/hlwtjbg/201608/P020160803367337470363.pdf,最后访问日期:2018年6月14日。

〔3〕 艾佳慧:《网络时代的影响性诉讼及其法治影响力——基于2005~2009年度影响性诉讼的实证分析》,载《中国法律》2010年第5期。

报道或自媒体平台的曝光。主流媒体的高度关注,往往使某些事件最终变成热点事件。在案件发挥影响力方面,媒体的报道是至关重要的,“再大的审判法庭也只有寥寥座位,再高声的宣判也只能止步法院。但因为有了媒体,一切都变得不同了”。[1] 媒体在网络舆情的传播中起到推手的作用。媒体相对公众最大的不同就是有采访权,对揭示事件真相拥有更多资源,因此,媒体的报道一般都会受到公众的认可和跟踪,在一定程度上可以左右舆论的演化。但是,网络媒体的报道一般会呈现符号性裁剪的情况,这是网络媒体的性质使然。网络媒体以吸引眼球为盈利手段,媒体为了赚取流量,一般会使用极端或者符号性的文字或标题。比如,在2005年的“黄静案”中,媒体报道大量出现“裸尸案”“女教师”“特殊性行为”“漂亮女教师一丝不挂死在校舍”等标题来吸引舆论关注。由于公众期待此案能推进司法改革,完善鉴定体制,且该案因成为女性权利的符号,呼吁女性远离“约会强奸”,防止“强暴致死”而具有制度意义,从而受到公众更深一步的关注。因此,打造出的“影响性诉讼评选”受媒体倾向性报道的影响。

第三,公众的积极参与。区别于传统的报纸和电视媒体,公众在网络媒体上不再只是单向度的接受信息,也可以积极发表意见和见解,对信息进行积极传播。言论自由是宪法赋予公民的一项基本人权,它是指公民按照自己的意愿自由地发表言论以及听取他人陈述意见的基本权利,但要保证被议人员的人身权利和人格尊严。《世界人权宣言》第19条规定:人人有权享有主张和发表意见的自由;此项权利包括持有主张而不受干涉的自由,和通过任何媒介和不论国界寻求、接受和传递消息和思想的自由。有时言论自由也会被称为表达自由。公民权利意识的提高使公民行使言论自由的热情高涨,网络媒体的迅速发展为公众提供了自由表达的平台,社会转型时期各种矛盾的凸显为公众关注舆情、传播热点事件提供了话题和契机。这也是“影响性诉讼评选”产生的一大背景。

第四,律师与专家学者推进。律师在“影响性诉讼评选”中的作用更多是制造“影响性诉讼评选”,有“故意为之”的意思,如李刚诉全国牙防组案和卫生部案。全国牙病防治指导组是一个非正式机构,一直以来却作为“权威机构”进行认证,在产品上标上自己的认证标志。长期关注并研究公

---

[1] 蒋慧岭、龙飞:《展望媒体与司法良性互动新纪元》,载《人民法院报》2010年1月8日,第5版。

益诉讼的李刚看重这一良好契机,将全国牙防组和卫生部告上法庭,虽然最终法院驳回对卫生部的诉讼申请,但全国牙防组在2007年成为媒体关注中心,并被卫生部予以撤销,从而使该案成为一例非常具有法治意义的“影响性诉讼”。另外,还有“药家鑫案”、“孙志刚案”和“邓玉娇案”等,都有律师在背后推波助澜,力争使这些案件成为“影响性诉讼”,这被称为“案件事实化”的诉讼策略。专家学者对案件的意见和点评本身是正常且必不可少的。专家学者是专业法律人,其对案件的理解往往会与公众存在差异,并导致双方的紧张关系,尤其当案件代表的是弱势群体的利益时,这一紧张关系常成为案件朝向“影响性诉讼”发展的有力因素。

(三)“影响性诉讼评选”应然层面的法治意义

霍姆斯大法官曾说,“法律的生命不在于逻辑,而在于经验”,“影响性诉讼评选”活动作为我国的本土资源正是法律界不可多得的宝贵经验,对我国法律文本的实践、法治进程的发展都有积极意义。

1. 促进制度完善。“影响性诉讼评选”具有超越个案本身价值,可以促进制度不断完善。如2003年的“孙志刚案”,当时一篇题为“被收容者孙志刚之死”的报道引起了公众对案件的关注并引发对收容遣送制度的大讨论,后来,8名学者上书全国人大要求对收容遣送制度进行违宪审查,最终促使《城市流浪乞讨人员收容遣送办法》废止,而以《城市生活无着的流浪乞讨人员救助管理办法》取而代之。该案件的制度意义正如孙志刚墓志铭中的一句话所说:“用生命推动法治进步。”又如2003年的“黄静案”,该案引起公众对混乱的司法鉴定制度的批判,从而促使《全国人民代表大会常务委员会关于司法鉴定管理问题的决定》的通过。

2. 检验立法效果。亚里士多德曾给法治下了一个定义:法律获得普遍的遵从,而人们服从的法律又是制定的良好的法律。在社会转型时期,法治进程的发展不仅需要法律体系的完善,还需要这些法律必须是良法。已存在法律的善恶,具有的社会效果需要通过司法实践来检验。“影响性诉讼评选”虽然涉及的案件事实和当事人是特定的,但因其广受公众关注,符合公共利益需求趋势,普通公众、律师、专家学者等积极参与讨论、指出问题,因此,可以说“影响性诉讼评选”最大化地发挥了司法对立法的检验作用。

3. 树立法律权威。2005年“马德、韩桂芝、田凤山连环腐败案”,2006年“药监局高官落马案”,2013年“薄熙来受贿、贪污、滥用职权案”,2013年“刘志军受贿、滥用职权案”,2014年“徐才厚涉嫌受贿案”,2015年“周永康受贿、滥用职权、故意泄露国家秘密案”等反腐败案件使老百姓看到了国家反腐的决心,感受到了法律面前人人平等的正义,树立了法律保障人们合法权益的信心。

4. 保障公正司法。保障司法公正需要将司法置于社会监督下,公众、媒体都可以对司法过程予以监督,防止司法腐败、枉法裁判以及冤假错案等司法不公正现象的发生。例如,“2007年许霆ATM机案”,许霆一审被广州市中级人民法院判无期徒刑,但舆论普遍认为无期徒刑对17万元来说量刑过重,二审时广州市中级人民法院改判为有期徒刑5年。社会监督促进该案罪责刑相一致,保障司法公正。

5. 监督严格执法。在社会处于转型期的中国及建设法治国家的背景下,约束行政权力,规范严格执法必不可少,“影响性诉讼评选”在其中发挥了不容小觑的作用。比如,2004年“杜宝良巨额罚单案”使北京交通管理部门在执法方式上开始采取寄信的方式进行通知。“李刚诉全国牙防组案”促使卫生部撤销了非法认证机构——全国牙防组。

6. 提高法治观念。传媒对法治意识的宣传以及法律权威的树立具有极大的影响作用。[1] “影响性诉讼评选”被高度关注的过程其实就是司法和公众民意相互作用的过程,司法吸纳民意的同时也对公众的法治观念产生影响;公众通过对案件的了解、讨论,提升了法律认知,提高了法治观念。

二、“影响性诉讼评选”的实证分析

“一个社会科学家在分析一个行动时,必须了解行动背后隐藏的意义,也就是要探讨行动所表现的价值。”[2]我们要想挖掘出“影响性诉讼评选”实际发挥的价值,必须全面了解“影响性诉讼评选”。因此,我们将通过实证分析来呈现包括法治价值在内的“影响性诉讼评选”的全貌。可以说,“孙志刚案”开启了以个案影响法治的“影响性诉讼”的先河。从2005年到2015年,十大“影响性诉讼评选”活动已经举办10年,评选出100个“影响性诉讼”。“影响性诉讼评选”从一个新事物慢慢走向了成熟,这些记录着中国艰难法治实践,寄托中国公众情感和利益以及寄予学者促进法治发展厚望的“影响性诉讼评选”有什么特征呢?这10年间“影响性诉讼评选”涉

---

〔1〕 参见刘徐州:《法律传播学》,湖南人民出版社2010年版,第239页。
〔2〕 苏国勋:《理性及其限制——韦伯思想引论》,上海人民出版社1988年版,第275页。

及的公共议题都有哪些？其实际法治影响力如何呢？针对这些问题，我们选取2005～2015年行政领域的22个"影响性诉讼评选"案件进行实证分析，试图提供答案。

需要说明的是，由于选举出来的"影响性诉讼评选"并不都是完整意义上的诉讼案件，有的是没有进入诉讼程序，有的进入诉讼程序却没有结案，而有的仅仅只是一个事件，因此，笔者沿袭"影响性诉讼评选"的名称，将行政诉讼、行政事件统称为"影响性诉讼评选"行政案件。其中，行政诉讼有15件，即"杜宝良巨额罚单案""李刚诉全国牙防组案""陈超诉劳动教养委员会案""900车主状告保监局案""程海户口迁移案""《色·戒》案""赵C诉公安局侵犯姓名权案""十二名学生诉西安教育部门取消高考报名资格案""四家防伪企业诉国家质检总局行政垄断案""'钓鱼'执法""刘艳峰诉'表哥'工资信息公开案""大学生村官任建宇诉重庆市劳教委案""律师申请公开社会抚养费信息案""'北雁云依'诉济南市公安局燕山派出所户籍(姓名)登记案""陈超诉济南市城市公共客运管理服务中心(专车)行政处罚不当案"；行政事件有6件，分别为"唐福珍事件""长沙官员以维稳抗拒法院裁决案""陕国土厅否决法院判决案""江西宜黄拆迁自焚事件""'进京抓作家'案""陕西安康冯建梅'大月份'引产行政处罚案"；因行政行为导致的刑事诉讼有1件，即"苏州范木根反抗强拆防卫过当致死案"。

(一)年度和区域分布

1. 年度分布

在2005～2015年的100个"影响性诉讼"中，"影响性诉讼评选"刑事案件有51个，占全部"影响性诉讼评选"案件的51%；"影响性诉讼评选"民事案件有19个，占全部"影响性诉讼评选"案件的19%；而"影响性诉讼评选"行政案件有22个，占全部"影响性诉讼评选"案件的22%。"影响性诉讼评选"行政案件比例不算低，且每年的案件数分布参差不齐，有的年份一件都没有，而有的年份达到四成，且在总体上呈递减趋势，如表1所示。这说明我国在行政法治建设方面有很大进步吗？

表1　2005～2015年"影响性诉讼评选"行政案件年度分布

年份	2005	2006	2007	2008	2009	2010	2011	2012	2013	2014	2015
件数(件)	1	1	4	3	2	4	0	3	1	0	3
比率(%)	10	10	40	30	20	40	0	30	10	0	30

以2015年为例,据最高人民法院网统计,[1]新收刑事一审案件1,126,748件,该年“影响性诉讼评选”刑事案件有3件,所占比率为0.000266%;新收民商事一审、二审、再审案件11,044,739件,该年“影响性诉讼评选”民事和商事案件总共才有4件,所占比率为0.000036%;而新收行政一审、二审和再审案件只有299,765件,该年“影响性诉讼评选”行政案件却有3件,所占比率为0.001001%,远高于“影响性诉讼评选”其他类型和总案件数的比例。由此可以看出,“影响性诉讼评选”行政案件更易入选成为“影响性诉讼”。

这和中国的传统观念有关,古代中国是家本位的文化传统,以集体利益为本位,对个人权利观念比较淡漠,而且作为集权主义国家,民众制约权力的观念更是缺乏,中国古代法律文化以尊君为核心形成一个“君君臣臣父父子子”的结构秩序,奉行德治、人治,不存在法治,因此,“民告官”在民众观念中是一种非常态化的存在。而现代随着经济由农业化向工业化转变,家本位逐渐被个人本位所取代,民众平等观念逐渐增强,法治意识不断提升,借鉴西方制度移植过来的行政诉讼法在中国开始慢慢扎根,正通过法治实践与中国社会进行融合,“民告官”成为一种常态化存在,且在中国法治进程中发挥着举足轻重的作用。但是,由于行政诉讼法相对刑法、民法来说还是一个年轻的法律,存在的问题也相对较多,官民矛盾仍旧是一个敏感的问题。在行政领域,中国社会法治的实践水平没跟得上法治观念的更新速度,因此,行政诉讼一旦发生很容易切合公众的利益需求,成为“影响性诉讼”,并不能说明我国的行政法治建设取得了很大进步。

2. 区域分布[2]

分析“影响性诉讼评选”在区域间的差异可以反映中国目前在经济发展不平衡的背景下法治发展的现状,不同的经济发展状况反映出来的法治需求不同,代表不同区域的社会矛盾和利益诉求也不同。

---

〔1〕参见《2015年全国法院审判执行情况》,载最高人民法院网:http://www.court.gov.cn/fabu-xiangqing-18362.html.,最后访问日期:2018年5月4日。

〔2〕“影响性诉讼评选”行政案件的代表区域涉及的有案件发生地和案件受理地,由于考虑到诉讼的影响性主要是在案件事实发生之后才引起关注形成“影响性诉讼”,因此,本文以案件受理地为分析对象。另外,虽然案件受理地一般是县级或市级法院所在地,但考虑到以省份为单位的经济发展水平更具有考察意义,因此,本文仅分析“影响性诉讼评选”行政案件在不同省份的分布情况。

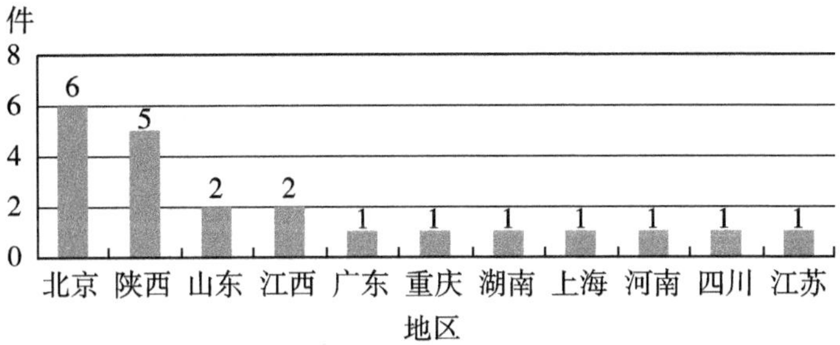

图1 2005~2015年“影响性诉讼评选”行政案件区域分布

图1显示,在“影响性诉讼评选”活动举行的10年间,22个“影响性诉讼评选”行政案件分布在11个省市,其中发生在北京的“影响性诉讼评选”行政案件最多,共有6件,占总样本的27.3%,且“影响性诉讼评选”刑事案件和“影响性诉讼评选”民事案件中北京区域的比例都最高。北京之所以产生“影响性诉讼”最多,是因其作为政治、经济、文化的中心而具备产生更多“影响性诉讼”的可能性。从“影响性诉讼评选”形成的机制上来讲:第一,北京是名人、高官、大企业和新型企业的聚集地,在入选天然型“影响性诉讼评选”方面具有更大的优势;第二,北京代表最高司法水准,一旦出现有案件处理过程或结果与公众期望有差异的情况,就会引起公众更强烈的不满和关注;第三,北京公益诉讼律师较多,主流媒体和知名记者也较多,因此,汇集了更多推动“影响性诉讼评选”案件形成的力量。除此之外,北京作为最接近国家领导人的首都,在老百姓心里是一个能主持公道的地方,因此,会趋向于通过向北京起诉、上访、申诉等方式进行维权,将影响性因素带到北京。

在22件“影响性诉讼评选”行政案件中,发生在西部的有7件,占全部样本的31.8%;发生在中部的有4件,占总样本的18.2%;发生在东部的有11件,占全部样本的50%。那么,这是否意味着经济发展水平和“影响性诉讼评选”结果有某种直接关系呢?笔者认为这两者之间并无直接关系。“影响性诉讼”形成的因素有很多,不能仅依据“影响性诉讼评选”行政案件区域分布图就简单得出经济发展水平高的地区“影响性诉讼评选”的案件数量多,经济发展水平低的地区“影响性诉讼评选”的案件数量就少。比如,位于西部地区的陕西,“影响性诉讼评选”行政案件就有5个,仅次于北京,远高于其他东部发达地区。能否成为“影响性诉讼评选”的案件存在一定的偶然性,如果该案件不属于天然型“影响性诉讼评选”案件,那么,能否被主流媒体报道出来就成了是否能成为“影响性诉讼”的关键。该案件被主流媒体报道出来后所反映出来的公共议题还须合乎广大公众利益,如行政强权、民生问题、贪污腐败、公共安全等。另外,“影响性诉讼评选”和公民的法治观念也有很大关系。法治观念浓厚的公民,对通过法律途径解决问题寄予更多期望,对监督司法过程保障司法公正意愿更强烈,关注、参与案件讨论的积极性也就越高,更容易形成舆论使案件成为“影响性诉讼评选”案件。

(二)舆论介入时案件所处阶段

在分析了“影响性诉讼评选”的案件的年度分布和区域分布后,接下来要考察的是“影响性诉讼评选”案件在舆论介入时所处的阶段。我们将案件结果所处阶段划分为“未进入正式司法程序”阶段、“进入一审程序”阶段(这里的“进入一审程序”是指被法院立案或受理后,包括二审、再审期间)、“结案后”三个阶段。前文指出过,当选的“影响性诉讼评选”并不都是真正意义上的诉讼,因此,我们将6个行政事件也归为“未进入正式司法程序”一类。

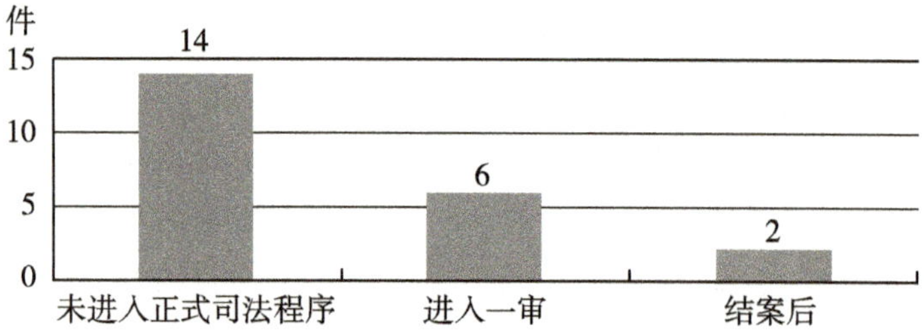

图2 2005~2015年“影响性诉讼评选”行政案件舆论介入时案件所处阶段

由图2可以看出,未进入正式司法程序的有14件,其中包括10件属于诉讼类型却在未进入正式司法程序时便引发大量关注的案件和4件行政领域事件;进入一审程序后才引发舆论关注的有6件;在案子结案后才引发舆论关注的只有2件。[1]

---

〔1〕结案后才引发舆论关注的是“长沙官员以维稳抗拒法院裁决案”“陕国土厅否决法院判决案”,虽然其本身是诉讼案件,但由于因行政机关拒绝执行法院判决才进入公众视野,形成舆论的议题也并非诉讼和法院判决本身,而是行政权抵抗司法权,因此,我们在性质上将其定性为行政事件。

未进入正式司法程序便引发舆论关注的诉讼案件占总样本的63.6%，这类案件的特征有：第一，具有天然影响性因素，如"《色·戒》案"作为电影分级第一案，涉及中国人"谈性色变"的传统，原告是一位名校博士，这些鲜明因素使原告递上一纸诉状后便迅速引起舆论关注和讨论；第二，涉及政府强权因素，比如"'钓鱼'执法""刘艳峰诉'表哥'工资信息公开案""律师申请公开社会抚养费信息案""苏州范木根反抗强拆防卫过当致死案"，这些都反映了在中国官民关系的敏感；第三，公益律师的"制造"，公益诉讼如果要达到其应有的效果，首先要受到舆论关注，"李刚诉全国牙防组案"正是李刚故意而为形成的一个"影响性诉讼评选"案件。

进入一审后引起舆论关注的6件分别是"陈超诉劳动教养委员会案""赵C诉公安局侵犯姓名权案""十二名学生诉西安教育部门取消高考报名资格案""大学生村官任建宇诉重庆市劳教委案""'北雁云依'诉济南市公安局燕山派出所户籍登记案""陈超诉济南市城市公共客运管理服务中心行政处罚不当案"。

结案后才引起广泛舆论关注的有2件，分别是"长沙官员以维稳抗拒法院裁决案""陕国土厅否决法院判决案"，这两个案件都是因为行政抗拒司法才受到广泛关注。这两个案子引起舆论关注并不是因为诉讼案件本身，而是由于在法院判决生效后行政干涉司法，以维稳的借口抗拒司法。执行问题是实现公平正义的最后一道藩篱，解决执行难问题，才能最终实现当事人合法权益，有效提升司法公信力，真正树立司法权威，实现社会发展总目标。但在实践中，执行难却是难中之难。在行政诉讼案件中，即使法院法官坚持司法正义，判决原告胜诉，"执行难"却又成了横亘在保障原告合法权益面前的一座大山。

（三）结案时案件所处阶段

不同于"舆论介入时案件所处阶段"对阶段的分类，该分类更细致，将诉讼阶段分为"未进入正式司法程序（不予立案或未予受理）""被驳回或撤诉""尚未结案""一审结案"和"二审结案"五个阶段。由于该组分析考察案件结案，因此，分析对象仅限于诉讼类型案件，行政领域事件在这里不予考察。

由图3可以看出，在"影响性诉讼评选"行政案件中，16件诉讼类型案件中起诉但未进入正式司法程序的有4件，予以立案但被驳回或主动撤诉的有2件，一审程序结案的有4件，二审程序结案的3件，尚未结案的有3

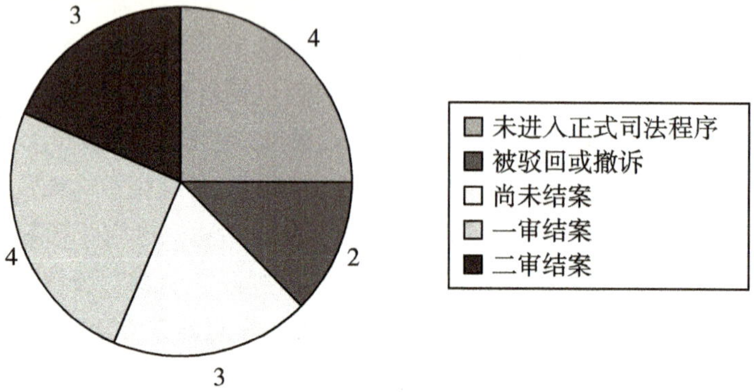

图3　2005～2015年"影响性诉讼评选"行政案件结案时案件所处阶段(单位:件)

件。仅有43.8%的"影响性诉讼评选"行政案件结案,有56.2%的案件当事人不能通过司法程序来保障自己的合法权益。且结案的7件"影响性诉讼评选"中除了"大学生村官任建宇诉重庆市劳教委案"因超过诉讼时效被驳回,"杜宝良巨额罚单案"在判决前撤诉,其余5件中2件胜诉,2件败诉,1件和解。由此可以看出立案难、审理难仍然是我国行政诉讼中存在的主要问题。立案难主要来自四个方面的阻力。第一方面是案件受理范围狭窄。例如"900车主状告保监局"一案法院便是以该案不属于法院受案范围为由将材料退回给原告。行政诉讼受案范围狭窄主要是因为我国行政诉讼在构造上不一致,既非完整意义上的主观诉讼,亦非完整意义上的客观诉讼,呈现的是一种扭曲的"内错裂"形态。[1] 比如,《行政诉讼法》第41条第1款规定:"原告是认为具体行政行为侵犯其合法权益的公民、法人或其他组织。"其中,"认为"二字明显具有主观性,即只要原告主观上认为行政行为侵犯了自己的合法权益就可以提起诉讼。但是,2000年最高人民法院《关于执行〈中华人民共和国行政诉讼法〉若干问题的解释》第12条中的"与具体行政行为有法律上的利害关系"这一表述,显然规定了一个客观标准,进而对原告资格做出限制。受案范围狭窄属于形式意义上的立案难。第二方面是法院内部规定而不予受理。这种形式的立案难主要是因为法院认为案件受理后会对社会产生不好的影响,或者由于其他原因,即使该案件作出判

〔1〕　参见薛刚凌等:《法治国家与行政诉讼——中国行政诉讼制度基本问题研究》,人民出版社2015年版,第82页。

决也难以执行,从而给法院带来负面影响,削弱法律权威。例如,《山东省高级人民法院新类型、敏感、疑难案件受理意见(试行)》第7条规定:"对不符合诉讼利益和效益原则之诉,受理后社会效果不好或受理后难以裁判和执行,甚至造成审判资源浪费的,一般不予受理。"第三方面是普遍存在的"三不"政策,即法院对当事人起诉采取不接收案件材料;不予立案时不出具法律文书;没有理由不予立案。"三不政策"属于典型的程序违法。第四方面是指在政治层面上,法院受到行政机关的干扰。由于我国诉讼采取的是"原告就被告"的原则,行政诉讼被告和法院基本都在同一地方,处于同一体制内,很容易产生行政权碾压司法权的情况。审理难表现为,即便法院能够将原告的起诉予以立案进入诉讼程序,行政机关也能利用自身行政管理人的身份对相对人通过威逼、利诱等方式进行施压,迫使原告撤诉,这严重侵犯了原告的诉权。在行政机关侵犯了行政相对人合法权益后又侵犯了原告通过法律程序寻求救济的权利。即使原告坚持通过诉讼保障自己的合法权益,行政机关也能转而向和自己处于同一体制内的法院施压,干预法官独立、公正行使司法权,最终使原告败诉。"二高四低"是行政案件所独有的现象,即上诉率高、申诉率高、裁判率低、原告胜诉率低、改判率低、息诉率低。清华大学法学院何海波教授针对这种现象一针见血地指出:"法官如果违反了'潜规则',将承担不利的后果——有的法官因为坚持法律、依法判决,被调离审判岗位、免去职务,还有被追究的。"[1]

(四)涉及的法治问题

"影响性诉讼评选"所涉及的法治问题代表了我国法治进程的前进方向,也反映了我国当前法治建设的不足之处。

行政干涉司法和强制拆迁都属于行政违法行为,但为了便于分析,我们将行政干涉司法和强制拆迁类问题单独拿出来讨论。表2显示,涉及行政行为问题的案件数最多,其中,涉及行政行为违法、不当的有5件,分别是"杜宝良巨额罚单案""'钓鱼'执法""'进京抓作家'案""陕西安康冯建梅'大月份'引产行政处罚案""陈超诉济南市城市公共客运管理服务中心(专车)行政处罚不当案";涉及姓名权的有2件,分别是"赵C诉公安局侵犯姓名权案"和"'北雁云依'诉济南市公安局燕山派出所户籍(姓名)登记案";涉及劳教制度的有2件,分别是"陈超诉劳动教养委员会案"和"大学生村

〔1〕《再插手民告官案,拿行政机关"说事"》,载《大河报》2014年11月5日,A11版。

官任建宇诉重庆市劳教委案”;因强制拆迁导致的暴力事件有3件,分别是“唐福珍事件”“江西宜黄拆迁自焚案”“苏州范木根反抗强拆防卫过当致死案”;涉及行政权干涉司法司法权的有2件,分别是“长沙官员以维稳抗拒法院裁决案”和“陕国土厅否决法院判决案”;涉及户籍制度的有2件,分别是“程海户口迁移案”和“十二名学生诉西安教育部门取消高考报名资格案”;涉及非法认证机构、强制保险、电影分级、行政垄断等问题的案件各1件。

表2　2005~2015年“影响性诉讼评选”行政案件涉及法治问题

年份	案件	涉及法治问题
2005	杜宝良巨额罚单案	行政行为
2006	李刚诉全国牙防组案	非法机构
2007	陈超诉劳动教养委员会案	劳教制度
	900车主状告保监局案	强制保险
	程海户口迁移案	户籍制度
	《色·戒》案	电影分级
2008	赵C诉公安局侵犯姓名权	姓名权
	十二名学生诉西安教育部门取消高考报名资格案	户籍制度
	四家防伪企业诉国家质检总局行政垄断案	行政垄断
2009	“钓鱼”执法	行政行为
	唐福珍事件	强制拆迁
2010	长沙官员以维稳抗拒法院裁决案	行政干涉司法
	陕国土厅否决法院判决案	行政干涉司法
	江西宜黄拆迁自焚案	强制拆迁
	“进京抓作家”案	行政行为
2012	刘艳峰诉“表哥”工资信息公开案	信息公开
	大学生村官任建宇诉重庆市劳教委案	劳教制度
	陕西安康冯建梅“大月份”引产行政处罚案	行政行为
2013	律师申请公开社会抚养费信息案	信息公开

续表

年份	案件	涉及法治问题
2015	“北雁云依”诉济南市公安局燕山派出所户籍登记案	姓名权
	陈超诉济南市城市公共客运管理服务中心行政处罚不当案	行政行为
	苏州范木根反抗强拆防卫过当致死案	强制拆迁

“影响性诉讼评选”的宗旨是“个案推进法治，诉讼影响中国”，使其超越个案价值赋予制度意义，但相同类型的案件却在重复发生，因行政行为违法、不当导致的诉讼接连上演，因强制拆迁导致的暴力死亡事件仍在继续，关于劳动教养的案件要么被“迂回”处理不开庭，要么被驳回（可喜的是，2013 年 12 月 28 日第十二届全国人大常委会第六次会议通过了《关于废止有关劳动教养法律规定的决定》，在我国存在 56 年的劳教制度终于退出历史舞台），信息公开仍然不主动、不彻底、不真实。

（五）“影响性诉讼评选”的影响性分析

根据前文分析，在应然层面上，“影响性诉讼评选”本应超越个案当事人诉求，在立法、司法、行政管理制度和公民法治观念方面都发挥着积极意义，但在实然层面上真的如此吗？我们分别从公众舆论影响案件结果情况以及“影响性诉讼评选”影响立法、司法、行政管理制度和公民法治观念的情况两方面进行分析，以呈现“影响性诉讼评选”实际的法治价值。

1. 公众舆论是否影响案件结果

在“影响性诉讼评选”行政案件中，公众舆论影响案件结果的总共有 4 件：2005 年的“杜宝良巨额罚款单案”、2006 年的“李刚诉全国牙防组案”民事部分、2013 年的“律师申请公开社会抚养费信息案”、2015 年的“苏州范木根反抗强拆防卫过当致死案”。公众舆论影响了案件结果的量仅占总样本的 18%。

根据图 4 可以发现，公众舆论影响案件结果的案件分布并未有明显的规律和趋势，而是呈个别分散状，但是根据艾佳慧对 2005 ~ 2009 年所有“影响性诉讼评选”案件的分析，发现公众参与和媒体舆论影响诉讼案件结果的数量是呈现递增趋势的，2005 年公众舆论影响案件结果的数量只占样本的 20%，而到了 2009 年公众舆论影响案件结果的数量竟然达到了90%。[1] 只不过在行政领域,由于其诉讼特殊性,公众舆论的压力并不能轻易导致法院改变诉讼结果,目前,法院在处理行政诉讼时主要的压力还是来自行政权。这说明在我国,“影响性诉讼评选”活动的影响力正日趋攀升,但是此影响仅限于个案。

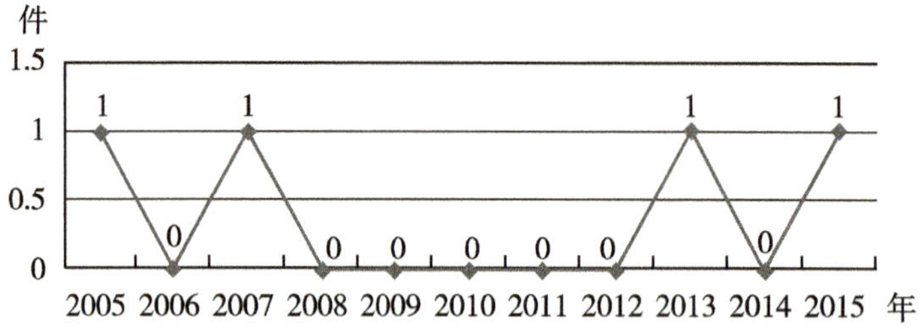

图4 2005~2015年公众舆论影响案件结果行政诉讼量变动

2. 公众舆论是否影响立法、司法、行政管理制度和民众法治观念

在22个“影响性诉讼评选”行政案件中,能够超越个案价值在立法、司法、行政管理制度或者公民法治观念方面促进法治进程的总共有4件,分别是2005年的“杜宝良巨额罚款单案”,使北京市交管部门开始以寄信方式通知;2006年的“李刚诉全国牙防组案”,使非法认证机构全国牙防组被撤销;2009年的“唐福珍事件”,促进了《城市房屋拆迁管理条例》废止;2013年的“律师申请公开社会抚养费信息案”一审胜诉,在关注案件的过程中影响了公民的法治观念,加深了对自身权利义务的了解。

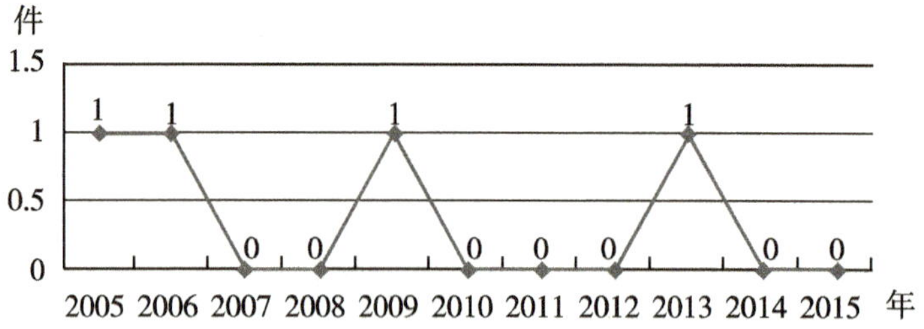

图5 2005~2015年超越个案价值的“影响性诉讼评选”行政案件案件量分布

根据上述分析我们发现,在22件“影响性诉讼评选”行政案件中,能够

[1] 参见艾佳慧:《网络时代的影响性诉讼及其法治影响力——基于2005~2009年度影响性诉讼的实证分析》,载《中国法律》2010年第5期。

超越个案价值对立法、司法、行政管理制度及公众法治观念产生影响的仅有4件,所占比率为18%,甚至随着年份的增加,超越个案价值的案件越来越少。由此可知,"影响性诉讼评选"具有舆论感知力,但缺乏法治意义上的影响性,这对以"个案推进法治,诉讼影响中国"为宗旨的"影响性诉讼评选"来说,无疑是一个致命的发现。

随着互联网的发展,公众越来越多地参与到法治进程中来,舆论在影响案件结果方面发挥了越来越大的作用,却并未很好的触动制度,撬不动制度庞大的身躯,发挥应有的超越个案的价值。作为法治实践活动之一的"影响性诉讼评选",在影响法治进程层面并未发挥出实际效果。在全面推进依法治国的现代中国,各种法治实践活动层出不穷,如最高人民法院每年发布的指导性案例、地方法治评估指标体系等。每个法治实践活动都可以说是一种动员,基于此,我们尝试以社会动员的理论为工具,构建"影响性诉讼评选"的动员模型,以梳理每一个环节,从而更好地让其发挥应有的价值。

三、社会动员理论

"社会动员"(Social mobilization)这一术语由美国政治学家多伊奇(Karl W. Deutsch)创造,并最早将其引入现代化发展的领域。他将社会动员定义为:"人们所承担的绝大多数旧的社会、经济、心理义务受到侵蚀而崩溃的过程;人们获得新的社会模式和行为模式的过程。"[1]亨廷顿在其《变化社会中的政治秩序》著作中援引多伊奇的定义,认为社会动员是"一连串旧的社会、经济、心理信条全部受到侵蚀或被放弃,人们转而选择新的社交格局和行为方式"的过程,"它意味着人们在态度、价值观和期望等方面和传统社会的人们分道扬镳,并向现代社会的人们看齐"。[2] 近几十年来,西方学界对社会动员的研究已趋于成熟,普遍认为社会动员是"通过特定形式的集群行为,公众针对目标政权展开持续的、有组织的集体利益诉求

---

[1] Karl W. Deutsch, Social Mobilization and Political Development, *The American Political Science Review*, Vol. 55, September 1961, p. 494.

[2] [美]塞缪尔·P. 亨廷顿:《变化社会中的政治秩序》,王冠华、刘为等译,上海人民出版社2008年版,第26页。

活动”。[1] 中国学界对社会动员的研究也取得了比较丰硕的成果,研究内容从军事领域拓宽到非军事领域;从党和国家这唯一主体拓宽到非政府组织、企事业单位甚至个人;从传统的自上而下的组织化动员发展到自下而上的半社会化性质的动员;从传统的为党的工作服务转向为国家利益的政治动员再逐渐转向为群众利益和公共利益服务的“由社会动员”。[2]

虽然关于社会动员的研究在我国已经取得不错进步,但关于社会动员的概念在我国至今未有统一定义,且社会动员与政治动员的概念界定未曾厘清。有学者认为社会动员“就是社会影响,或称社会发动。它指人们受某些社会因素持久的影响,其价值观、态度和期望值发展、变化的过程”。[3] 也有学者认为,社会动员“指的是国家、政党或社会团体,以多种方式来影响、改变社会成员的态度、价值观和期望值,从而形成一定的思想共识,引导、发动和组织社会成员积极参与社会实践,以实现一定的社会目标的活动”。[4] 还有学者认为社会动员“是指社会组织以其自治、自律之特点,配合行政动员、政治动员,处理一些行政动员、政治动员力所不能及之事,从而使事务处理达至最佳状态的动员方式”。[5] 虽然这些概念不尽相同,却从不同视角阐释了社会动员的内涵,都肯定了社会动员对社会发展的助推作用。笔者认为,社会动员是指国家、政党或社会组织甚至个人,引导、发动和组织社会成员积极参与社会实践,在此过程中通过多种方式影响、改变社会成员的态度、价值观和期望,并达成一定的思想共识,以实现一定的社会目标,从而造成一定社会影响的活动。

(一)社会动员理论的原则

社会动员体现的是主客体之间的关系及作用,它的实践需要遵循一定的原则才能有效推动社会发展。我们说的原则主要是指新形势下的社会动员的基本原则。

---

[1] 杨菁、申小蓉:《网络动员中中国非政府组织的作用研究》,载《电子科技大学学报》(社会科学版)2010年第2期。

[2] 参见黄立丰:《近二十年来社会动员问题研究的回顾与思考》,载《中共宁波市委党校学报》2013年第2期。

[3] 郑永廷:《论现代社会的社会动员》,载《中山大学学报》(社会科学版)2000年第2期。

[4] 甘泉、骆郁廷:《社会动员的本质探析》,载《学术探索》2011年第6期。

[5] 徐家良:《危机动员与中国社会团体的发展》,载《中国行政管理》2004年第1期。

1. 平等原则

平等原则是社会主义核心价值观的重要内容，也是社会动员能展开的前提。借助互联网，现代化的活动越来越多将战场由线下转至线上，性别、学历、阶级、城乡和贫富等差异在这里消弭，平等原则体现得更淋漓尽致。任何人都可以参与到动员中来，甚至成为社会动员的主体，接受各种思想，表达价值观并分享社会资源。平等原则构成了社会动员的群众基础，因为只有平等的开放空间和资源共享，才能使群众积极地参与进来。广泛的群众参与是现代化社会动员的前提。现代化的社会动员较之传统社会动员的关键点在于，网络社会动员突破传统人际关系的结构性限制。这就为快速建构社会动员的群众基础提供了坚实的保障。

2. 自愿原则

所谓自愿，是指群众参与到组织活动和动员过程中是不违背其自由意志的，是囿于自身利益、公共利益或对不公平社会现状的反抗而主动参与其中，体现了对动员客体的尊重。自愿原则的前提是平等，自愿否定了强制的合理性和基础性。但是，动员的自愿原则常常被隐形的压力所驱使。人是社会性动物，在社会交往中容易被群体裹挟而选择放弃自身立场，转而加入动员主体所期望的行动中。坚持自愿原则，需要尽可能减少动员强制才能保证社会动员的有效性。

3. 知情原则

知情原则构成社会动员的内容基础，动员的内容基础是动员客体对信息的掌握。信息是人类识别和区分不同事物的基础，是对事物运动状态和变化的反映，也是认识和改造世界的前提。只有对动员的内容充分了解，动员客体才能根据自己的判断选择是否加入社会动员中来。知情原则对动员主体有两个方面的要求：一是提供充分且对称的信息，这些信息不仅包括所有客观信息，也包括该动员所具有的价值和缘由等，并能够在多大程度上实现和维护其利益，给予动员客体以预见性和自愿选择权；二是保证信息可以被多渠道获得，信息技术的飞跃式发展决定了信息获取的便捷性和快速、有效性，动员主体多平台、多渠道提供信息是动员客体行使知情权的保障。社会对信息对称的需求愈加强烈，主客体的互动也会愈加健康，社会动员促进社会发展进步的效果也会愈显著。

4. 利益原则

利益原则构成了社会动员的动力基础，虽然网络舆论形成脱离了人际关系的结构性限制,但也失去了人际关系的纽带驱使,利益驱使成了人们参与动员最主要的动力。在市场经济社会中,利益是市场得以运行的动力和纽带,是人们通过社会关系所表现出的不同需要。利益既包括实际的物质需要和精神需要,也包括权利和能力。动员的过程体现不同群体的利益诉求,以及动员者的政策、主张对动员客体利益实现的程度。换言之,利益是与组织的价值观、组织的制度安排和组织的行动一体的。社会动员的利益原则有三个方面的要求:首先,社会动员需要考虑不同群体的利益差异,即在承认差异的基础上寻求国家、集体和个人等不同主体利益的平衡;其次,是要维护和满足参与者合法合理的利益诉求,国家和政府要为人们实现自己的利益创造条件并公平开放相关资源,动员主体也要在提供动员价值和缘由的基础上为动员客体创造实现对应价值的条件;最后,社会动员需要面对动员目标和人们当下的利益需求之间可能存在的冲突,因为动员是要实现一定的目标,动员的价值是一种尚未实现的期许价值,很有可能会和人们的利益产生冲突,理性经济人的假设决定了人们是否参与动员。因此,动员需要以人为本,立足于满足人民的利益需求,实现动员有效性,为推进社会不断发展提供持续的动力。

5. 价值导向原则。任何动员背后,都有鲜明的价值导向。价值导向原则和利益原则都是动员的动力基础,但利益原则侧重表现在动员客体对动员的参与动力上,价值导向原则则侧重于动员主体动员的目标动力和动员过程中的导向性。也就是说,社会动员主体进行社会动员所体现的价值意向,能够直接作用于动员过程,并通过动员参与逐步成为社会心理,这也是社会动员最终的价值所在。

(二)社会动员理论的发展

"社会动员"这一术语虽然进入中国不久,但动员这一理论的实践在中国的历史演进和社会秩序维护中一直扮演着重要角色,而且随着时代的不同,社会动员表现出不同的内涵。在古代大一统的思想下,社会动员的动力主要是以思想为价值导向,以维护统治秩序为目标;在革命的战争时代,动员主要是指军事动员和政治动员,旨在发动群众积极投身革命;在计划经济时代,社会动员主要是指党以意识形态为价值导向,宣传、鼓动人民群众积极投入到党和国家的建设中来;改革开放后,中国进入市场经济,在社会转型期,随着经济、政治、文化等条件发生变化,社会动员也以开放的姿态将动员主体从党和国家的唯一主体扩大到非政府组织和企事业单位甚至个人,场域从传统的行政指令变成今天的媒体传播。这里,我们只研究社会动员概念出现后社会动员理论的发展,我们将革命战争时代和计划经济时代的传统社会动员称为政治动员,而将进入市场经济以来的现代社会动员称为社会动员。

政治动员首先具有浓重的政治性,其核心主要是革命斗争和阶级斗争,党和国家是唯一合法的主体,且动员是为党的中心工作服务,是为适应当时计划经济体制下社会发展需要。计划经济具有纵向性和行政性,主要通过各级组织层层传达各种政策、价值观念和信息等,是一种自上而下的动员方式。价值导向原则在政治动员中体现得更鲜明,动员客体的主体意识钝化,一般不会对价值进行比较和选择。由此,传统社会动员结果就具有集中统一性。

现代社会动员随着社会转型而转变格局。首先,市场经济的逻辑调整了社会关系,为了建立市场经济机制,中央开始适度放权,地方获得了独立性和自主权;利益作为市场经济的驱动力,人们的主体意识逐渐增强,对动员的价值、意义等进行考量,进而决定是否参与动员。其次,随着消费文化代替政治文化,人们对即时利益、短期利益和风险利益的追逐,驱使人们开始作为的心理机制和民众主动参与公共事务的意识增强。最后,随着经济的发展,媒介环境以其互通、开放的性质改变了传统依靠行政指令进行动员的方式,动员主体对动员的控制弱化,媒介渐渐变成动员的主战场。

(三)社会动员的模式

现代新形势下社会动员的模式不再局限于单向的行政动员,开始呈现多元化趋势。社会动员模式是基于价值导向原则和利益原则,为保证动员有效性需要针对不同主体采取不同的动员模式。目前,主要有三种动员模式:参与动员、情理动员和内化动员。

1. 参与动员

参与动员是指"人们参加、介入现代社会的政治、经济、文化生活过程中所受的影响。主要是指人们对公共事务、公共管理的介入,对民主生活、政治生活的干涉,对事关个人发展和利益的选择"。[1] 个人从单位内释放出来成为原子人,便使民众参与各类公共事务、活动成为可能。参与动员是最广泛的一类动员模式,民众不仅可以通过各种方式对国家大政方针、政

---

〔1〕 费爱华:《新形势下的社会动员模式研究》,载《南京社会科学》2009 年第 8 期。

策、形势等发表意见和建议,也可以通过实际行动维护自己的合法权益,检举揭发各种违法乱纪行为,还可以对自己的价值取向和实际利益做出选择。作为最普遍的社会动员模式,其特征和社会动员也最具趋同性。首先,参与动员具有主动性。主动性是自愿原则的体现,民众参与的范围、方式等都不具有强迫性,是主动为之;主动性以市场经济为土壤,以民众主体意识增强为前提,是政治民主的必然结果。其次,参与动员具有选择性。选择性针对的是民众是否参与,以及参与的方式、参与的范围、参与的对象等。民众的选择一般基于利益的驱动或者对公共利益的关心、正义感等;选择是主动性的延伸和表达。最后,参与具有驱动性。内在驱动为参与提供价值目标和动力,内在驱动主要来自利益驱动和情感驱动。利益驱动是指符合自身利益和价值的动力;而情感驱动是指来源于对社会不公平现象不满的正义感。参与动员的三个特征是相互联系、密不可分的。

2. 情理动员

这种模式主要针对,民众对动员的价值导向不予认同、对动员主体或意见领袖消极抵触或者对公共利益不予关心等导致社会动员不能大规模形成的情况下,动员主体采取的动员模式。中国家本位的秩序格局奠定了人情伦理的观念的基础。中国人善于讲人情,但“情”和“理”往往相伴而行,例如,“合情合理”“情理”等。情理动员付诸于讲道理、生活上关心照顾、钱财上施与恩惠等方式,利用中国人根深蒂固的人情伦理观念,使动员规模得以形成。因此,情理动员抛却利益的驱动,是一种很有效的动员模式。即使当今党和国家在进行动员的过程中民众怠于参与,政府也不能通过传统的政治动员强制民众参与。因为政府的权力边界日益缩小,计划经济时代国家对资源全面控制,以及由之形成的对权力的全面控制的形势已经转变。如果仍使用传统的自上而下的动员方式,难以取得好的效果,从而导致与动员目标南辕北辙。情理动员是一种立足于中国现状,说服民众大规模参与动员中来的有效模式。

3. 内化动员

内化动员相对其他两个动员模式是最理想的社会动员模式,也是最高层次的社会动员,其是通过社会动员建立共识、构建共意。内化动员是参与动员模式下的动员客体和情理动员模式下参与动员主体规范的行动中的动员客体认同并选择动员价值观,从而变为动员主体,也是从“对社会动员”

变为"由社会动员"的过程。内化动员包括观念内化与行动内化两个方面。[1] 观念内化是指客体在参与动员过程中对动员活动的认可,包括在动员目的、方式、范围以及具有的价值、意义等方面和自身需求保持一致。内化动员更重要的表现为行动内化,行动内化以观念内化为前提,变动员客体为动员主体,积极参与动员中来。整个过程通过自愿原则、价值导向原则和利益原则共同保障完成。还有一种动员模式是惩戒动员,由于其在开放性的、非行政性的现代社会不具有普适性,此处不专门讨论。

因此,在社会动员中,保证动员合法性,以符合大众利益为价值导向,吸引民众参与动员,并通过相互作用和影响达成价值观的共识,才能最终保证社会动员的社会效果。

(四)社会动员的价值

动员是指为实现一定的目标而宣传、发动、影响人们加入某项活动。动员本身具有一定的价值导向,其价值能超越动员个案价值,助推社会发展。

无论是在宣传时代的政治动员还是现代社会的社会动员,都为党和国家及社会的发展建设发挥了极其重要的作用。有学者认为,有效的社会动员有助于形成一种社会内在推动力量、更新与提高社会成员的素质、使社会政治体系在存续和发展的基础上发挥本来的政治协调手段。[2] 也有学者指出,有效的社会动员可以通过调动社会成员的积极性来实现政治管理目标,通过增强被动员者对动员内容的政治认同来提高动员主体的权威与威信。[3] 另有学者认为,"在后发展国家的现代化进程中,人为的社会动员可以用于协调社会步调,刺激社会发展欲望,成为推动经济发展的有利手段"。[4] 当然还有一种看法,认为社会动员是进行和谐社会建设的保证。[5] 可见,社会动员的积极意义被普遍认可。笔者认为,具体来说,社会动员的价值主要体现在以下几个方面。

---

[1] 参见费爱华:《新形势下的社会动员模式研究》,载《南京社会科学》2009 年第 8 期。
[2] 参见王功名:《浅谈社会转型期政治稳定中的社会动员》,载《宁波大红鹰学院学报》2010 年第 2 期。
[3] 参见关海庭主编:《20 世纪中国政治发展史论》,北京大学出版社 2002 年版,第 254 页。
[4] 杨龙:《经济发展中的社会动员及其特殊性》,载《天津社会科学》2004 年第 4 期。
[5] 参见吴开松:《论社会动员在构建和谐社会中的功能》,载《中南民族大学学报》(人文社会科学版)2007 年第 6 期。

1. 增强民众素质及参与意识,推动社会实现善治

党的十八届三中全会提出了“创新社会治理体制”的新要求;党的十八大以来,习近平也提出“完善党委领导、政府主导、社会协同、公众参与、法治保障的社会治理体系,促进政府和社会各归其位、各担其责,努力实现社会善治”的新理念。民众对社会治理普遍存在行政依赖和冷漠的心态和习惯,通过有效的方式可以提高其素质和主体意识,加强参与规范、增强参与热情,使参与社会治理内化成为民众参与社会治理、实现社会创新治理的自觉行动。鉴于社会动员具有广泛参与性、一定程度的兴奋性、明确的目的性以及秩序性四项特征,社会动员必须拥有大规模的民众基础才能形成。美国社会学家英格尔斯曾说:“如果一个国家的人民缺乏能赋予这些制度以真实生命力的广泛的现代心理基础,如果执行和运用着这些现代制度的人,自身还没有从心理、思想、态度和行为方式上都经历一个向现代化的转变,失败和畸形发展的悲剧结局是不可避免的,再完美的现代社会制度及管理方式,再先进的技术工艺,也会在一群传统的人手中变成废纸一堆。”[1]社会动员通过增强民众素质及参与意识,使其成为推进社会实现善治的法宝。

2. 拓宽政府和民众沟通机制,推进社会协调发展

政府与民众的沟通能力是国家治理能力非常重要的一部分。脱离了计划经济时代的土壤,社会循着自由与秩序的价值路径发展,有悖人权保障的行政强权已不适应时代潮流。一个主体的活动和周围的环境息息相关,因此,其生存与发展通常依赖于同其他主体或组织的关系。现代社会政府与民众存在沟通不畅、沟通无序、沟通失效等问题,现代民众的需求内容越来越广、要求越来越高,法治政府的建设要求政府必须向有限型政府转变,必须建立、拓宽政府和民众有效的沟通机制。笔者认为,沟通内容得到政府和民众认可,是缓解官民紧张关系很重要的一方面,同时也决定了沟通的合法性和沟通的实效性。社会动员就是政府和民众沟通极其有效的过程,在动员过程中,动员客体理解、认同动员规范、价值,同时,动员主体也把握动员客体的利益需求,这种相互沟通的过程拓宽了政府和民众的沟通机制,能缓解官民的紧张关系,促进和谐社会的建设,推进社会协调发展。

3. 促进动员客体的价值内化,提升动员主体威信

动员主体一般掌握着某种资源,具有某种权威和威信,在动员过程中客

---

〔1〕 殷陆君编译:《人的现代化》,四川人民出版社1985年版,第4页。

体对资源进行共享并参与其中,会大大提高动员客体的主体意识,从而动员客体变被动为主动,在观念和行动上由参与动员转变为内化动员。这不仅提升了动员的社会实效,加强了动员主客体的凝聚力和合心力,实现价值和观念的统一,还通过价值认同提升了动员主体的权威和威信。但并不是所有的动员都会产生实效,为了防止社会逆动员的产生,动员主体需要充分协调利益,采用合理动员方式,提高社会结构的整合,实现资源的转移和人的现代化,以建设社会主义和谐社会为总目标,提升动员社会资源的能力,彰显动员主体威信。

四、"影响性诉讼评选"的动员模型

前述论及,社会动员是指国家、政党或社会组织甚至个人,引导、发动和组织社会成员积极参与社会实践,在此过程中通过多种方式影响、改变社会成员的态度、价值观和期望,并达成一定的思想共识,以实现一定的社会目标,并造成一定的社会影响的活动。因此,社会动员也可以说是社会影响。社会动员的要素包括组织要素、制度要素以及动员得以展开的环境要素。[1] 接下来,我们主要从社会动员的主体、客体与内容这三个核心要素,分析"影响性诉讼评选"的动员模型和影响形成机制。

(一)作为动员主体的法学专家和网络媒体

社会动员的主体是动员过程中的引导者、组织者和推动者,是整个动员过程的实际操控者,在动员过程中处于主导和核心地位,决定动员的主题、内容和形式。一般较大规模的社会动员是由国家、政党或类似于政党的经济或者社会组织以及魅力型领袖人物发起的。在现代实践中,魅力型领袖一般可以是资深且影响较大的主持人、评论员、记者,或者著名专家学者、社会公益形象良好的知名人士等。不过,在现代互联网社会中,网络媒体也成为主要的动员主体。"影响性诉讼评选"从 2005 年至今,组织方秉持个案推动法治与促进中国法治建设的公益精神,将该活动发展成一个学术界、司法界、新闻界密切配合,传统媒体和新媒体全方位参与的重大法治主题活动,在社会上引起强烈反响。"影响性诉讼评选"的动员主体具有一定的主导性和组织性,且群体主体与个人主体相结合,即由北京义派"影响性诉讼

[1] 参见蔡志强:《社会动员论——基于治理现代化的视角》,江苏人民出版社 2015 年版,第 25 页。

评选”研究中心及吴革律师发起,中国案例法学会、南方周末报社主办,北京大学法学院、清华大学法学院、中国政法大学、上海交通大学凯原法学院、中央财经大学、西南政法大学人权研究院等法学团体参与承办,在“南方周末网”和“信法网”(2010年之前为中国“影响性诉讼评选”网)两个平台上开通投票通道。民众参与公共事务主要有两种方式:一种是通过法定程序和组织运行,在既有组织框架内实现意见表达、满足政治诉求;另一种是在组织的推动下参与社会运动,利用该运动形成的公众压力,促使政治体制或制度进行改革,或从根本上推翻旧制度、权力框架。“影响性诉讼评选”属于第二种,由中国案例法学研究会、《南方周末》报社组织领导,邀请法学专家和研究团体、各地各级公安司法机关及人员、律师事务所、公益组织、新闻媒体等机构先推荐出候选案例,再由法学专家和网络民众共同投票,选出最具影响力的10个案件作为“影响性诉讼”,这些“影响性诉讼”具有在全国范围的重大社会舆论影响力,能推进法律变革或制度创新、推动司法进步。该评选活动具体共分为四个环节:首先,邀请社会各界向组织方推荐“影响性诉讼评选”候选案例;其次,由活动组委会从推荐案例中初步筛选,挑出30个候选案例;再次,“影响性诉讼评选”动员主体组织部分知名法学专家和社会望士对30个候选案例进行投票,从专业角度评选出10个最有影响性的案例,与此同时,邀请广大网民对30个候选案例进行网络投票,评出10个最有影响性的案例;接下来,组委会将综合评定专家意见和网络投票,确定中国十大“影响性诉讼评选”案例名单;最后,组委会对“十大影响性诉讼”举行新闻发布会暨专家点评会。

动员主体需要有权威性,这种权威性关涉参与客体对动员内容的参与程度和社会秩序变迁的形态。权威性来源一般有三种:一是法定权威,即国家和领导者的权威、法律及其行使者的权威、社会组织中其他拥有资源配置能力的组织领导者等;二是社会共同体权威,这种权威是共有习惯的产物,也可以是人们针对现实挑战经过协商或其他程序化原则确定;三是魅力型人物,亦即“领袖人物”。[1] 权威性既需要动员主体有一套价值理念和动员内容,也需要主体具备动员能力,包括实际占有的资源、政策和借助外力、

---

〔1〕 参见蔡志强:《社会动员论——基于治理现代化的视角》,江苏人民出版社2015年版,第29页。

技术手段获得的能力,另外还需要动员主体的组织体系具有一致性。[1] 在"影响性诉讼评选"的动员主体中,《南方周末》报社和中国案例法学研究会是拥有调动资源能力的组织,而吴革律师是属于魅力型人物,他们秉持"个案推进法治,诉讼影响中国"的价值理念,利用自己的资源和影响力,以互联网为场域,组织各法学研究团体和专家、公安司法机关和公安司法人员、公益组织、律师事务所、新闻媒体等机构参与其中,因具有推进法治进程的目的而使行为具有一致性。

可以说,"影响性诉讼评选"的动员主体是群体主体与个人主体相结合,具备目的性、主导性、组织性、权威性的正式组织。[2]

(二)作为动员客体的网络民众

社会动员的客体也就是动员的对象,是指动员主体过程所作用的群体,他们一般是分散的,既可以是普罗大众,也可以是具体对象,既可以是个人,也可以是社会组织。动员客体的结构、思想以及对行动的服从和配合情况也影响着动员活动的效果。首先,从动力来源来看,动员客体参与动员的动力一是利益,二是民众拥有的社会不公平感和正义感。就此而言,"影响性诉讼评选"案件的直接利益相关者,包括案件的当事人、近亲属和其他利害关系人等,成为"影响性诉讼评选"的主要参与对象;尤其针对尚未进入诉讼阶段或者尚未结案的案件来说,利益相关者希望借网络舆论影响案件进展,实现自己的利益。其次,行政强权、吏治腐败、司法不公、权利冲突、公共安全等各种问题触动着民众的神经。冲突理论认为社会的冲突主要来自社会的结构分层,这种资源配置导致的社会分层使具有相同阶层认同的人群容易产生共鸣,因此,与"影响性诉讼评选"候选案件中的弱势群体一方处于同一阶层的人也会更主动参与到评选活动中。据第38次《中国互联网络发展状况统计报告》显示,截至2016年6月,中国网民规模已达7.10亿人,互联网普及比率达到了51.7%。[3] "影响性诉讼评选"的场域主要是互联

[1] 参见蔡志强:《社会动员论——基于治理现代化的视角》,江苏人民出版社2015年版,第29页。

[2] 参见马强等:《网络媒介在社会动员中的作用研究——从内地到边疆》,光明日报出版社2016年版,第36页。

[3] 参见中国互联网络信息中心:《中国互联网络发展状况统计报告(2016年7月)》,载中国互联网络信息中心官网:http://www.cnnic.net.cn/hlwfzyj/hlwxzbg/hlwtjbg/201608/P020160803367337470363.pdf.,最后访问日期:2018年7月14日。

网,在网络信息时代,互联网作为新型的公共领域成为公民自由讨论公共事务的空间。以2016年推选30件候选案件的环节为例,候选案件的推选邀请在"中国法律评论"的微信公众号和微博以及吴革律师的微博上发布,中国法律评论微信公众号的阅读量大概2600人次,微博转发0次,吴革律师微博的转发量有40人次;以2015年30进10的评选环节为例,由中国法律评论微信平台和中国影响性诉讼微信平台上开通投票通道,共计30多万网民参与投票,有30余位法学专家参与评选。由此可以看出,公众受利益或社会不公平感的驱动,较积极参与"影响性诉讼评选"活动,且入选的"十大影响性诉讼"的案件基本都是契合这些社会公共议题。艾佳慧博士曾对2005~2009年50件"影响性诉讼评选"案件进行分析得出:人权保障的公共议题被引发讨论的频度最高,最近5年间有15个"影响性诉讼评选"引发了公众对人权保障问题的关注和议论;行政强权的公共议题居于其次,被引发讨论的频度是12次;因经济发展、社会变迁和技术进步导致民事权利冲突和法律空白的公共议题被引发讨论的频度有7次;公共安全议题被引发讨论的频度是5次;司法不公和吏治腐败的议题被引发讨论的频度是4次。[1]

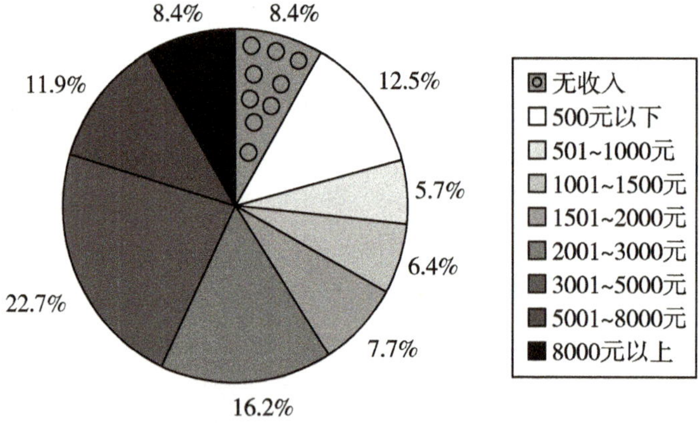

图6　中国网民个人月收入结构分布[2]

格仑斯基将经济资源、政治资源、社会资源、声望资源、文化资源、公民

[1] 参见艾佳慧:《网络时代的影响性诉讼及其法治影响力——基于2005~2009年度影响性诉讼的实证分析》,载《中国法律》2010年第5期。

[2] 参见中国互联网络信息中心:《中国互联网络发展状况统计报告(2016年7月)》,载中国互联网络信息中心官网:http://www.cnnic.net.cn/hlwfzyj/hlwxzbg/hlwtjbg/201608/P020160803367337470363.pdf,最后访问日期:2018年7月14日。

资源、人力资源这七种资源视作社会分层的基础。[1] 在我国，网民比例约为人口的51.7%，但农村网民仅占26.9%，城镇网民占73.1%，城镇地区互联网普及率超过农村地区35.6个百分点，城乡差距仍然较大。[2] 尽管"影响性诉讼评选"的评选活动可以说已具备一定的规模，但农村地区对"影响性诉讼评选"的参与程度较低，"影响性诉讼评选"案件未能有效反映农村群众的诉求。

据中国互联网络信息中心第38次报告数据显示，在收入构成上，网民的月收入占比排名后三的分别为：501～1000元的群体占5.7%、1001～1500元的群体占6.4%、1501～2000元的群体占7.7%。显然，低收入者（不包括学生）的网民占比较少。

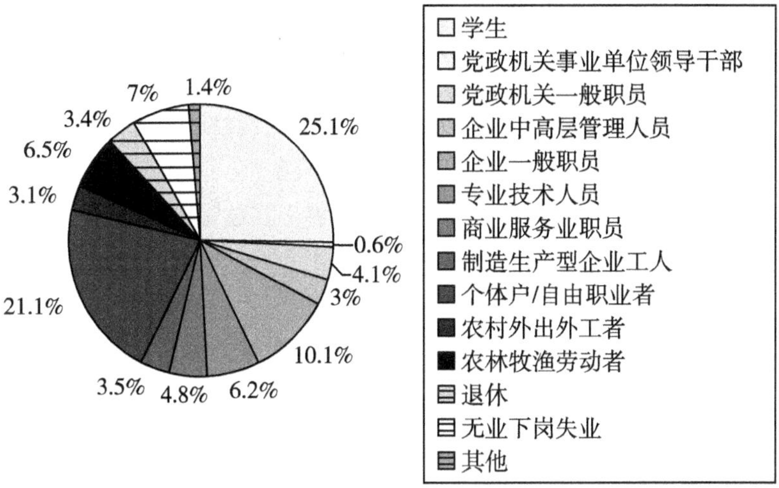

图7 中国网民职业结构分布[3]

在职业结构中，网民的职业集中在学生和个体户/自由职业者，两个群体占网民的比例接近五成，其中学生群体比例最高，占比25.1%，其次是个体户/自由职业者，占比21.1%。

---

[1] 参见[美]戴维·格伦斯基编：《社会分层》，王俊等译，华夏出版社2005年版，第52页。

[2] 参见中国互联网络信息中心：《中国互联网络发展状况统计报告（2016年7月）》，载中国互联网络信息中心官网：http://www.cnnic.net.cn/hlwfzyj/hlwxzbg/hlwtjbg/201608/P020160803367337470363.pdf，最后访问日期：2018年7月14日。

[3] 同上。

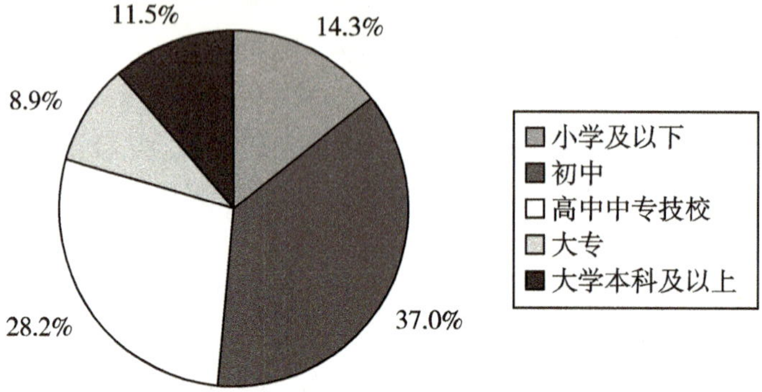

图8　中国网民学历结构分布[1]

在学历构成上,我国网民主要以中等学历群体为主,其中初中所占比例最高,为37.0%,其次是高中/中专/技校群体,所占比例为28.2%,最后是小学及以下群体,占比14.3%。由此可以看出我国网民学历整体偏低。

由网民结构分析可知,虽然互联网信息时代网络已经成为公民自由表达公共事务等的公共领域,但网民的结构在城乡、收入、学历、职业等方面分布并不均衡,依托于互联网进行的"影响性诉讼评选"评选未充分反映社会各阶层的诉求。

(三)以个案推进法治进程为动员内容

社会动员的内容就是动员议题,是关乎某种事实、行为、政策和价值观等,通过这些动员活动能够引起公共政策的改变。动员的发起必须伴随着动员议题的确定和传播,社会动员内容与社会占主导地位的利益需要相关。社会动员是为特定历史条件下的社会服务,随着时间、条件、背景等的不同而不同;不同社会发展阶段及不同社会主体的利益与价值需要决定了社会动员的内容和形式。我国政治动员最早的动员内容是进行马克思主义启蒙教育;革命战争时期以革命战争为动员内容,号召人民参加革命;中华人民共和国成立后,领导人民进行社会主义建设和改革,以发展生产力和经济,接着是领导人民实现当家作主。[2] 当前社会处于转型时期,国家以法治国

[1] 中国互联网络信息中心:《中国互联网络发展状况统计报告(2016年7月)》,载中国互联网络信息中心官网:http://www.cnnic.net.cn/hlwfzyj/hlwxzbg/hlwtjbg/201608/P020160803367337470363.pdf,最后访问日期:2018年7月14日。

[2] 参见蔡志强:《社会动员论——基于治理现代化的视角》,江苏人民出版社2015年版,第39页。

家、法治政府、法治社会"三位一体"作为全面推进依法治国的总目标,建设法治社会本质上要善于运用法治思维和法治方式管理社会,实现全面推进依法治国的战略目标。依法治国要求实现科学立法、严格执法、公正司法、全民守法。全面推进依法治国需要全社会共同参与,增强法治观念,弘扬法治精神,建设法治文化,树立法律权威,培育法治氛围。"天下之事,不难于立法,难于法之必行。"[1]我国在推进法治国家的进程中开展了一系列法治实践活动,如最高人民法院每年评选的指导性案例、中国案例法学会每年评选的大案以及对法治政府建设进行科学的法治评估指标体系"影响性诉讼评选"等。

"影响性诉讼评选"以推进法治建设和社会发展为目标,规定筛选的时候案件应当已作出生效判决或进入司法程序,应力求类别多样性且应具有制度意义。入选候选案件需满足如下基本条件:首先,案件需要具有法律变革价值或制度创新意义,需体现案例自身的法律专业性,例如,法律法规、新制度的颁布或施行、司法创新;其次,具有推动司法进步的意义,例如,能克服司法顽疾,与司法改革进程互动,涉及纠正冤假错案与保障审判独立;最后,在全国范围内具有社会舆论影响力,强调舆论的关注度,司法与公众民意间的互动,尤其注重涉及合宪性争议的典型案例。

五、"影响性诉讼评选"动员反思

从"影响性诉讼评选"的动员要素的分析中发现了"影响性诉讼评选"的几项基本特征:首先,其主体是群体主体与个人主体相结合的有权威的正式组织,具有调动法学资源,促进法治进步的能力;其次,"影响性诉讼评选"以网络为动员载体,客体自然是网民,但现阶段由于经济发展和社会资源分布不均衡,社会结构分布不合理,网民在城乡、职业、收入和学历等方面的结构分层较明显、分布不均衡,"影响性诉讼评选"应分层级动员,以使各阶层的民众都能参与到评选活动中;最后,"影响性诉讼评选"的价值导向在动员过程中有所偏差。笔者认为,为使"影响性诉讼评选"活动真正发挥影响性,应在以下几个方面努力。

(一)公共领域的规范

哈贝马斯将"公共领域"定义为:"我们首先意指我们的社会生活的一

---

[1] (明)张居正:《请稽查章奏随事考成以修实政疏》。

个领域,在这个领域中,像公共意见这样的事物能够形成。公共领域原则上向所有人开放……当这个公众达到较大规模时,这种交往需要一定的传播和影响的手段;今天,报纸和期刊、广播和电视就是这种公共领域的媒介。"[1]随着封建社会的解体与市民社会的出现,尤其是市民能够对公共权力展开自由讨论以及公共领域开始出现,其由最初的剧院、沙龙、茶室等有形空间转移到报刊等媒体的公共空间中,而在当前的互联网信息时代,网络媒体则成为主要的公共领域。

1. 平等分配网络资源

"影响性诉讼评选"的基础是开放平等的空间和对法律的公信力,开放平等的空间要求"影响性诉讼评选"的场域和现实社会具有对等性。互联网作为网络信息时代的公共场域,具有虚拟性、开放性、多线性、无序性等特征,但互联网本身就是一种公共资源,囿于我国社会资源配置不平等,网络的使用人群集中在资源充沛区域。"影响性诉讼评选"旨在推进法治进程,平等是其题中应有之义,弥补农村和低收入者在网络公共领域话语权的欠缺也是使"影响性诉讼评选"有效发挥作用的前提。农村非网民不上网的原因之一是68%的人不懂网络或电脑。通过增加农村互联网覆盖率,加快农村信息化建设,注重吸引专业化人才,普及互联网知识和常识,降低智能手机和网络通信资费等对策可以将网络资源有效引入农村,使农村居民可以平等地进入互联网公共领域,参与公共事务和表达利益诉求。同时,应增强低收入者主人翁意识,鼓励其积极参与到公共事务的管理中。

2. 舆论规范

在个案方面,随着互联网的发展,公众越来越多地参与到法治进程中,舆论也越发对案件结果产生影响,但并未发挥出应有的制度意义和超越个案的价值。在"影响性诉讼评选"评选方面,2009年的十大"影响性诉讼评选"评选结果让很多法律人不满。譬如,中国社科院宪法学者莫纪宏投票的三个案件都没有入选:第一个是某出版社网站因写"奥运加油"被行政处罚案,涉及言论自由;第二个是中华环保联合会诉贵州省清镇市国土资源管理局,此为首例以社团为原告的环境公益诉讼;第三个是徐州公务员拒录

[1] [德]尤根·哈贝马斯:《公共领域》,汪晖译,载汪辉、陈燕谷主编:《文化与公共性》,生活·读书·新知三联书店1998年版,第125页。

案,关系到对公民担任公职的限制。[1] 莫纪宏认为,这三个案件的入选将会对制度建设具有重大意义。另外,律师邱宝昌推选的"范后军被厦门航空拒载案",北京师范大学知识产权法教授薛虹推选的"优朋普乐诉TCL等侵犯信息网络传播权案"也都未入选。相反,仅具有舆论监督意义的"邓玉娇案""胡斌飙车案""临时性强奸案"却成功入选。参加2015年"十大影响性诉讼评选"活动的徐昕教授对评选活动作了直言不讳的批评,他认为"影响性诉讼评选"既应有影响,也应有影响性,更需面对未来,在最高人民法院、最高人民检察院和律师、学者等致力于推进纠正冤假错案的阶段,具有代表性的"海南陈满杀人焚尸再审案"却未入选,令人匪夷所思。但有些既无舆论感知力也无法治影响性的案件却入选"影响性诉讼评选"活动,如"琼瑶诉于正侵犯著作权案""马乐利用未公开信息交易再审改判案"。[2] 另外,中国网民的学历整体不高,这会加剧网络的无序性和非理性,滋生语言暴力,甚至会引发社会逆动员。因此,需合理规范网络舆论,确保舆论有序化和理性化。首先,保证司法和舆论的良性互动,这要求保证司法审判独立,避免陷入舆论审判的漩涡,实现司法透明,便于舆论监督,保障舆论开放,提升司法公信力;其次,关注民众利益需求,但最终评选结果由专家和网民共同决定,而非主要由网民投票决定;最后,提升网民的整体素质和法治观念,营造和谐、有序、理性的舆论环境,防范纯粹的名人效应,避免引发社会逆动员。

(二)充分发挥主体的价值导向作用

"影响性诉讼评选"规定筛选的案件应当是已经作出生效判决或进入司法程序的案件,但22件"影响性诉讼评选"行政案件中,有6件都不属于诉讼案件,仅仅是产生较大舆论影响的行政事件。"影响性诉讼评选"规定入选案件的基本条件是应超越个案价值,具有制度意义以及能够推进法治进程,但实证分析显示,对立法、司法和公民法治观念等产生制度意义的行政案件仅占"影响性诉讼评选"行政案件的18%。由此可以看出,动员主体设置的目标并未在动员过程中严格按照价值的导向发生影响,未能进一步内化为社会心理,即未能对公民的法治观念产生深刻影响。由此,"影响性

---

[1] 参见赵蕾:《2009十大影响性诉讼评价:现实压倒法理》,载《南方周末》2010年2月3日,A04版。

[2] 参见徐昕:《2015十大影响性诉讼|究竟有何影响?》,载传送门网:http://chuansong.me/n/2217533,最后访问日期:2018年7月14日。

诉讼评选”主体在评选过程中需发挥严格的价值导向作用,直接作用于动员过程,并逐步内化为一种社会心理,从而产生社会影响。

“影响性诉讼评选”主体需在评选活动的每一环节都起到价值导向作用。在第一个环节,邀请社会各界推荐“影响性诉讼评选”候选案例的同时应将入选案例的基本条件予以充分解释和说明,且组委会对候选案例进行审核,保证被推选的案例都已作出判决或进入司法程序。在第二个环节,活动组委会从候选案例中筛选出30个案例,应保证每一个案例具有法律变革或制度创新意义或具有推动司法进步的意义,保证组委会成员的法律专业性。第三个环节是知名法学专家及社会知名人士和网民共同投票环节,组委会也要充分宣传“影响性诉讼评选”的基本条件和价值意义,尤其是在网络平台上开通投票通道时,对30件候选案例一定要进行充分的价值引导。由于部分网民法治观念比较淡薄,若仅向其作案情的简要描述,其关注点就会停留在案件当事人是不是名人,情节是否严重,是否涉及行政强权、司法腐败,舆论范围是否广泛等方面,不能触及案例自身的法律专业性。往年投票结果多是由网民决定,应在网民投票和专家评选之间取得平衡,既能反映民众利益需求又能体现出法律专业性。

(三)实现网络动员的虚实联动

“联动”,原意是指若干个相关联的事物,当其中一个运动或变化时,其他的也跟着运动或变化,即联合行动。在新闻舆论领域则是“指不同的新闻媒介围绕统一的宣传主题,采用不同的宣传方法,进行多种形式的联合宣传报道。同类媒体之间具有的传者传输方式和受众接收心理上的接近性便于通过内容交换,实现资源共享;异类媒体之间可以取长补短相互移植”。[1]“影响性诉讼评选”是一种虚实结合的动员,基本路径是“现实空间—互联网虚拟空间—现实空间”,在网络中产生的影响也应当在现实中产生影响,我们称为“影响性诉讼评选”的虚实联动。“影响性诉讼评选”的根源在于现实社会,涉及各种公共议题的案例是“影响性诉讼评选”活动的来源,也是“影响性诉讼评选”活动的目的。网络动员实现的基本条件包括:保障信息的迅速扩散,确保动员目标的道义性,充分利用移动社交媒体的在场性,创建凝聚共识的宣传口号,重视动员内容的表达形式,建立网络

[1] 林溪声:《社会动员与执政党的媒介使用:理念、资源与模式》,载《中国地质大学学报》(社会科学版)2010年第3期。

动员信息与社会资源进行有效整合的转化渠道。[1] 只有将"影响性诉讼评选"信息与社会资源进行有效整合,才能实现"影响性诉讼评选"的虚实联动。而现实社会司法状况的切实改善与法治进程的有效推进,才会给民众积极参与公共事务、成为"影响性诉讼评选"客体提供源源不断的动力。

结　语

通过对"影响性诉讼评选"行政案件的22个案例进行多角度分析,展示了既有"影响性诉讼评选"活动的年度分布、区域分布、舆论介入时案件所处阶段、结案时案件所处阶段、涉及的公共议题,也进一步从对案件结果的影响以及对立法、司法、行政管理制度和公民的法治观念的影响性两个方面分析了"影响性诉讼评选"的影响性,并得出如下结论:"影响性诉讼评选"活动的舆论聚合影响了案件结果,但在制度意义方面的影响却并未达到理想状态。自2005年开始,"影响性诉讼评选"活动已开展10年有余,人员配置、评选机制日臻成熟,社会影响力也越来越大,但是旨在"个案推进法治,诉讼影响中国"的"影响性诉讼评选"在超越个案的法治意义方面却表现得不尽如人意。本文以社会动员理论为工具,对"影响性诉讼评选"的动员主体、动员客体和动员内容三个要素进行理论剖析后发现,"影响性诉讼评选"的动员主体是群体主体与个人主体相结合,具备目的性、主导性、组织性、权威性的正式组织。在互联网信息时代,"影响性诉讼评选"的客体主要是网民,但囿于互联网资源在我国分布并不均衡,"影响性诉讼评选"的参与群体主要集中在城镇、低收入群体、学生和自由职业者。因此,"影响性诉讼评选"的客体和现实并未实现对接,导致评选出的"影响性诉讼评选"未充分表达民意。"影响性诉讼评选"的内容是组织推选年度大案及推进法治进程,要求推选出的案件须已作出生效判决或进入司法程序,但近三成的入选行政案例并非诉讼案件,且在制度上并未发挥有效价值。因此,笔者认为,"影响性诉讼评选"活动应当从互联网公共领域的规范、"影响性诉讼评选"动员的导向性作用以及对"影响性诉讼评选"进行虚实联动三个角度进行反思和改善。具体而言,平等分配网络资源,对网络舆论进行引导和规范,在每一评选环节充分发挥动员主体的导向性作用,将"影响性

---

[1] 参见马强等:《网络媒介在社会动员中的作用研究——从内地到边疆》,光明日报出版社2016年版,第45页。

诉讼评选”信息与社会资源进行有效整合。

在剖析过程中,我们进一步发现,在价值导向方面,“影响性诉讼评选”的入选标准是要求候选案件需具有法律变革或制度创新意义或具有推动司法进步的意义,因此,超越个案的法治价值及推进法治进程的可能性在“影响性诉讼评选”活动前就已经发生,那么个案之后的“影响性诉讼评选”活动本身的法治价值体现在哪里?这是“影响性诉讼评选”活动的不足之处,也是“影响性诉讼评选”今后必须面对的一个问题,也同样是最高人民法院在评选指导性案例、中国案例法学会选出年度大案以及其他组织和机构发起、评选各种经典案例时面临的问题。当前中国处于社会转型时期,在全面推进依法治国,加快建设社会主义法治国家的今天,各种法治实践活动层出不穷,需要检验其实践效果,去伪存真,从法治实践动员主体、客体和内容等核心要素入手以更好发挥实际价值,切实有效推进法治进程。

◎理论探讨

少数人权利的承认

——美国同性婚姻合法化历程及其原因探析

◇王慧杰*

引　言

（一）问题来源

2015 年 6 月，美国联邦最高法院通过司法判决宣告同性婚姻在全美合法化，这一事件迅速引起全球关注。同性恋是客观存在的文化现象，这当然同样适用于美国社会。但受传统宗教观影响，美国社会对同性恋一直持有深刻偏见，同性恋也因此在很长一段时间内被界定为一种精神疾病。同性恋群体受到主流社会歧视和排挤，同性恋权利更是被长期忽视。1969 年的"石墙事件"[1]意外成为美国同性恋权利运动的开端。随后 20 世纪 70～80 年代同性恋权利运动得以迅速发展，在此期间同性恋实现去病化；[2]同时，民众对同性恋群体的认同感也日益增强，但同性婚姻问题却一直没有获得任何实质性的进展。直到 1993 年，夏威夷州最高法院才通过判决率先承认同性婚姻。随后经过近 30 年的争取，同性婚姻终于在全美实现合法化。回顾这一历程，不难发现，看似自由包容的美国，实则暗含着保守传统的思想，在"反同"思想的裹挟下，同性婚姻在美国的进展可以说是一场漫长的拉锯战。

同性恋问题是美国社会极具争议的话题，涉及宗教伦理、政治运作、公民权利等诸多方面。因此，要探究美国同性婚姻合法化历程，就势必要探讨

---

* 重庆市圣必德律师事务所律师，法学硕士。

[1] 1969 年 6 月 27 日，警察对纽约格林威治的一家名为"石墙"酒吧进行检查，引发同性恋者与警察的暴力冲突，这一事件引发出同性恋者的维权行动。

[2] 1974 年美国精神医学学会的《精神病诊断与统计手册》（*The Diagnostic and Statistical Manual of Mental Disorders*）将同性恋从精神病名单中删除。

并分析推动这一权利运动发展的政治力量。从政治背景来看,美国是个民主、多元的国家,就政治构造而言,也是个联邦体制和三权分立的国家,自由、平等则是美国政治文化的本质追求。同性婚姻合法化也正是各方在此基础上争论博弈的政治结果。本文立意于此,以同性婚姻合法化为视角,探析同性恋群体如何在美国现有政治体制下,通过把握司法权威、公众舆论等可利用资源,实现对自身权利的承认。

学习国外的最终目的是服务于国内,是将国外有价值的经验转化成可为中国借鉴并用于处理现实问题的手段。虽然中、美在政治框架、文化传统、法律制度等方面存在诸多差异,但不可否认,同性婚姻问题是全球普遍性的话题,中国对此亦无法回避。了解同性恋群体在美国谋求自身权利的过程以及美国从国家层面对同性恋权益给予的回答,将有助于我们面对本国同性恋群体的权利诉求,以对这一少数群体的权利提供恰当的保护,这是本文所希望达到的意义所在。

(二)国内外研究现状

20世纪后期,随着我国社会开放性、多元性的增强,同性恋这一社会边缘群体日益成为学者关注的对象,研究同性恋问题的学术成果也相继出现。[1] 但限于政治、文化上的差异,国内对美国同性恋,尤其是美国同性婚姻的研究相对较少。国内有关美国同性婚姻问题的研究大体可分为如下几个方面。第一,比较法视角下的同性婚姻问题。周丹就对性革命下同性婚姻在东方与西方差异进行对比介绍,同时以历史为视角推演同性婚姻发展趋向。[2] 褚宸舸通过比较分析欧洲、印度、美国等国家和地区保护同性婚姻的方式,以求为我国提供有益样本。[3] 第二,同性婚姻与美国宪政。张业亮从政治角度出发分析同性婚姻在美国引发的争议及由此反映出的同性婚姻给美国政治带来的影响。[4] 涂四溢则从权利意志、政治理念出发,分析了美国同性婚姻合法化的理论基础。[5] 第三,美国司法与同性婚姻。江

[1] 代表性的著作有:张北川:《同性爱》,山东科学技术出版社1994年版;郭晓飞:《中国法视野下的同性恋》,知识产权出版社2007年版;李银河:《同性恋亚文化》,内蒙古大学出版社2009年版。

[2] 参见周丹主编:《同性恋与法》,广西师范大学出版社2006年版。

[3] 参见褚宸舸主编:《自由与枷锁:性倾向和同性婚姻问题的法律问题研究》,清华大学出版社2014年版。

[4] 参见张业亮:《同性婚姻问题与美国政治》,载《美国研究》2012年第2期。

[5] 参见涂四溢:《美国欧伯格菲案的权利哲学》,载《法学评论》2015年第6期。

振春主张,同性婚姻出现是美国司法权威对宪法释义的结果,通过司法判例,司法机构能直通同性婚姻合法化背后美国的民主制度。[1] 另有部分论著谈及美国的同性婚姻。但整体而言,国内对美国同性婚姻这一问题的探讨较分散。

美国同性恋群体争取权益的运动已有几十年,对同性婚姻问题研究较为系统成熟,研究角度涵盖多门学科。就法学领域而言,国外有关同性婚姻的研究包括以下几点。第一,从法理角度研究,分析同性恋、同性婚姻背后的宪政支撑。波斯纳通过介绍性态历史对同性恋作出理论思考;[2] 格斯特曼(Evan Gerstmann)通过解释宪法剖析同性婚姻背后的理论依据,认为婚姻作为基本权利应平等地适用于同性恋群体,对同性婚姻的承认不仅限于民事结合而应包含全部婚姻形式。[3] 第二,从司法视角进行研究。作为同性婚姻争夺的主要场所,法院无疑是同性婚姻合法化最大的推手。作为美国宪法释义者的美国联邦最高法院更是学者关注的对象,分析司法判例背后的权利观念、法律依据能直观地了解同性婚姻合法化历程。这方面的论述尤为丰富,笔者收集到的有:梅齐(Susan Gluck Mezey)将视角聚焦在法院,阐释了法院是同性恋改变规则、谋求权利平等对待的可靠力量;[4] 该隐(Patricia A. Cain)认为从寻求种族平等、性别平等到性取向平等,法院一直是改变社会的关键角色;[5] 莫尔(Richard D. Mohr)则直接称同性婚姻合法化就是一个漫长的司法过程,并预测司法的民主承诺必将推动这一权利实现。[6] 第三,从公共政策角度进行研究,通过一些典型事件,探讨政治家、法律家如何左右同性婚姻这一边缘政治问题,以及国家如何予以回应。其

---

〔1〕 代表性论文有:江振春:《温莎案与美国同性婚姻历史进程》,载《河南师范大学学报》(哲学与社会科学版)2014 年第 2 期;江振春:《美国联邦最高法院与同性婚姻权》,载《江苏社会科学》2016 年第 1 期。

〔2〕 参见[美]理查德·A. 波斯纳:《性与理性》,苏力译,中国政法大学出版社 2002 年版。

〔3〕 See Evan Gerstmann, *Same-Sex Marriage and the Constitution*, New York: Cambridge University Press, 2008.

〔4〕 See Susan Gluck Mezey, *Queers in Court*, Washington D. C.: Rowman & Littlefield Publishers, 2009; Susan Gluck Mezey, *Gay Family and the Courts: The Quest for Equal Right*, Washington, D. C.: Rowman & Littlefield Publishers, 2009.

〔5〕 See Patricia A. Cain, *Rainbow Rights: The Role of Layers and Courts in the Lesbian and Gay Civil Rights Movement*, Colorado: Westview Press, 2000.

〔6〕 See Richard D Mohr, *The Long Arc of Justice: Lesbian and Gay Marriage, Equality, and Rights*, Columbia University Press, 2005.

中,皮尔塞森(Jason Pierceson)认为,政党、民意、文化传统是政策影响制定因素,推动同性婚姻政策的制定必须要恰当处理它们之间的差异;[1]穆希劳尼(Gary Mucciaroni)全面介绍了有关美国同性恋权利政策的情况,并从提升公众意识的角度出发去探讨制定针对同性恋群体的政策。[2] 第四,还有一些学者从法学与社会学、哲学、宗教等领域的交叉领域上进行研究。同性婚姻是人类存在就无法回避的问题,也是所有人文学科都会遇到的问题。[3]

(三)"少数人"意义下的同性恋群体

如何界定"少数人"是一个颇具争议的问题,本文将同性恋群体称为"少数人"乃是基于如下几个方面的考虑。[4] 第一,从人口数量规模上看,少数人少于一国其他群体的人口。盖洛普公司在2002年做的一次调查结果显示,美国同性恋约占总人口数的5%。[5] 2013年的全美健康数据报告中对成年人性取向调查显示,具有同性恋倾向的人数占人口比重的2.3%。[6] 虽然在统计数据上存在差异,但都表明同性恋群体仅构成美国人口数量中的一小部分。第二,从群体社会地位上看,少数人往往会受到社会多数人的歧视、压制。长期以来,同性恋群体被美国主流社会排挤。同性恋被认定为一种精神病,政府对同性恋者加以强制治疗,同性间亲密性行为被加以定罪处罚,同性婚姻更受到强烈抵制,国家对同性恋者的权益不予认可。第三,少数人对自己群体有很强的认同感。同性恋群体以性取向为纽带,形成属于自己的群体认同。受制于自身的特殊性,同性恋群体通常难以融入主流文化。20世纪60年代前,同性恋或隐藏自己的性取向,或建立属

---

[1] See Jason Pierceson, *Courts, Liberalism, and Rights: Gay Law and politics in the United states and Canada*, Philadelphia: Temple University Press, 2005; Jason Pierceson, *Same-sex Marriage in The Americas: Policy Innovation fo-r Same Relationship*, Plymouth: Lexington Books Publisher, 2010.

[2] See Gary Mucciaroni, *Same sex, Different Politics: Success and Failure in The Struggles over Gay Rights*, Chicago: The University of Chicago Press, 2008.

[3] See Tina Fetner, *How the Religious Right: Shaped Lesbian and Gay Activism*, Minnesota: University of Minnesota Pr-ess, 2001.

[4] 这一认定标准借鉴自周勇。参见周勇:《少数人权利的法理》,社科文献出版社2002年版。

[5] 参见http://www.gallup.com/poll/6961/what-percentage-population-gay.aspx,最后访问日期:2018年9月25日。

[6] See Brian W. Ward et al., "Sexual Orientation and Health Among U.S. Adults: National Health Interview Survey, 2013", *National Health Statistics Reports*, No. 77, July 2014.

于自己特定活动场所寻求身份归属，我们所熟知的“石墙事件”就发生在同性恋群体的活动场所。在同性恋群体争取权利运动的过程中，他们对自身群体的认同是通过组建自治组织而体现出来的。

一、美国同性婚姻的合法化历程

（一）劳伦斯案的希望

1998 年 9 月 17 日，得克萨斯州的哈里斯县治安局接到有人使用枪械扰乱秩序的举报，在报案人的指引下，警察进入约翰・劳伦斯家中，发现其正与另一名男性特伦・加纳发生性行为。两人被当场拘捕，并以“同性之间的非正常性行为”为名被控告有罪。[1] 虽然两人于第二天就被释放，但依旧被控告有罪。因不满有罪指控，他们以得克萨斯州刑法违反联邦宪法第十四修正案和得克萨斯州宪法中有关平等保护条款为由，向哈里斯刑事法院申请撤销该罪名，但遭驳回。随后，他们向州上诉法院提出申请，上诉法院再次驳回申请，认定州的法律并未违反联邦宪法第 14 条的正当程序要求。2002 年 3 月，联邦最高法院发出调卷令，同意审理该案，并最终以 6∶3 裁决得克萨斯州惩罚鸡奸行为的法律违反联邦宪法。

安东尼・肯尼迪大法官代表法院撰写了多数人意见的判决书，判决书开篇写道：“自由权利使得我们在住所和其他私人空间免受政府的干涉。……自由下的个人自治包括思想自由、信仰自由、表达自由，以及特定的私密行为自由。”[2] 肯尼迪大法官从个体自由的角度出发对先前的“鲍尔斯诉哈德威克案”（Bowers v. Hardwick）[3] 进行了分析，认为该案否定同性恋拥有与异性恋一样寻求自治的权利是错误的，是一种对平等地享有自由的粗暴干涉，因此该案判决应予以推翻。判决书从自由角度出发，重申了对个人自由选择的保护是美国宪法的重要内容，正当程序原则下的自由允许同性恋在私人空间形成某种特定的亲密关系，政府不应加以干涉。判决书最后指出：“宪法的维度在于每一代人都可以运用它的原则寻找自己更

---

〔1〕 当时的《德克萨斯州刑法典》第 21 条第 6 款第 1 项规定：“如果一个人和另外一个同性之间发生非正常性行为将被认定为犯罪。”

〔2〕 Lawrence v. Texas，539 U. S. 558，123 S. Ct. 2472，2475（2003）.

〔3〕 1986 年的“鲍尔斯诉哈德・威克案”，联邦最高法院以 5∶4 的投票判决佐治亚州惩罚鸡奸行为的法律符合美国宪法，参见 Bowers v. Hardwick，478 U. S. 186，106 S. Ct. 2841，92 L. Ed. 2d 140（1986）。

大的自由。"[1]联邦最高院的判决终结了美国100多年惩罚同性性行为的历史。[2]

"劳伦斯案"是影响同性恋运动在美国走向的案件,被视为法院赞成同性婚姻的先兆,引起社会的广泛关注。本案的一大价值在于,联邦最高法院从正当程序下的自由与个人自治出发推翻先例,把同性间的亲密行为置于广泛的自由含义下,肯定每个人的自由权。尽管"劳伦斯案"并没有涉及同性婚姻问题,但联邦最高法院对个人自由的平等保护为同性恋权利运动带来更多希望。

(二)作为开端的古德里奇案

2001年3月至4月,来自马萨诸塞州不同郡县的七对同性恋伴侣先后向其居住地政府申请结婚登记,均被负责办理结婚登记的卫生部门拒绝。这无疑将同性恋者排除在民事婚姻制度外,让同性恋伴侣无法享受婚姻制度下的社会保障。2001年4月,同性恋支持和捍卫组织(Gay & Lesbian Advocates & Defenders,GLAD)[3]作为这七对同性恋伴侣的利益代表向马萨诸塞州高等法院提起诉讼,试图通过司法途径认定卫生部门的做法违反了州宪法的规定。

2002年5月,马萨诸塞州高等法院法官托马斯·E.康纳利拒绝了原告诉讼请求,他在判决书中写道:"生育是婚姻的中心目的,法律把婚姻制度限定在男女之间也是出于繁衍后代这一原因。就这点而言,同性恋者是无法自己生育后代的,他们需要借助繁杂的技术手段。因此,我们可以合理推断同性恋者会更少地去养育后代。……虽然法院明白原告意欲推翻联邦把婚姻限于异性之间的原因,但这一请求应该直接通过立法途径解决,而不是法院。"[4]

原告对此裁决不服,随即将案件上诉到州最高法院。州最高法院最终以4:3裁决同性恋可以在马萨诸塞州取得合法婚姻登记。马歇尔法官代表

---

[1] Lawrence v. Texas,539 U.S.558(2003,123 S.Ct.2472,2484(2003).

[2] 关于惩罚鸡奸行为的规定早在美国成立前就存在,但直到1879年宾夕法尼亚州才第一次把鸡奸行为扩大到同性间的性行为,随后更多州修改了类似的法律。

[3] 同性恋支持和捍卫组织是美国的一个非营利性组织,该组织致力于消除基于性取向的歧视,推动同性恋者和艾滋病感染者的权利。

[4] Goodridge v. Department of Public Health,2002 WL 1299135,slip op.5(Mass.Super.2002).

法院作出最终的判决书,并指出:"婚姻是一项重要的社会制度。两个人彼此关爱、相互支持,有益于社会稳定。同时也能够为孩子带来法律、经济及社会福利等层面上的益处。"[1]

在同性恋和异性恋是否应受到同等对待的问题上,马歇尔法官从两个角度出发进行解释。首先是从婚姻本身出发。他从婚姻在马萨诸塞州最早的缔结来源开始,到婚姻对公民的社会地位以及医疗、税收、福利,甚至抚养后代的影响来证实婚姻权,认为婚姻一直以来属于"公民权",是一项基本权利,法律不能随意干涉。其次,从马萨诸塞州宪法出发,他认定宪法保护个人自由和平等以及更广泛的公民基本权利,限制政府去干涉公民的这些私人领域。这就归属到选择与谁结婚是否是公民的基本权利。对此,法院借用了劳伦斯案判决中的观点,"我们的义务是去定义所有的自由,而不是展示我们的道德法则"。[2]

反对者担忧,如果同意把同性婚姻纳入现有的婚姻体制,会破坏当前的婚姻制度。马歇尔法官认为:"原告寻求的仅仅是去结婚,而不是去削弱婚姻制度本身,更不是去废除这一制度。……相反,把婚姻扩展到同性恋群体会强化婚姻对个人和社会的重要性。同性恋伴侣也会愿意拥护婚姻独有的义务,相互帮助,奉献彼此,是我们法律和人文精神中所体现出的对婚姻永恒的证明。"[3]判决书最后裁决:"仅仅因为与自己性别相同就将其排除在婚姻制度外违背了马萨诸塞州宪法。"[4]

将该案视为同性婚姻合法化的开端,源于此案首次将同性婚姻纳入一般民事婚姻制度内。[5] 美国的联邦体制架构决定了各州拥有很大的自主决策权,这一点在民事方面体现得更明显。在不违背联邦层面的法律规定的情形下,各州可以做出超前的探索。以州为突破口,层层推进同性婚姻进程是同性恋群体实现权利平等对待的最佳路径。

---

[1] Goodridge v. Department of Public Health, 440 Mass. 309, 798 N. E. 2d 941, 948 (Mass. 2003).

[2] Lawrence v. Texas, 539 U. S. 557, 123 S. Ct. 2472, 2480, 156 L. Ed. 2d 508 (2003).

[3] Goodridge v. Department of Public Health, 440 Mass. 309, 798 N. E. 2d 941, 965 (Mass. 2003).

[4] Goodridge v. Department of Public Health, 440 Mass. 309, 798 N. E. 2d 967 (Mass. 2003).

[5] 在这之前美国已有部分州承认,或部分承认同性婚姻,如艾奥瓦州、佛蒙特州、华盛顿等。但都是以民事伴侣、民事结合这类的方式承认,没有将同性婚姻纳入与异性婚姻同等的婚姻制度下。

(三)"八号提案"的风波

2008年,加利福尼亚州最高法院在婚姻平等案中[1]认定,将婚姻限定在异性之间,违背了加州宪法,判决对同性婚姻的解禁令同性恋伴侣纷纷去登记结婚。社会保守势力随即进行联合抵制,并提出名为"八号提案"的加利福尼亚州宪法修正案,试图在州宪法中将婚姻定义为"一男一女的结合",修正案最终以53%的优势获得通过。"八号提案"获得通过后,同性恋支持者提起程序异议,试图以修正案制定程序违法为由推翻它,加州最高法院拒绝了这一异议,认定提案的制定程序符合加州宪法,但对之前的18,000余对同性恋者的婚姻有效性继续予以认可。两对同性恋伴侣以"八号提案"违反联邦宪法第十四修正案中正当程序和平等保护原则为由向加州地区法院起诉州政府,[2]沃克法官宣布该法案因与宪法第14条相冲突而无效。[3]

州政府没有提起上诉,"八号提案"支持者[4]将案件上诉到了第九巡回法院。在庭审后,第九巡回法院肯定了加州地区法院的裁决,认为"把同性恋从正式的婚姻登记中剔除,而剥夺他们同等的婚姻权利和义务,这是与国家利益向冲突的",[5]从而认定"八号提案"违背了正当程序条款,是法律对同性恋私人关系领域的非法干涉。

提案支持者对这一裁决依然不服,案件上诉到了联邦最高法院。联邦

[1] 2004年2月12日,圣弗朗西斯科城向同性婚姻伴侣颁发结婚证书引发传统婚姻支持者的不满。各方为捍卫自己的权益向法院提起诉讼。加州最高院法官最后以4:3比例裁定,加州将婚姻限定在男女之间的法律违反加州宪法。法官在判决中指出,婚姻权是公民的基本权利,对性取向任何歧视行为的合宪性都应受到质疑。See In re Marriage Cases, 43 Cal. 4th 757, 76 Cal. Rptr. 3d 683, 183 P3d 384, 407 (Cal. 2008).

[2] 美国行政、司法、立法这三个部门中,行政部门负责执法,于是顺而得由它护法,所以以政府为被告的案件,出庭辩护的多事政府部门负责人,所以该案被称为"佩里诉施瓦辛格案"(Perry v. Schwarzenegger)。

[3] Perry v. Schwarzenegger, 704 F. Supp. 2d 921, 940 (N. D. Cal. 2010).

[4] 州政府不进行出庭辩护,对"佩里诉施瓦辛格案"(Perry v. Schwarzenegger)的裁决也表示服从,这引起"维护婚姻组织"的不满。加州参议员霍林斯沃思(Sen Dennis Hollingsworth)联合提案支持者共同提起上诉。此时,施瓦辛格已经卸任,布朗(Jerry Brown)接替他出任加州州长一职,案件称为"佩里诉布朗案"(Perry v. Brown),但布朗也拒绝为佩里辩护。提起上诉的霍林斯沃思就成为案件原告,案件也变成霍林斯沃思诉佩里案"(Hollingsworth v. Perry)。

[5] Perry v. Brown, 671 F. 3d 1052, 1063 (9th Cir. 2012).

最高法院依据联邦宪法第3条第2款规定,[1]对申诉人是否拥有适格的诉讼地位进行审查。根据法律规定,联邦最高法院受案标准要有具体的法律和事实争议,任何案件的当事人必须证明其在该案中遭受了具体的和特定的损害。而本案的申诉人,即"八号提案"的支持者并没有因为该提案遭到否决而使其自身利益面临或遭受风险。申诉人声称,即使他们与上诉的地区法院裁定没有相关利益,但其关乎整个加州利益,他们是代表州的利益参加诉讼的。对此,法院认为"虽然法院允许过当事人主张其他人的利益,但当事人自身必须依然受到事实上的损害,或与争议事实的结果有具体的利益关系",[2]因此,联邦最高法院最终裁定提案支持者缺乏适格的诉讼地位。

加州同性婚姻合法化可谓一波三折,法院司法、公民投票、州长表态以及社会组织的参与,最后是联邦最高法院的介入。可以说,加州同性婚姻合法化之争是美国同性婚姻运动的一个缩影,从中可以看出法院在对待少数人权利诉求上有更大的包容性。

(四)温莎案的关键作用

2007年,温莎(Edith Windsor)与斯派尔(Thea Spyer)在认可同性婚姻的加拿大安大略省登记结婚。2009年,斯派尔过世,继承房产的温莎被税务部门要求支付363,053美元的联邦遗产税。而同样情况下的异性夫妻,不必支付任何联邦遗产税,但受限于《捍卫婚姻法案》(Defense of Marriage Act,DOMA)[3]的规定,温莎无法享受到这一优惠政策。在支付遗产税后,

[1] 联邦宪法第3条第2款规定:"司法权适用的范围,应包括在本宪法、合众国法律、和合众国已订的及将订的条约之下发生的一切涉及普通法及衡平法的案件;一切有关大使、公使及领事的案件;一切有关海上裁判权及海事裁判权的案件;合众国为当事一方的诉讼;州与州之间的诉讼,州与另一州的公民之间的诉讼,一州公民与另一州公民之间的诉讼,同州公民之间为不同之州所让与之土地而争执的诉讼,以及一州或其公民与外国政府、公民或其属民之间的诉讼。在一切有关大使、公使、领事以及州为当事一方的案件中,最高法院有最初审理权。"

[2] Hollingsworth v. Perry,570 U. S. 133 S. Ct. 2652,2674(2013).

[3] 《捍卫婚姻法案》是1996年由美国国会通过,总统克林顿签署实行的通过把婚姻界定在男女之间,以实现在美国联邦层面抵制同性婚姻。

温莎以联邦政府[1]为被告向纽约州地方法院提起诉讼,声称《捍卫婚姻法案》第三章对婚姻[2]的定义违反联邦宪法第五修正案的相关规定,[3]其所缴纳的税金应当返还。2012年6月,纽约州地区法院作出判决,认定《捍卫婚姻法案》第三章违宪,财政部应当退还所收取的税金及利息。

为配合众议院的诉讼需求,司法部将案件上诉到联邦第二巡回法院。2012年10月,第二巡回上诉法院作出维持地方法院有关《捍卫婚姻法案》第三章违宪的判决。在上诉法院裁决后,美国联邦最高法院通过发出调卷令,提审该案,并在听取双方辩论后,于2013年6月26日以5∶4作出终审判决,肯定了第二巡回法院的裁决,认定《捍卫婚姻法》第三章的规定违宪。大法官安东尼·肯尼迪代表法院起草了多数意见书,判决指出:

> 对婚姻的认识是每个州民事关系法的中心……联邦政府应该尊重各州在民事关系领域的规定。[4]
>
> 各州对婚姻的定义和管理也必须尊重联邦宪法对个人基本权利的保护。[5]
>
> 《捍卫婚姻法案》伤害了在纽约州寻求保护的特殊阶层,违背了适用于联邦政府的正当程序原则和平等保护原则。[6]

判决进一步指出:

> 《捍卫婚姻法》在一个国家中创造出两种不同的婚姻制度,使同性

---

[1] 作为被告的美国政府由司法部长作出声明:奥巴马政府将不会为《捍卫婚姻法案》第三章的合宪性辩护。在司法部没有反对美国众议院两党法律顾问小组提出动议,申请为该法案第三章的合宪性出庭辩护。司法部默认这一请求。纽约地区法院裁定美国政府已有司法部代表,两党法律顾问小组没有被告资格,但同意其以利益相关方介入到案件审理过程。

[2] 《捍卫婚姻法案》第三章对婚姻的定义是,"在美国有关国会决议法案,裁决,规章,或政府部门、机构做出的解释中,'婚姻'意味着作为丈夫和妻子的一男一女的结合,'伴侣'仅仅作为异性的丈夫或妻子"。

[3] 《美国宪法第五修正案》规定:"不经正当法律程序,不得被剥夺生命、自由或财产。不给予公平赔偿,私有财产不得充作公用。"

[4] United States v. Windsor, 570 U. S. 133 S. Ct. 2675, 2689 – 2690(2013).

[5] United States v. Windsor, 570 U. S. 133 S. Ct. 2675, 2691(2013).

[6] United States v. Windsor, 570 U. S. 133 S. Ct. 2675, 2693(2013).

伴侣在州法律层面是结婚状态,而在联邦法律层面则是未婚状态。[1]

在《捍卫婚姻法案》下,联邦的相关法则以各种公开的方式影响着同性伴侣,增加着他们的生活负担。[2]

判决书最后提道:

该法是无效的,因为联邦制定婚姻法律本应保护个人人格和尊严,但是这一法案却贬低并伤害了他们。《捍卫婚姻法案》试图取代这一保护,使结婚的同性伴侣获得更少的尊重,这严重违背宪法第五修正案的精神。[3]

联邦最高法院认可州在婚姻问题上的自主抉择,事实上是对同性婚姻的变相默许。"温莎案"是同性婚姻合法化进程的里程碑事件,其最大的意义在于,联邦最高院用司法审查形式废除了笼罩在同性婚姻身上 17 年之久的《捍卫婚姻法案》,结束了同性婚姻一出州就失效的尴尬局面。案件产生的判例效果为同性婚姻在地方州寻求承认提供了支撑。同时,案件结果展现了联邦最高法院在同性婚姻问题的态度,为日后同性婚姻在全美合法化铺平了道路。

(五)新的开始:奥贝格菲尔案

密歇根州、肯塔基州、俄亥俄州和田纳西四州将婚姻定义为一男一女的结合,14 对同性伴侣以及两位丧偶的男性分别将其本州政府告上了所在州的联邦法院,起诉这些州拒绝赋予他们结婚的权利或不承认他们在其他州合法取得的婚姻,最终四个州联邦法院都作出了支持同性婚姻的判决。但对这四个州有司法管辖权的美国第六巡回上诉法院集中审理了上述案件,并撤销了这四个州法院的判决。随后,案件被上诉到联邦最高法院。案件主要焦点是,宪法第十四修正案是否要求州应赋予同性结婚的权利以及是否承认同性恋者在其他州合法取得的婚姻。

联邦最高法院的 9 名大法官在激烈的讨论后,以 5∶4 的投票结果赋予

---

[1] United States v. Windsor, 570 U. S. 133 S. Ct. 2675, 2693(2013).

[2] United States v. Windsor, 570 U. S. 133 S. Ct. 2675, 2695(2013).

[3] United States v. Windsor, 570 U. S. 133 S. Ct. 2675, 2696(2013).

了宪法第十四修正案新的内涵,宣布同性婚姻在全美合法化。肯尼迪大法官代表法院撰写了多数人意见书,他认为:

> 婚姻并不能离开法律和社会的发展而独立存在,我们追溯婚姻的历史其形式总是在不断地变化,甚至异性婚姻这种结构也是社会发展的结果。婚姻结合方式也由双方父母基于政治、宗教、经济所做出的安排转变基于两性之间自愿达成的契约关系。[1]

在判决书中,肯尼迪大法官从四个方面证明宪法保护下的异性婚姻权同样适用于同性之间。

第一,法院的相关先例认为,婚姻是个人的自主选择。所有人都享有这一权利,无论其性取向如何。同宪法所保护的避孕、家庭关系、繁衍后代及抚养子女等权利一样,婚姻也是个人最为私人化的权利之一。法院认可其他与家庭生活有关的个人权利,却在婚姻这一构成家庭关系基石问题上没有明确答案,这显然是不恰当的。第二,法院在法理解释上也支持婚姻权是基本的权利,同性恋伴侣和异性恋伴侣一样拥有享受亲密结合的权利。第三,婚姻权对保护儿童和家庭至关重要,通过婚姻构建的家庭关系能为儿童提供持久和稳定的生活,这对他们的成长大有裨益。第四,国家的传统和法院先前的诸多判例清楚地告诉我们,婚姻是维护国家秩序的关键,国家把婚姻置于法律和社会稳定的中心地位。就此点而言,同性伴侣与异性伴侣并无任何不同;同性伴侣的婚姻权也来自联邦宪法第十四修正案中的平等保护条款。

肯尼迪法官基于法律对婚姻不断包容的态度和司法审查下宪法对个人自由的尊重,论证了同性婚姻合法化的正当性。第一,新出现的婚姻形式不会弱化婚姻制度,而是强化了它。这点在"洛文诉维吉尼亚州案"(Loving v. Virginia)[2]中就有体现,跨种族通婚并没有出现损害婚姻制度的情况,反而使婚姻更让人尊重。对婚姻理解的转变,展现了美国在对自由问题的理解上的不同维度。第二,道德评判难以成为法律拒绝承认权利的原因,联邦宪法第十四修正案中的平等保护条款给予个人平等保护。从同

---

[1] Obergefell v. Hodges, 576 U. S. slip op. 3 - 4(2015).

[2] Loving v. Virginia, 388. U. S. 1. 87 S. ct. 1817(1976).

性倾向去病化到同性性行为去罪化，再到废除《捍卫婚姻法案》，离不开宪法在背后的保驾护航。2015 年 6 月 25 日通过的这份判决让同性婚姻在法律层面合法化，可以说，联邦最高法院又一次以司法判例的方式重塑了一个“新世纪”。

(六)小结

寻求婚姻认可是同性恋权利斗争的必然要求。同性恋作为一个隐秘而又特殊的群体，要想冲破主流文化的桎梏以实现自身权利诉求，注定要经历曲折的斗争历程。本文借用司法案例描述同性婚姻合法化的整个过程是基于以下考虑。首先，同性婚姻合法化的历程不是历史线性的平铺直述，整个过程是在支持与反对中博弈发展过来的，即使是在民众对同性恋日渐认可的情形下，同性婚姻问题依旧是被否定的话题。采用关键性案例能直观了解到同性婚姻的进展以及遇到的反弹。早在 20 世纪 90 年代，个别州就开始触及同性婚姻问题，但皆未将其纳入现行婚姻制度，而是以民事伴侣、民事结合的方式予以认可。“劳伦斯案”对同性亲密行为的解禁，随后很快演进到古德里奇案对同性婚姻的宪法承认。意外的胜利却遭到普遍的反对，加州“八号提案”的争论就是当时全美对同性婚姻问题态度的一个缩影。人制定规则又改变规则，“温莎案”显示出美国社会的转变，“奥贝格菲尔案”对同性婚姻的承认是一个并不意外的结果。其次，同性婚姻合法化不是某一方政治势力直接作用的结果，而是多方参与、推动的选择。从“劳伦斯案”到“奥贝格菲尔案”，所有案件的最终结果都不是法院单边行动决定的，立法机关、行政机关、社会组织无不参与其中，试图通过各种方式影响判决方向。通过分析案例能够帮助我们了解到影响同性婚姻合法化背后各方政治力量在这一进程中的地位及其作用。

二、少数人权利的捍卫者：法院

在美国，无论联邦法院还是州法院，所进行的司法活动都不仅仅是对已有法律的执行，它们还扮演着制定政策的角色。法院往往比立法机关以及社会主流更乐于理解和使用“平等”一词。法院被认为是更愿意保护少数人权利的机构，司法意志能够突破甚至推翻现存的法律规则。如同女性、少数族裔这些群体，同性恋群体也把法院视为一个更容易实现其权利诉求的场所。历史上的社会改革运动表明，缺乏政治权力的群体通过寻求司法介入可以有效弥补其在立法、选举力量上的不足。法院的介入能够把所要寻求的社会变革议题转化为一个被全社会关注的争议性话题。公众的普遍接受催化着权利实现,这一点在“布朗诉教育委员会案”(Brown v. Board of Education)[1]中就有明显体现。在推进同性婚姻合法化过程中,法院无疑是最具影响的政治力量,从第一次认可同性婚姻到最后同性婚姻完全合法化,都与法院紧密相关。本部分从州法院和联邦最高法院两方面,探析法院对同性婚姻合法化发展进程的推动作用。

(一)州法院

1. 州法院的探索

州法院是同性恋群体寻求认可同性婚姻最快捷有效的途径,这一点体现在如下四个方面。第一,在美国历史上,婚姻关系一直由各州制定法律予以规制。早在1888年,美国联邦最高法院就明确指出,家庭关系的全部内容包括夫妻关系、父母与子女关系,这些关系均由州法而非联邦法规范。[2]虽然联邦在涉及婚姻基本权利、子女监护、儿童保护等方面会通过一些单行法去干涉州对婚姻的管辖,如通过《防止父母绑架法案》设定最低结婚年龄等,但这并未动摇州在婚姻问题上的主导地位。第二,体现着美国精神,有着“高级法”之称的美国宪法,在内容规定上较笼统,对公民权利提供最低限度的保护。各州宪法在不违背联邦宪法基础上,对公民权利方面有着更宽泛的保护,这就为同性恋者寻求自己的权利提供了更多可能性。第三,联邦最高法院是美国宪法的捍卫者,拥有至上的司法权威,这决定了联邦最高法院必须保有一种审慎精神。而很多州,如夏威夷州、密苏里州、马萨诸塞州等,较自由开放,在同性恋问题上展示出更大包容性,这使同性恋群体能够采取可行的手段去实现自身权利的承认。马萨诸塞州的同性婚姻判决最终没有引出州或联邦层面的宪法修正案,这一事实表明,与联邦最高法院相比,低级法院拥更大的活动空间,可以单独行动而不会引起地震般的反弹,同时还能引起全国对这一问题的关注。足够灵活和相对安全使州法院在同性婚姻问题上能做出符合本州的探索。第四,联邦体制下的州法院同样拥有审查该州立法和执法行为合宪性的权力,法院能对不符合本州宪法要求

[1] 在联邦最高法院判决“隔离但平等”的教育措施违宪必须终止后,种族隔离政策超越教育范围,成为全美话题。这也开启美国废除种族隔离政策之门,美国的平权运动由此迈出一大步。

[2] 参见夏吟兰:《美国现代婚姻家庭制度》,中国政法大学出版社1999年版,第11页。

的法律行为作出违宪认定,使其不再具有约束力。[1] 马萨诸塞州、加利福尼亚州,甚至更早的夏威夷州都通过本州最高法院从解释本州宪法出发对同性婚姻问题作出保护认定。

在争取权利的过程中,同性恋群体一开始努力的方向就在州法院。然而,早期的同性婚姻斗争历史表明,州法院在这一问题上的态度并不一致,大部分法官不愿让司法程序介入立法领域,这使州法院在对待同性婚姻上表现出一种犹豫不决的态度。[2] 直到 1990 年夏威夷州的"贝尔诉勒温案"(Baehr v. Lewin),同性恋者才第一次取得同性婚姻诉讼的胜利。[3] 1999 年,佛蒙特州最高法院就"贝克诉州案"(Baker v. State)作出裁定,认为同性伴侣应该享有完全等同异性恋夫妇的配偶权利保障。[4] 2003 年,马萨诸塞州的"古德里奇诉公共卫生部案"(Goodridge v. Department of Public Health),马萨诸塞州最高法院判决禁止同性结婚违反马萨诸塞州宪法,同性恋者可以与异性恋者一样申请缔结婚姻。马萨诸塞州是全美第一个把同性婚姻置于与异性同等地位对待的州。在这一判决的影响下,康狄涅格州和爱荷华州的最高法院先后于 2008 年和 2009 年裁决同性婚姻合法化。到美国联邦最高院做出同性婚姻合法化这一世纪判决前,全美已经有 37 个州允许同性恋登记结婚。当对同性婚姻的认可从个别州扩展到大部分州时,同性婚姻合法化问题进入最高法院也只是时间问题。

---

[1] 参见[美]杰弗里·罗森:《最民主的部门:美国最高法院的贡献》,胡晓进译,中国政法大学出版社 2013 年版,第 115 页。

[2] 美国历史上第一件同性恋案件是 1971 年发生在明尼苏达州的"巴克诉内尔松案"(Baker v. Nelson),本案最后上诉到该州最高法院后,法院依据《圣经》驳回了原告的诉讼请求。同样,1973 年肯塔基州的"琼斯诉哈拉哈案"(Jones v. Hallaha);1975 年亚利桑那州的"亚当诉豪尔顿案"(Adams v. Howerton);1990 年哥伦比亚特区的"迪安诉哥伦比亚特区案"(Dean v. District of Columbia),原告提出的关于同性婚姻的请求最后都被驳回。

[3] 夏威夷州最高法院并没有直接裁决同性婚姻合法化,而是认定基于性别差异禁止同性婚姻的行为违背州宪法的利益,判决该案发回重审。此后,因被告的变化该案又变更为"贝尔诉三池案"(Baehr v. Miike)和"贝尔诉安德森案"(Baehr v. Anderson)。案件经过一系列重审后法院最后认定,同性恋者享有平等的结婚权。虽然州最高法院作出承认同性婚姻的判决,但随后州议会通过修正案将婚姻界定在男女之间。对同性伴侣的权益则是通过《互惠法》予以保护。

[4] 佛蒙特州并没有使用"婚姻"一词,而是用"民事结合"(civil unions)一词。随后,2000 年佛蒙特州议会通过《家庭伴侣法》,法案规定:同性伴侣可以领取结婚证,成立家庭,在人寿保险、医疗保健和子女监护等方面同异性夫妇享有同样的权利。法案于 2000 年 7 月 1 日生效。

2. 州法院探索的意义

美国同性婚姻合法化中的司法进程是一个从州到联邦的过程。州法院对同性婚姻的态度能通过司法判例产生一定的效应,主要表现为:首先,普通法系下的美国,遵循先例是基本的司法理念,上级法院和本院作出的判决结论[1]对自身有约束力,除非经过公民投票或司法变革,法院通过裁决认可同性婚姻的法律效力及于其司法管辖范围。这保证了同性恋在一州实现同性婚姻合法化,就能保持司法效力的持续,不被随意推翻。其次,美国联邦宪法第4条第1款规定:每个州对于其他州的公共法律、案卷和司法程序,应给予充分信任和尊重。"充分信任和尊重"条款虽强调在尊重各州主权的前提下对州的法律、判例予以承认,其他州承认与否有极其宽泛的选择权。但在同性婚姻合法化这个新权利诉求上,先行作出判决的州对后面的州有很好的借鉴价值。艾奥瓦州最高法院在判决同性婚姻在本州合法化的"瓦纳姆诉布莱恩案"(Varnum v. Brien)中就引用其他州法院在同性婚姻上的观点,论证艾奥瓦州实现同性婚姻合法化的可行性。[2] 最后,州作出的司法判决也能有效反映出各州对同性婚姻的态度,可以为联邦最高法院的决断提供有益的风向标。[3]

(二)联邦最高法院

1. 联邦最高法院的司法实践

在州层面获得同性婚姻的认可只是同性恋寻求价值认同的开始,同性婚姻支持者寻求联邦最高法院推翻州禁止同性婚姻的法律,实现整个联邦层面对同性婚姻的认可才是他们的最终目标。在美国独特的三权分立制度

---

[1] 为维持司法稳定对先例的遵循严格被限定在判决结论部分,参见林彦:《美国法院如何遵循先例》,载《中外法学》2009年第6期。

[2] Varnum v. Brien, 763 N. W. 2d 862(Iowa 2009). 其他高等法院通过两种方式弥补宪法禁止同性婚姻的规定。一些法庭允许同性同性恋群体进入民事婚姻制度,如 In re Marriage Cases, 183 P. 3d at 453; Kerrigan, 957 A. 2d at 480(定义婚姻的必须其扩大到同性情侣之间)法官回复参议院的意见, 802 N. E. 2d 565, 571(Mass. 2004);还有一些法院允许州通过立法建立与平行于婚姻制度的适用于同性恋伴侣的缔结方式,如:Lewis v. Harris, 908 A. 2d 196, 221(N. J. 2006); Baker v. State, 744 A. 2d 864, 887(Vt. 1999); Varnum v. Brien, 763 N. W. 2d 862, 868(Iowa 2009)。

[3] 关于这点在"奥贝格菲尔案"中的有体现:2003年,马萨诸塞州最高法院支持同性婚姻权利。随后其他州开始通过司法或立法途径支持同性婚姻。参见 Goodridge v. Department of Public Health, 440 Mass. 309, 798 N. E. 2d 941(2003); Obergefell v. Hodges, 576 U. S. slip op. 9(2015)。

下,美国联邦最高法院在美国有着至高的权威,它不仅裁决案件,而且负责解释宪法和审查法律。可以说,它已经超越司法本身,成为美国社会中一支重要的政治力量。或许是因为受制于政治地位、历史传统、自身受案范围,[1]联邦最高法院在同性婚姻问题上的态度十分审慎,但其在推动同性婚姻合法化过程中的意义巨大。

2013年6月,在"联邦诉温莎案"(United States v. Windsor)中,联邦最高法院最后以5:4判决《捍卫婚姻法案》第三章将婚姻限定在一男一女的规定违背了联邦宪法第五修正案中的平等保护原则,认定其违宪,裁定温莎获得退税补偿。[2] 这一判决扫除了同性婚姻在各州之间承认的障碍,为同性婚姻合法化进程吹来顺势之风,随后,众多下级法院作出有利于同性婚姻的判决。在"温莎案"判决的同一天,美国联邦最高法院拒绝了加利福尼亚州提出的反对同性婚姻合法化的上诉请求。2014年,联邦最高法院作出决定,不受理弗吉尼亚州、犹他州、俄克拉何马州、印第安纳州和威斯康星州对维持同性婚姻禁令的上诉。这一决定被视为联邦最高法院默认同性婚姻合法化,并据此推测最高法院将等时机成熟正式推动同性婚姻合法化。果然,2015年6月,联邦最高法院在"奥贝格菲尔诉霍奇斯案"(Obergefell v. Hodges)中以5:4作出同性婚姻在全美合法化的裁决。[3]

在同性婚姻问题上,联邦最高法院一直存在较大分歧,"温莎案""奥博法尔案"都以5:4险胜就足以说明问题。但在评价联邦最高法院在推动同性婚姻合法化作用上,答案是肯定的,联邦法院以实行行动证明其是少数群体权利的捍卫者。

2. 最高司法权威的作用

在争取同性婚姻合法化过程中,联邦最高法院的介入直接左右了整个运动发展的方向。可以说,联邦最高法院是整个同性恋权利运动中的关键力量。要阐明联邦最高法院为何在同性婚姻合法化运动中有着其他政治力量难以比拟的影响力,一方面离不开普通法系下法院判例本身具有的法律效力,另一方面源于联邦最高法院在美国宪政体制下的政治地位和功能设

[1] 联邦最高法院审理的案件主要是以下三类:(1)下级上诉法院关于案件提供了与联邦法律相矛盾的解释;(2)涉及美国宪法的案件,即能对宪法产生重大影响的案件;(3)具有重大国家意义的案件。

[2] United States v. Windsor, 570 U. S. 133 S. Ct. 2675(2013).

[3] Obergefell v. Hodges, 576 U. S. slip op. 9(2015).

计。首先,美国联邦宪法第3条第1款规定:合众国的司法权属于联邦最高法院和由国会随时下令设立的下级法院。出于对彻底民主制可能产生暴民政治的恐惧,美国的政治结构并不是纯粹的民主制,分权、限权是制宪者考量国家政治架构的重要因素。制宪者接受洛克、孟德斯鸠分权思想推行三权分立的政治结构,既保证国会、总统、法院的独立性,也使它们之间能相互制约。制宪者敏锐地感觉到,由民选产生的国会和总统难以避免民主力量的左右,而中立的、"反民主"的法院能避免这一因素的影响,[1]从而作出公正裁决。在随后的200多年间,对司法独立这一宪政原则不断实践使司法权威得以树立起来。其次,马歇尔大法官在"马伯里诉麦迪逊案"中创造性地确立的司法审查制度极大地延伸了联邦最高法院的权力,让联邦宪法走下神台,和一般法律一样接受法院审查。对联邦宪法的司法审查权使联邦最高法院拥有对抗国会立法的权力。联邦最高法院通过判决解释宪法扩大宪法适用范围,使美国宪法与时代发展保持着一种动态的稳定。联邦最高法院拥有的最高审查权使其能够审查各州与联邦宪法相冲突的法律。另外,司法能动主义宣扬的保护自由和扩大平等理念[2]对现代法院也产生重要影响。法官不仅需对部分模糊不清的宪法条款以及与人权相关的条款加以解释,还需发展和适应相应的政策。[3] 在这一思想的指导下,法院的功能从解释宪法扩展到行使"立法权",对于宪法未明确的权利,法院通过

---

[1] 汉密尔顿曾说过:"法官之所以要独立并不是仅仅因为其肩负着维护宪法不受侵犯的责任,而且还因为法官的独立性能够确保社会不受偶发的不良情绪的影响。这种不良情绪有时会促使一些不公正的法律在议会通过,从而伤害特定阶层的利益。"参见[美]亚历山大·汉密尔顿等:《联邦党人文集》,张晓庆译,中国社会科学出版社2009年版,第363页。

[2] 司法能动主义也可以笼统的称为现代司法权,起点于1937年宪法革命,法院关注的方向从经济规制转到公民领域,其中最具代表性的当属沃伦法院。1953年,沃伦(Earl Warren)入主联邦最高法院成为首席大法官,由此开启了沃伦法院时期。沃伦法院倡导司法能动主义,积极参与美国当代的社会和政治变革,推动民权保护,主张灵活的解释和运用宪法,认为法律必须适应美国社会发展的要求。随后的伦奎斯特法院、罗伯茨法院变得相对保守,但依然延续了司法能动主义的传统。参见[美]克里斯托弗·沃尔夫:《司法能动主义——自由的保障还是安全的威胁?》,黄金荣译,中国政法大学出版社2004年版;雷安军:《美国司法审查制度及其理论制度研究——以美国最高法院司法审查的正当性为中心》,中国政法大学出版社2011年版;任东来等:《在宪政舞台上——美国最高法院的历史轨迹》,中国法制出版社2007年版。

[3] 参见谭荣:《权力的分配与权力的角逐——美国分权制度研究》,天津大学出版社1994年版,第144页。

司法判例予以确认，从而创造出新的权利。可以说，司法能动主义真正实现了“司法过程的最高境界不是发现法律，而是创造法律”[1]这一理念。

借助这些司法原则，既无财权也无军权的联邦最高法院摆脱了建国初期的羸弱形象，成为影响美国政治稳定、推动社会变革的重要力量。有人这样评价联邦最高法院的作用：在美国，许多难以解决的社会问题，包括一些令人颇为头疼的政治问题最终往往被交到联邦最高法院，由这个处于中立地位的司法机关作出权威的解释和判决，这是美国宪法实践的一个重要特色。[2] 植根于司法实践形成的至高权威，同时夹带着司法能动主义的开拓思想，联邦最高法院对美国社会发挥着持续性的作用。[3]

同性婚姻能在美国全面合法化，也正是由联邦最高法院通过司法判决确定的。联邦最高法院直接参与同性婚姻这一议题的只有两个案件：一是2013年的“温莎案”，在该案中法院运用司法审查制度将司法“大棒”挥向《捍卫婚姻法案》，让该法案进入法律“黑名单”，但回避了各州彼此承认同性婚姻这一问题；二是2015年的“奥贝格菲尔案”，这次联邦最高法院直接将同性婚姻推向全面合法化。正是得益于自身具有的司法权威，联邦最高法院通过两次判决就将争议了几十年的同性婚姻问题直接推进全面合法的道路。

（三）小结

法院在美国政治构造中处于举足轻重的地位。正如托克维尔所言：“使一个外来者最难理解的，是美国的司法组织，在他看来，简直是没有一个政治事件不是求助于法官的权威。”[4]在同性婚姻合法化历程中，法院是被关注最多的部门。同性婚姻支持者与反对者在法院展开了激烈的交锋，可以说，每一次有关同性婚姻的判决都能引起极大的争议，不管判决本身是否赞同同性婚姻，“反多数”的法院作为少数人权利的捍卫者，在同性婚姻合法化进程中通过阐释宪法背后的潜在目的来定义权利范围，认可同性婚

[1] [美]卡多佐：《司法过程的性质》，苏力译，商务印书馆2007年版，第105页。

[2] 参见李晓兵：《宪政体制下法院的角色》，人民出版社2007年版，第57页。

[3] 我们可以通过半个世纪来联邦最高法院作出的重大判决对这一作用有个直观了解：1954年，联邦最高法院在“布朗案”中敲响了种族隔离制度第一声丧钟，铲除了种族隔离的樊篱；1972年，联邦最高法院通过“罗伊案”让堕胎在全美合法化；2000年，在“布什诉戈尔案”中，联邦最高法院甚至决定了这一届的总统选举。

[4] [法]托克维尔：《论美国的民主》（第1卷），董果良译，商务印书馆2013年版，第121～122页。

姻是公民权利,真正承担起同性恋群体对它的政治期待。

三、其他政治力量的作用

在同性婚姻合法化过程中强调法院权威,并认可其对美国民主进程的推动作用,并非要否定其他政治力量的作用。同性婚姻作为美国文化领域中极具争议且复杂的议题,从州到联邦、从民众到官员都有广泛的参与,仅凭法院一己之力难以实现同性婚姻合法化。法院作用的凸显也是各方力量共同协作的结果。除法院外,影响同性婚姻合法化进程的政治力量在联邦层面有总统、国会,在州层面有各州州长、立法机构,另外还包括宗教团体、社会组织。限于笔者能力,本文只选取总统、国会和同性恋组织三个方面进行分析说明。

(一)不可忽视的总统力量

政府活动关乎美国人民生活的方方面面,政府决策时的政治倾向是社会关注的重点。作为美国政府首脑的总统无疑有极重的政治影响力。总统关注的事项很可能因为其独一无二的可见性和将公众的注意力聚焦在他们认为重要的事情上的能力而成为国家事务。[1] 在同性恋问题上,总统的作为影响着其主政时期的同性恋运动。

1992年,民主党候选人克林顿当选美国总统。在他主政后,就着手推动结束军队对同性恋的歧视,但受到党内保守派和共和党的共同反对。参谋长联席会议(Joint Chiefs of Staff)发言人也表示,他们接受的政策限定在同性恋对他们的性取向保密方面。[2] 克林顿政府最后妥协,推出"不问,不说"(Don't Ask,Don't Tell)政策[3],试图减少军队中对同性恋的歧视。1993年,夏威夷最高法院在"贝尔诉勒温案"(Baehr v. Lewin)作出支持同性婚姻的裁决,使同性婚姻问题成为全国关注的话题,这一判决使保守团体开始进行有组织的反击。1996年美国大选之际,同性婚姻成为热议话题,

---

〔1〕 参见[美]波尔斯比·威尔达夫斯基等:《总统选举:美国政治的战略与构架》,管梅译,北京大学出版社2007年版,第105页。

〔2〕 See Susan Gluck Mezey, *Queers in Court: Gay Rights Law and Public Policy*, Washington D. C., Rowman & Littlefi-dld Pubilshers, 2007, p. 161.

〔3〕 "不问,不说"(Don't Ask, Don't Tell)政策并没有给同性恋者带来克林顿所预期的目的,而是更多的同性恋者被驱逐出军队。2010年12月18日,参议院表决批准废除禁令。该月22日,总统奥巴马正式签署法令,废除"不问,不说"政策。

共和党提名的总统候选人多尔(Bob Dole)向参议院提出《捍卫婚姻法案》,并在参议院、众议院都获得多数票通过。出于政治需求,克林顿签署通过了该法案。[1] 这一法案成为笼罩在同性恋寻求同性婚姻合法化道路上的阴云,[2]让同性婚姻本来艰难的认同之路又多了一大障碍。在此之后,虽然美国多个州以不同方式认可同性婚姻的合法性,但作为联邦法律,《捍卫婚姻法案》处于较高的法律位阶,这让同性婚姻登记陷入了"走出该州就成为废纸"的尴尬境地。

2000 年总统大选,共和党提名的布什(George W. Bush)当选。布什对同性婚姻持反对态度,他支持《捍卫婚姻法案》,并宣布 2003 年 10 月 12 日至 18 日为"婚姻保卫周"(Marriage Protection Week)。他还支持推动《联邦婚姻修正案》(Federal Marriage Amendment, FMA),[3]试图以修改联邦宪法来禁止同性婚姻以及政府认可类似民事结合、民事伴侣等各种形式的同性婚姻。在 2004 年美国总统选举时布什再次讲道:"我坚信婚姻的神圣。我认为我们要保护的婚姻是一男一女之间的结合这一传统观念,这很重要。"[4]

2008 年,民主党的奥巴马接替布什成为美国总统,着手调整先前政策以推动同性恋群体权益的保护。2009 年,奥巴马表示婚姻问题归属各州管辖,自己不反对同性婚姻。他还推动废除军队中针对同性恋的"不问,不说"政策,2010 年 11 月,联邦政府正式废除这一政策。在面对"温莎案"时,奥巴马政府宣布不为《捍卫婚姻法案》的合宪性辩护。奥巴马以总统身份所做的这些举动为同性婚姻提供了宽松的政治环境,一定程度推动了同性婚姻合法化进程。可以说,总统以其独特的政治地位影响着执政期间的同性恋运动。

---

〔1〕 民主党被称为"自由派—劳工—平等主义者联盟"和共和党则是"企业—保守联盟",两党在同性恋问题上意见相左,民主党支持同性恋权益运动,共和党从传统家庭观出发,反对同性婚姻。作为政党遴选出的总统候选人,其在同性恋问题上都与其所属政党保持一致的立场。

〔2〕 领袖们并不是为平等而战,但为了获得胜利,他们接受了平等。同样,他们也可以为了获得胜利抛弃平等。参见 Robert R. Palmer, *The Age of the Democratic Revolution: A Political History of Europe and America*, 1760 - 1800, Princeton: Princeton University Press, 1959, p. 203。

〔3〕 该修正案最早由国会议员休斯(Ronnie Shows)于 2002 年提出,后几经修改,试图通过修改宪法来把婚姻定义在一男一女之间。如果这一修正案通过将取代"捍卫婚姻法案",从宪法层面阻断所有寻求同性婚姻合法化的道路。

〔4〕 刘植荣编译:《美国历届总统竞选辩论精选》,江西人民出版社 2005 年版,第 39 页。

(二)缓慢前进的国会

国会是美国民众直接表达表达宪法意愿的场所,但并非一直是最可靠的代表。受制于法律本身要求具有的稳定性和自身代表多数人意志的性质,使国会难以快速回应社会问题,这无疑会忽视少数人的权利诉求。虽然国会在同性婚姻合法化的态度上改变缓慢,但进步毋庸置疑。

1993年,夏威夷州最高法院作出有利于同性婚姻的判决,因害怕这一判决在全国产生"多米诺骨牌"效应,国会推出了对同性婚姻影响至深的《捍卫婚姻法案》。该法案在1996年5月向参议院提交后受到广泛支持。1996年7月16日,《捍卫婚姻法案》在众议院表决通过(表决结果见表1)。同年9月10日,该法案在参议院以85票赞成,14票反对,1票弃权的结果表决通过。[1] 这一结果迫使总统克林顿签署法案。[2]

表1 《捍卫婚姻法案》在美国众议院的表决情况[3]

	赞同	反对	缺席	弃权
共和党	224	1	—	9
民主党	118	65	2	13
独立党	—	1	—	—
总计	342	67	2	22

然而,到2003年,面对马萨诸塞州最高法院作出同性婚姻合法化裁决带来的威胁,国会议员提出的《联邦婚姻修正案》却出现与《捍卫婚姻法案》相反的结局(见表2)。

虽然国会没有直接做出过有利于同性婚姻的立法活动,但从1996年高

[1] 参见 http://www.senate.gov/legislative/LIS/roll_call_vote_cfm.cfm? congress = 104&session = 2&vote = 002; http://clerk.house.gov/evs/1996/roll316.xml#N,最后访问日期:2018年9月25日。

[2] 美国联邦宪法第1条第7款规定:经众议院和参议院通过的法案,在正式成为法律之前,须呈送合众国总统;总统如批准,便须签署,如不批准,即应连同他的异议把它退还给原来提出该案的议院,该议院应将异议详细记入议事记录,然后进行复议。倘若在复议之后,该议院议员的2/3仍然同意通过该法案,该院即应将该法案连同异议书送交另一院,由其同样予以复议,若此另一院亦以2/3的多数通过,该法案即成为法律。《捍卫婚姻法案》在参众两院都以高于2/3的比例通过,即使总统克林顿行使否决权也可能面临复议后通过的境遇。

[3] 参见 http://clerk.house.gov/evs/1996/roll316.xml#N,最后访问日期:2018年9月25日。

票通过的《捍卫婚姻法案》到被数次否决的《联邦婚姻修正案》，足以看出国会在对待同性婚姻上的态度转变。国会在立法层面的温和态度为同性婚姻合法化进程提供了宽松的法律环境。

表2　数届国会对《联邦婚姻修正案》的态度[1]

国会	提案名称	法案编号	提交时间	最后结果
107届	《联邦婚姻修正案》(Federal Marriage Amendment)	H. J. Res. 93	2002.5.15	被众议院司法委员会否决
108届	《联邦婚姻修正案》(Federal Marriage Amendment)	H. J. Res. 56	2003.5.21	被众议院司法委员会否决
		S. J. Res. 43	2003.11.25	被参议院司法委员会否决
		S. J. Res. 40	2004.7.7	在参议院辩论环节被否决
	《保护婚姻修正案》(Marriage Protection Amendment)	H. J. Res. 106	2004.9.13	众议院表决未获通过[2]
109届	《保护婚姻修正案》(Marriage Protection Amendment)	S. J. Res. 1	2005.1.24	参议院辩论环节被否决
		H. J. Res. 88	2006.6.6	众议院表决未获通过[3]
110届	《保护婚姻修正案》(Marriage Protection Amendment)	H. J. Res. 89	2008.5.22	被众议院宪法和民事司法委员会否决
		S. J. Res. 43	2008.6.25	被参议院司法委员会否决

[1]《联邦婚姻修正案》(Federal Marriage Amendment, FMA)，亦称《保护婚姻修正案》(Marriage Protection Amendment)。

[2] 众议院最后的表决结果为227票赞成，186票反对，未满足修改宪法需要的众议院议员数2/3的比例。参见 http://thomas.loc.gov/cgi-bin/bdquery/z? d108:h.j.res.00106，最后访问日期：2018年9月25日。

[3] 众议院表决结果为236票赞成，187反对，同样未满足修改修法所需要的众议院议员数的2/3比例。参见 http://clerk.house.gov/evs/2006/roll378.xml，最后访问日期：2018年9月25日。

(三)同性恋组织的积极作用

同性恋组织在过去几十年同性恋权益运动中发挥出很好的催化作用。社会组织,包括营利性社会组织和非营利性社会组织,虽不能直接产生政治决策,但它们可以通过组织社会运动、开展政治游说、提交法律意见书来影响政治行为。

在美国,社会组织何以影响政治行为?美国社会的多元性、开放性,使承认差异、差异平等这些观念得到普遍认同,这让代表不同利益需求的群体存在于各种层面的权力关系中,代表不同利益需求的角色围绕着自己所关注的议题而聚集起来。"处于劣势的利益集团提出对事件的新解释,并且尝试吸引政治系统中其他领域联盟者的注意力,这并不意味着他们的挑战能够成功。优势利益集团会加以限制,并且尝试在这种情况下强化原处的观点。此时,不能假定政治系统的最初占优势者没有能力利用优质资源及有利的政治关系;同时,也不能假定所有劣势行动者规模太小或者会束手待毙。"[1]各种力量相互掣肘给了劣势群体制造话题和提升关注的机会,也让弱势群体的利益需求得以进入政治议题。正是通过这一方式,作为社会劣势群体的同性恋让同性婚姻成为引人关注政治议题。以2004年美国大选为例,同性婚姻问题是当时总统竞选辩论的议题之一。反对同性婚姻的基督教右派(Christian Right)[2]致力于推动联邦政府正面面对同性婚姻问题,以捍卫美国传统道德观、婚姻观。尽管在同性恋支持和捍卫组织、人权运动组织(Human Rights Campaign,HRC)[3]等同性恋组织的推动下,同性婚姻在州层面开始获得认可,民众对同性恋群体的认可不断增加,但同性婚姻并未被多数人接受。[4] 这一议题甚至成为代表保守利益的共和党攻击

---

[1] [美]弗兰克·鲍姆加特纳、布莱恩·琼斯:《美国政治中的议程与不稳定性》,曹堂哲、文雅译,北京大学出版社2011年版,第8页。

[2] 基督教右派是美国社会的保守势力代表,在堕胎、肝细胞研究、同性婚姻持反对态度。基督教右派拥有很强的政治影响力,尤其在共和党内部有着强有力的地位。2004年小布什获选与其支持密不可分。参见[德]曼弗雷德·布洛克尔:《美国基督教右派》,载《国际政治研究》2007年第2期。

[3] 人权运动组织是美国最大的同性恋平权组织。

[4] 皮尤研究中心(Pew Research Center)在2004年1月作的对同性婚姻态度的调查中32%支持,61%反对,7%不确定,同年8月的调查结果是29%支持,60%反对,11%不确定。参见http://www.pollingreport.com/civil.htm,最后访问日期:2018年9月25日。

在同性婚姻问题立场上摇摆的民主党的"楔子"议题(Wedge Issue)。[1] 然而随后几年,同性婚姻问题并没有像双方期待的那样:阻止同性婚姻合法化的《联邦婚姻修正案》没有通过,同性婚姻在联邦层面依旧不被承认。

除了在社会价值层面组织社会议题寻求民众认同,同性恋组织推动同性婚姻合法化最直接有效的方式是借助司法力量。采用的方式包括支持当事人进行诉讼活动和以"法庭之友"(*Amicus Curiae*)[2] 介入诉讼活动。以同性恋支持和捍卫组织为例(见表3、表4)。[3]

表3 GLAD 直接参与的诉讼活动

案件	州	案件发展
贝克案[4]	佛蒙特州	承认民事结合
古德里奇案	马萨诸塞州	同性婚姻在该州合法化
凯瑞甘案[5]	康涅狄格州	同性婚姻在该州合法化

除直接参与诉讼外,同性恋支持和捍卫组织还以"法庭之友"方式对同性婚姻案件提出意见,其提交的"法庭之友"意见有(见表4):

表4 GLAD 提交的"法庭之友"意见书(部分)

提交时间	案件	法院
2011年3月	吉尔诉联邦人事管理局案[6]	第一巡回上诉法院
2013年2月	霍林斯沃思诉佩里案[7]	第九巡回上诉法院
2013年3月	联邦诉温莎案	第二巡回上诉法院
2014年4月	柯钦诉赫伯特案[8]	第十巡回上诉法院

---

[1] "楔子"议题(Wedge Issue)又称"热点"议题(Hot Button Issue)和"第三轨道"议题(Third Rail Issue),是一个可以分化对方政治团体阵营的具有争议性的话题。

[2] 法庭之友(*Amicus Curiae*, Friend of the Court)属于一种诉讼习惯,是指与案件无直接利益关系的人介入诉讼程序,向法院提供建议。

[3] 参见同性恋支持和捍卫组织官网:http://www.glad.org,最后访问日期:2018年9月25日。

[4] Baker v. State, 744 A. 2d 864(1999).

[5] Kerrigan v. Commissioner of Public Health, 89 Conn. 135, 957 A. 2d 407(Conn. 2007).

[6] Gill v. Office of Personnel Management, 682 F. 3d 1(1st Cir. 2012).

[7] Hollingsworth v. Perry, 50. U. S. 133 S. Ct. 2652(2013).

[8] Kitche v. Herbert, 755 F. 3d 1193(10th Cir. 2014).

除了同性恋支持和捍卫组织,美国还有很多类似的组织,如人权运动组织、同性恋亲友会(Parents, Families and Friends of Lesbians and Gays, PFLAG)、法律组织(Lambda Legal)、美国公民自由联盟(American Civil Liberties Union, ACLU)等。可以说,同性恋组织在推动美国同性婚姻合法化上起着很大的催化作用。

(四)小结

尽管总统对同性婚姻的态度存在机会主义倾向,国会也没有通过直接推进同性婚姻合法化进展的立法活动,但凭借自身的政治权威,总统、国会的每次举动都影响着同性婚姻权利运动的发展程度。总统、国会除发挥自身影响力外,也通过参与到司法诉讼以来促进同性婚姻合法化发展——"温莎案"就是一个例证。"温莎案"在纽约地区法院以及联邦巡回法院审理时,作为被告的司法部都拒绝为该法案的合宪性进行辩护,认同原告主张,法院也作出支持原告的判决。在这种情况下,本来此案无须向联邦最高法院上诉。但此时众议院偏偏介入其中,以两党法律顾问小组(Bipartisan Legal Advisory Group, BLAG)身份代替美国政府参与本案诉讼,从而使该案被联邦最高法院提审。联邦最高法院最终维持先前判决,认定《捍卫婚姻法》无效。众议院本欲维护《捍卫婚姻法案》,却错误估计形势,让自身成为败诉方。从某种意义上来说,"温莎案"的最终判决是美国行政、立法和司法三大机构共同推动的结果。假如众议院不参与此案,联邦最高法院并无任何理由提审这一原、被告均支持判决结果的案件,那么此案将在联邦上诉法院终结,同时判定《婚姻保护法案》违宪的结果将仅局限于该上诉法院辖区,而不致全美国均受该判决影响。判决结果展现出总统、联邦最高法院对同性婚姻态度,也迫使国会接受现状。

作为美国多元主义民主政治必不可少的组成部分,同性恋组织通过制造舆论向权力机关施压,让公民参与同性婚姻话题的讨论。公民积极参与公共话题辩论,了解所处时代情势,并作出理智的抉择。在"奥贝格菲尔案"中,肯尼迪法官就肯定了公众参与的意义:"他们的贡献让我们对于同性婚姻的理解更进一步,而这种进一步的认知方式,就是构成今天摆在我们面前,要我们判定其是否符合合众国宪法精神诸多论点的根基。"[1]甚至可以说,联邦最高院裁决同性婚姻合法化,只是把多数民众的意愿法律化。

---

[1] Obergefell v. Hodges, 576 U. S. slip op. 24 (2015).

经过黑人平权运动、妇女堕胎合法化等这些权利运动实践，美国社会平权运动已经形成相对成熟的运行模式。在社会发展、观念意识转变的背景下，相关利益组织支持弱势群体在州法院提出权利诉求，以此引发社会对这一议题的讨论，从而促进民众的认同。联邦最高法院的适时介入，总统和国会的默许、支持也同时跟进，推动联邦最高法院对该议题作出最终裁决。正是在司法、行政、立法、社会团体的多方配合下，同性婚姻得以在美国合法化。

四、同性婚姻合法化之现实基础分析

(一)同性婚姻合法化的文化土壤

权利的出现离不开滋养它的环境，同性婚姻合法化在美国的实现与其文化本身密切相关。美国的建国思想深受个人权利至上、天赋人权观念影响，自由、民主、平等的理念深植于美国文化。制宪者们认为，为了充分实现这些权利，个人必须拥有自由，即不受政府限制的自我抉择的自由。实现个人自由是社会进步的关键，人人都应该有发展自己实现目标的机会。[1] 可以说，自由主义思想是美国建国的理论基础，每个人都有为自己权利竞争的自由。时至今日，历经200多年的演变，自由主义的内涵也发生很大的变化。最早主张自由放任的人自称自由主义，后来是反对自由放任的人自称自由主义，再后来是主张国家干预经济的人自称自由主义，最后是主张福利国家的人自称自由主义。[2] 但权利观念一直是自由主义的共识，权利始终处于美国政治哲学、公民理论基础中的基础和核心地位。尊重个人权利、承认权利差异被美国社会普遍认可。1969年的"石墙事件"之后，同性恋运动如雨后春笋般迅速发展。据不完全统计，仅1969年年底，美国成立的同性恋组织就有50个，4年后，这类组织的数目已达800个。美国社会对同性恋的态度正在悄然转变。根据1976年的一次民意调查，73%的美国人认为同性恋者是社会歧视的牺牲品，85%的人认为同性恋者应该享有同等的权利。[3] 这些变化离不开200多年来自由、平等、权利至上思想的影响。

---

〔1〕 参见谭融：《权力的分配与权力的角逐：美国分权体制研究》，天津大学出版社1994年版，第1页。

〔2〕 参见钱满素：《美国自由主义的历史变迁》，三联书店2006年版，第245页。

〔3〕 See Barry D. Adam, *The Rise of the Gay and Lesbian Movement*, New York: Twayne, 1995, p. 67.

如果自由主义是同性恋权利诉求得以认同的文化基础,那么多元文化主义(multiculturalism)[1]则是有利的理论武器。文化多样性在美国一直存在,但这种多样性是建立在由白人主导的西方传统文化下对其他文化包容的基础上的,其他文化与这一传统文化存在一种从属关系,而不是处于完全平等的地位。美国的经验表明,自由的最大威胁来自善变的多数对少数权利的不宽容。[2] 这也是自由、平等的美国何以在黑人、妇女、少数种族等群体之间进行权利上的差别对待,以及在同性恋问题上表现出回避、压制态度的原因。而多元文化主义则是对这一态度的回击,多元文化主义通过重新解读传统,用新的话语理论解构美国的历史与文化,同时积极构建亚文化群体的话语体系,以建立族群身份的自信,培育族群身份的自主意识,进而争取社会的承认和平等的话语权。[3] 以往被忽视的权利诉求在多元文化主义大旗下找到了对抗主流价值传统观的方法。从多元文化主义开始盛行的20世纪80年代至今,是同性恋权利运动迅速发展的阶段。同性恋群体实现了群体内部的自我价值认同,改变了社会对同性恋排斥的态度,同性婚姻也得到民众认可。

多元文化主义最典型的特点就是群体性。少数族裔、同性恋等通过自我身份认同各自结合在一起,对抗主流文化思想,以求得文化观念上的平等对待。但是,要建立真正的文化平等,必须改变现有不合理的政治权力结构,因此,多元文化主义的最终目的不是追求“文化平等”,而是“社会平等”,是争取不同群体(尤其是那些在历史上长期受到歧视和压迫的群体)在分享美国社会的政治、经济和文化资源方面的平等。[4] 同性恋群体最终追求的不是文化认同,而是婚姻平等以及伴随婚姻制度的社会福利、子女抚养等权利的实现。同性恋群体在传统文化价值上打开出口后,在政治、经济上的权利要求也应然而来。

---

[1] 多元文化主义是20世纪50~60年代美国民权运动的结果,最早发端在70年代美国高等院校,开始以反抗文化压制,消除种族偏见为目的。到80~90年代多元文化主义思想趋于兴盛成熟,成为解构、批判主流文化的理论。参见王恩铭:《也谈美国多元文化主义》,载《国际观察》2005年第4期。

[2] 参见[美]艾伦·德肖维茨:《你的权利从哪里来?》,黄煜文译,北京大学出版社2014年版,第134页。

[3] 参见庞金友:《族群身份与国家认同:多元文化主义与自由主义的当代论争》,载《浙江社会科学》2007年第4期。

[4] 参见王希:《多元主义的起源、实践与局限性》,载《美国研究》2000年第2期。

(二)同性婚姻合法化的宪法基石

联邦最高法院在“奥贝格菲尔案”中判决,同性恋者拥有和异性恋者同等的结婚权利,禁止同性恋结婚的行为违背了联邦宪法的平等保护原则,由此宣布同性婚姻在全美合法化。这一判决结果遭到社会保守人士的反对,5∶4 的结果也显示出同性婚姻问题在联邦最高法院墙内的争议程度。首席大法官罗伯茨就批评多数大法官拒绝司法审慎态度,用个人态度重塑整个社会价值观,这是司法力量对国家立法的一次暴力干预。他在反对意见中写道:“庆祝你们所获得的新的福利。但是请不要庆祝宪法的成功。宪法和同性婚姻完全无关。”〔1〕

从罗伯茨大法官的反对意见来看,在美国联邦宪法中确实难以发现对同性婚姻问题的规定,宪法也未将拒绝承认同性婚姻认定为一种违宪行为。那么保护同性婚姻宪法立足点在哪里?对这个问题,可以从宪法精神和法律整体性上入手。首先,美国宪法的最初设计称得上是一次共和国试验,共和国缔造者试图用宪法构造一个人人平等、人的生命、自由、追求幸福的权利不受剥夺的世界。〔2〕其目的是“建立一个最终由大众控制的政府”。〔3〕美国成文宪法的有效性也正是源于主权在民思想。随后,在“马伯里诉麦迪逊案”中确立的司法审查制度让宪法成为保护个人权利的力量。这样,宪法框架下的国家既通过立法权实现大多数成员所代表的利益,也通过司法权保障少数人的单一权利。其次,法律的存在意义在于以宪法为基础保持整体的前后贯通,并最终服膺于宪法目的。在立法上的表现是,法律的制定需以宪法为界,普通法律不能超越宪法规定的原则;在司法上的表现是,法官通过司法裁判主张某一权利时,既要符合先前的判例,也要符合宪法保护个人自由、平等的原则。这些宪法基本精神和原则为个人保障自己的权利提供了最基本的支撑。

然而,宪法缔造者们难以管理未来社会,如霍姆斯法官所言:“我们在

---

〔1〕 Obergefell v. Hodges,576 U. S. slip op. 29(2015).

〔2〕 这一点在美国建国文件《独立宣言》就有直接体现:“我们认为下面这些真理是不言而喻的:人人生而平等,造物者赋予他们若干不可剥夺的权利,其中包括生命权、自由权和追求幸福的权利。为了保障这些权利,人类才在他们之间建立政府,而政府之正当权力,是经被治理者的同意而产生的。”

〔3〕 [美]克里斯托弗·沃尔夫:《司法能动主义——自由的保障还是安全的威胁?》,黄金荣译,中国政法大学出版社 2004 年版,第 8 页。

处理像美国宪法中规定的这些文字时,我们必须认识到。现实生活是流变的,即使再伟大的制宪者也无法完全预见这种变化。"[1]伴随时代发展产生出很多新的权利诉求,如跨种族通婚、自由通婚等,同性婚姻更是20世纪中后期,伴随民权运动才催生出的权利诉求。在面对新的权利要求时,宪法语言的高度抽象性、概括性为法官提供了很大的解释空间,同时通过增加宪法修正案也使宪法能更好地适应新的环境。

在美国宪法条款中,给予公民权利支持最多的是联邦宪法第十四修正案,该修正案规定:"任何一州,都不得制定或实施限制合众国公民的特权或豁免权的法律;不经正当法律程序,不得剥夺任何人的生命、自由或财产;在州管辖范围内,也不得拒绝给予任何人以平等法律保护。"这一宪法修正案在1868年通过,最初旨在解决南北战争结束后的奴隶问题,却成为日后美国人民追求平等权利最有力的法律依据。联邦宪法第十四修正案甚至被称为"第二次制宪",足见它对美国宪法精神的体现。推动废除种族隔离的布朗案(1954年)、实现美国跨种族通婚的洛文案(1967年)以及实现美国堕胎合法化的罗伊案(1973年),都是以联邦宪法第十四修正案中的条款为法律依据。同样,这次的同性婚姻合法化问题,联邦宪法第十四修正案再次成为自由和平等的守护神。在这里,我们还是难以直接回应罗伯茨大法官的质疑,更确切地说,这一质疑根本无法回答。如同"布朗案""罗伊案"一样,同性婚姻合法化是在自由边界跨出的一步。肯尼迪大法官在奥贝格菲尔案判决中指出:"撰写并通过权利法案与联邦宪法第十四修正案的古人从未假定他们知道自由的界限,因此,他们为后人留下了一个章节,以便我们按自身所理解的方式去保护全体人民享受自由的权利。每当新的洞见揭示宪法所保护的核心与已被认可的法律束缚之间的冲突时,对于自由的主张变得以阐释。"[2]同性婚姻合法化是否符合宪法本意,或许难以回答,但这一目的的实现源于宪法的支持是毫无疑问的,这是美国宪法精神[3]的体现。如同格斯特曼所言:"尽管对法律平等之目标有着一致性的认同,但

[1] Missouri v. Holland,252 U. S. 416,433(1920).

[2] Obergefell v. Hodges,576 U. S. slip op. 11(2015).

[3] 这也显示出美国宪法的"超稳定性",原来的宪政原则和实践不断收到挑战,其内涵不断被重新界定,新的宪政原则就衍生发展出来应对新历史条件下的问题。参见王希:《原则与妥协:美国宪法的精神与实践》,北京大学出版社2000年版。

宪法文本之外的具体价值让这一目标变得更有追求意义。”[1]而这也体现出美国宪法所具有的一种政治承诺，那就是，隐私范围内的个人自由应被予以最大限度内的保护。

（三）同性婚姻合法化斗争的权利武器

肯尼迪大法官依据联邦宪法第十四修正案平等保护条款再次为自由划界，承认婚姻制度包含同性婚姻，并宣布同性婚姻在全美合法化。我们高呼自由的胜利，赞许在美国宪法浸染下的法官所具有的司法公正精神。这也让我们思考同性婚姻的权利来源。在美国社会中，权利一直处于话语中心位置，任何一个社会问题、政治问题都会转换成为法律问题，而法律问题最后往往最终回归到权利概念上。权利来源是美国政治永恒的讨论话题。在联邦党人看来，权利来源于天赋或契约；在霍姆斯大法官眼里权利是经验的结果；而罗尔斯则以权利为核心阐释正义原则等。这些理论是美国人追寻权利的有效支撑，从书本走到生活，权利演化为具体利益之争。在历史发展纬度下，权利是一个不断扩展的具体概念，上帝、自然实体化为国家、政权，权利不再是一个虚化的口号，而是一个动态发展过程，暗含着无尽的斗争。从平等选举权到跨种族通婚，这些权利都是斗争的结果。恰如耶林所说，不管是国民的权利，还是个人的权利，大凡一切权利的前提就在于时刻准备着去主张权利。[2]

同时，要权利就要有资本，没有议价资本就争取不到权利。同性婚姻合法化不是自发的结果，背后有着斗争双方几十年的相互较量。组织游说、党派支持、集会游行等，这些力量给予同性恋群体展开争斗的资本。而再探寻这些力量背后的资本，会发现它们来自已有的法律权利。

美国第一宪法修正案规定，国会不得制定关于下列事项的法律：确立国教或禁止信教自由；剥夺言论自由或出版自由；或剥夺人民和平集会和向政府请的权利。现代同性恋运动开始后，同性恋在多方面组织力量，向社会发出自己的声音，如出版刊物、游行示威、游说议会、向法院提供意见书等。言论自由、集会结社自由让同性恋群体能够结合起来，以其本来身份出现在公众视野下，塑造同性恋积极正面形象，表达自己的权利诉求，让人们注意到

[1] Evan Gerstmann, *Same-Sex Marriage and the Constitution*, Cambridge University Press, 2008, p. 103.

[2] 参见[德]鲁道夫·冯·耶林：《为权利而斗争》，胡宝海译，中国法制出版社2004年版，第1页。

他们是一个需要得到社会认可、法律保护的少数人群体。事实上,这些行动也取得了很大成果,如纪念“石墙事件”而产生的同性恋游行,成为“同志骄傲游行”,其影响波及全球。这些努力让同性婚姻逐渐被民众接受,2015年盖洛普的一次民意调查显示,58%美国人认为同性恋有结婚的权利。[1]

普遍的选举权让同性恋这一少数群体成为不可忽视的选举力量。拥有一定人口数量使同性恋群体成为政党选举争取的对象。1980年民主党全国代表大会通过一份声明,宣布他们支持同性恋权利,声称:“所有群体都不能够被歧视,无论这种歧视基于种族、宗教、国籍、语言、性别还是性取向。”属于民主党的奥巴马、希拉里都支持保障同性恋权益,赞成同性婚姻。尽管人数不多,但在政治上活跃的同性恋群体同样是选举中的有利资源。正是美国法律赋予公民自由的集会、结社权利,使同性恋者能够联合起来向政府、社会发出声音,手中的选票能够使其声音被倾听。没有自成的权利,同性婚姻合法化的实现是同性恋群体以宪法之下的权利为资本,同政府对抗和斗争的结果。

结　语

经过曲折的斗争历程,同性婚姻在美国实现全面合法化。在一片反对声中开始,以多数人的祝福结束,同性婚姻合法化向我们展示出美国价值观念变迁。通过这一历程,我们也可以一窥美国政治权力框架下对少数人权利的承认。从中能够得出以下几点结论。

第一,少数人权利的实现离不开多数人的承认。在对待少数人权利上,多数人展现出双面性。当少数人权利诉求首次被提出时,多数人为维持现有权利格局,会极力压制少数人的诉求。当这个权利诉求被普遍认可的时候,我们会惊奇地发现,多数人是支持的。[2] 从长远来看,多数人的同意设定着权利的外部边界。

第二,法院仍是保护少数人权利的可靠力量。离开法院,美国同性婚姻合法化的实现只能是一个权利幻想,法院的“披荆斩棘”让这一想象变为现

---

〔1〕 参见 http://www.gallup.com/poll/1651/Gay-Lesbian-Rights.aspx,最后访问日期:2018年10月25日。

〔2〕 同性婚姻合法化就很好地体现出这点,皮尤研究中心(Pew Research Center)调查统计显示1996年民众赞同同性婚姻的为27%,而到2015年这一比率达到54%。参见 http://www.pollingreport.com/civil.htm,最后访问日期:2018年10月25日。

实。“反民主”的司法机构成为平衡多方利益、保护少数人权利以及推动社会进步的主要政治力量。而拥有最高司法权威的联邦最高法院通过司法审查掌握了政治上的主动性,从而使同性婚姻在整个联邦实现合法化。

第三,婚姻理念是不断进化的。回顾美国历史,即使是传统观念下的异性婚姻制度也是不断发展的结果。在1967年的“洛文诉维吉尼亚案”(Loving v. Virginia)中,最高法院依据平等保护原则认定维吉尼亚禁止不同种族之间通婚的规定是违法的,跨种族通婚的禁令才被打破。[1] 随后的“杰布罗基诉罗德海尔案”(Zablocki v. Redhail)、[2]“特纳诉萨里夫案”(Turner v. Safley)[3]则将婚姻权继续扩展。通过这些案件,婚姻属于公民基本宪法权利属性受到社会的普遍认可。冲破国家权力干涉,让婚姻回归到个人意思自治领域是现代民主社会发展的基本理念,同性婚姻合法化的实现也是这一理念发展的结果。

---

〔1〕 Loving v. Virginia,388. U. S. 1,87 S. ct. 1817(1976).

〔2〕 美国威斯康星州规定:有未成年的、需要监护的子女,或者法庭判决应该由其支付未成年子女赡养费的居民在没有得到法律允许下的情况下不能结婚,通过罗德海尔案这一禁令被判决违宪。See Zablocki v. Redhail,434 U. S. 374434 U. S. 374,98 S. Ct. 673(1978).

〔3〕 美国监狱法规规定服刑人员禁止结婚,联邦最高法院判决这一规定违宪,囚犯拥有与平等的结婚权。See Turner v. Safley,482 U. S. 78,107 S. Ct. 2254(1987).

整全的追寻与开放的结构

——从哈特观点的内在矛盾引入

◇赵红豆*

倘若不能鉴别出下述两种不同类型的陈述之间的关键性差别，就不能理解法律，亦不能理解任何其他形式的社会结构。我将这两种陈述分别称为“内在的”(internal)陈述和“外在的”(external)陈述。无论何时，只要社会规则能够被遵守，这两种陈述就能够被满足。

——哈特《法律的概念》[1]

采取参与者的内在观点，试着透过加入那个实践，并且同参与者所面对之有效性与真值问题缠斗，来掌握法律实践的论证性特质。

——德沃金《法律帝国》[2]

对法律人来说，最魂牵梦索的问题莫过于“法律是什么”。从早期自然法论者将这一问题的终极答案撤退至“逻各斯”的世界，到近代以来实证主义者提出“法律就是法律”的口号，思想家们从未怠于回答该问题。正如现代哲学所彰显的那样，答案总是在一问一答的语言对话中得到进一步的暴露与显现。20世纪后半叶法理学界的数次论战，证实了这种步伐未曾停止过，也不会停止。但可惜的是，我们似乎只闻到了硝烟，却不知炸药在哪里被引爆了；我们似乎只欣赏到一曲“梦”的圆舞曲，却未曾领略到梦已在实践这条路上了。本文的分析从“梦”开始，却不以“梦”结束。

---

* 无锡国联证券法务专员，法学硕士。

〔1〕［英］H. L. A. 哈特：《法律的概念》，许家馨、李冠宜译，法律出版社2011年版，第1页。

〔2〕［美］罗纳德·德沃金：《法律帝国》，李冠宜译，时英出版社2002年版，第15页。

一、局内还是局外？

在一场对美国法理学界思潮评述的讲演中，哈特针对美国法理学界从司法过程到裁判个案——法庭借助什么以及如何处之，法庭如何以及应当如何推理——进行理论分析的特征，将诸思潮的研究成果形象地分为“噩梦”与“美梦”。[1] 所谓“噩梦”是指，尽管诉讼当事人认为，就所争议的法律事实，法官应当援引既存之法律，但在司法实践的实际运转过程中，尤其涉及疑难案件时，理论界认为法官对这一状态的处理往往是选择创制新的法律，即司法过程使法官成为隐秘的立法者。而相反的另一极——“美梦”，则强调无论何种司法形式，法律人对法律只有一个信念：“忠诚”。法官适用于现有法律案件的只会是既存之法律，而非另立新法。在案件审理过程中，不同的司法法律适用态度。或者说，法官对法律的认识，便构成了“噩梦”与“美梦”的基本区分。此时，我们得以追问哈特自身究竟处于何种梦境中。

（一）站在局内的哈特

在《法律的概念》开篇，哈特强调该论著是描述社会学性质的。[2] 通过“深化对语词的认识，来加深我们对现象的认识”，正如各类型的社会情境或社会关系之间，有着许多重大但并不昭然若揭的差别，但以语言用法为考察对象，却可以将这些差别以其特有的方式展现出来。同理，在对法律进行认识时，语言用法的考察就成为哈特自身走向法律认识的路径。

为何会选择语言作为分析路径？在此以哈特的“抢匪情境”为例——这里通过其牵扯的一组关键词“被强迫的”“有义务的”来展开对法律的理解。在“抢匪情境”中，甲命令乙将钱交出来，否则甲将会射杀乙，此时乙对甲是负有义务交出钱财，还是乙仅仅被强迫而无义务呢？对此的回答一定是，乙是被强迫的，无关义务。如果将此情形放大至一般情形，甲作为立法机关发布了一项征收税收的法令，作为一般公民的乙，还依旧会认为是被强迫的吗？显然，公民乙会得出如下的结论：这是义务，若违反该法令则存在遭受强迫性惩罚的可能性。我们发现公民的回答中暗含了“某项规则”的

---

〔1〕 参见［英］H. L. A. 哈特：《法理学与法哲学》，支振锋译，法律出版社 2005 年版，第 129 页。

〔2〕 参见［英］H. L. A. 哈特：《法律的概念》，许家馨、李冠宜译，法律出版社 2011 年版，第 2 页。

存在。在规则里,公民感到自身受到拘束,犹如公民与立法机关签订了契约一般。这将来的、可能的强迫性惩罚,当然可以通过各种各样的方式规避,如行贿执法者等。但无论如何,对惩罚的逃逸并不意味着规则的消失:避免了惩罚,但避免不了义务。法律义务展现的便是这种法律规则,强迫只是从外在的视角观察法律而已。对这组法律语词的分析,实则已经进入法律的内部视角,作为法律的参与者来得出法律的真正命题。正如哈特所言:"就这种观察者(外部)而言,群体中某成员对于正常行为的偏离,将只是敌对反应可能随之而来的征兆,而且仅止于此。"[1]观察者陷入了行为规律的考察,却忘记了为何遵守规律,正如他们知道红灯亮时,只是知道交通可能会停止,却不曾领会为何停止。在法律的内部视角中,不再只是观察法律,而是在参与法律、实践法律,进入法律游戏中。

视角的转变,依照哈特的思路,意味着法官在审理诉讼案件时,会以参与者的立场领会法律规则的意义,而这样的意义也会在法律的语言游戏[2]中显现。若始终以内在视角来实践法律,法官会相信法律自身便是一张严密之网,而法官也不会成为隐秘的立法者。但哈特真的会如此坚决吗?

(二)站在局外的哈特

如果说语言游戏是一个封闭的意义系统,那么哈特展开"法律的开放结构"论述便是与它的"美梦"立场针锋相对。哈特又认为法律的意义的传递,依靠的是一般化的行为标准,[3]如果没有行为的一般标准,我们生活之

---

[1] [英]H. L. A. 哈特:《法律的概念》,许家馨、李冠宜译,法律出版社2011年版,第81页。

[2] 语言游戏出自维特根斯坦的《哲学研究》。笔者无意就维特根斯坦的语言哲学作出阐述,为了便于理解此处的哈特的内在视角,故在此予以说明。语言游戏是指语言和活动编织在一起整体性的活动。游戏有两大特点:一为游戏自由自在而无目的约束,二为游戏要遵从一定的规则。维特根斯坦使用这一术语想表达出"意义即使用"的观点。在《哲学研究》中写道:"但'五'这个词的含义是什么?——刚才根本不是在谈什么含义;谈的是只是'五'这个词是怎样使用的。"(参见[英]维特根斯坦:《哲学研究》,陈嘉映译,上海人民出版社2001年版,第4页。)再如,对"一堆米"进行理解,究竟多少粒米在一起才可以称为"堆"呢,或许我们永远无法知悉,但这是否影响我们知悉"堆"这个的意义?进入语言游戏中的我们,当然会知道如何使用它,那么也就知道它的意义是什么,因为意义即使用。故而,如果我们进入到法律游戏中,我们知悉规则的意义则不一定是指物命名(其本身也是一种游戏),而是我们在实践规则中已然获取的规则的意义。以内在规则视角参与法律,实则就是进入语言游戏中。

[3] 一般行为标准,是指哈特教授从外部视角来看待法律,法律此刻表现出的便就是一条条规则。

中便不可能有“法律”存在。

法律的意义的传输在哈特看来有两类：一为最大意义上使用一般化分词词汇，即立法；二为最小意义上使用一般化分类词汇，即判例。判例制度被认为具有天然的不确定性，因为判例的细节总是无法穷尽。假定有一规则是“进入教堂要脱帽”，此时如果你的前例是右手脱帽，那么你便会犹豫左手脱帽是否正确。而一般立法例，虽较判例有所改观，但一般立法条文的语言天性注定存在边沿地带的模糊性，即便可以解释，但得到的解释本身依然存在模糊。为此，哈特不禁感叹道，“这是人类困境的一个特征，因为我们是人，不是神”，[1]这便给哈特“缝中立法”的学说留下了一道口子。为了强调论述的合理性，他还列举了“公平费率”“合理的注意义务”等其认为充满法官立法的例子。

但回顾这段分析时我们发现，此刻的哈特却悄悄转向了法律的外在观察者视角，背离了其作为法律参与者的立场。依赖于判例细节杂多和一般立法语言的边缘地带的观察，他断言法律意义的显现必定会有缺陷。可这一结论恰与前述相反。正是基于此点，哈特更是公开反对如下的论调：“法律是一个自洽的体系，它绝不可能是完整的，并且它已经内涵了对所有问题的答案——哪怕是最为棘手的疑难案件也是如此。”[2]

通过简短的分析，我们发现哈特既坚持以内在视角来参与法律游戏，又坚决认可观察者立场对法律规则的认识，得出“法律是初级规则与次级规则的结合”的结论，[3]这恰好体现了他在“美梦”与“噩梦”之间不断徘徊。在两种梦的视角的巨大张力面前，哈特的法律观陷入了不可自拔的矛盾中，这成为德沃金开启一段新的梦的旅程探索的出发点。

二、整全法律观的追寻

当哈特从“美梦”转向“噩梦”，背离自己的法哲学立场时，德沃金敏锐地紧紧抓住这道口子，并向前者发起了猛烈攻击。当然，他的攻击不是一蹴而就的，正如其“哲学诠释学”立场所展现的思想方法一样，只有在不断循环理解中，哈特问题才会被诠释得更明晰，对“美梦”的阐释也更周延。因

[1] [英]H. L. A. 哈特：《法律的概念》，许家馨、李冠宜译，法律出版社2011年版，第117页。

[2] [英]H. L. A. 哈特：《法理学与法哲学》，支振锋译，法律出版社2005年版，第121页。

[3] 参见[英]H. L. A. 哈特：《法律的概念》，许家馨、李冠宜译，法律出版社2011年版，第72页。

此,接下来我们尝试将德沃金前后看似不一致的解答以一种融贯的循环立场来展开。

(一)一张严密无缝的网

哈特的语词用法“核心”与“阴影”[1]的区分或者说发现,引出了德沃金的“疑难案件”之说。承接上文哈特的理解,阴影部分预示了法律意义的多元,法官唯一可以选择的破除方法就是成为“隐秘”的立法者,在“缝中立法”处凭借自身的道德水平和法律经验完成当事人法律权利的界定与承认。

但就哈特的分析来看,是否造成了“权利”与“法官权力”的脱离?法官的权力源于法律的赋予,而法官自身又给自身立法?这是否直接造成了权利与民主的冲突,在法治大厦之地基处埋下了一颗定时炸弹?当事人的法律权利直接变成了法官的“恣意之作”。换言之,当事人的权利只是法官的个人设定,当事人自身的权利已不再有确定的基石。在此,德沃金将法官权力的现状归结于哈特的法律规则说,并抛出自己的法律原则来织就一张严密无缝之网,由此破解哈特的“自由裁量权说”。

“原则,它应该得到遵守,并不是因为它将促进或者保证被认为合乎需要的经济、政治或者社会形势,而是因为它是公平、正义的要求,或者是其他道德层面的要求。”[2]正如德沃金的定义,原则已不再是具体法律规则,而是法律内在的精神因素。如在疑难案件中,司机甲开车撞上司机乙,致使交通堵塞,丙因此未能赶上自己的航班,造成自身的一系列经济损失,丁未能准时赴约而与恋人分手招致精神痛苦(以下简称交通肇事案)。[3] 翻看各国民法典皆无相应规则,那么此类案件当事人是否就一定无法救济呢?显

---

〔1〕[英]H. L. A. 哈特:《法理学与法哲学》,支振锋译,法律出版社2005年版,第86页。

〔2〕[美]罗纳德·德沃金:《认真对待权利》,信春鹰、吴玉章译,上海三联书店2008年版,第42页。

〔3〕这类案件在民事法律纠纷中统称为“纯粹经济损失的侵权救济案件”,纯粹经济损失不属于传统民法上人身权利、财产权利这一类,而是对权利外的财产利益。但是,财产利益在传统民法中因为侵权对象不确定、受害主体的不确定在很长的历史之中都是被排除在救济范围之内,乃至今天的英国法在这一点上态度依旧模棱两可,可是在世界范围内在司法领域内却不断取得突破。一方面,由于就法益保护在客体上的区分不再是那么严格(这一点与本篇文章的观点衔接处便是权利与利益在更高阶位上被统一称为损害,这在法国法与中国侵权法等立法例中皆有展现);另一方面,法官就损害的救济手段也在不断地提高,“可预见性”(这主要为英美法概念)或者“相当因果关系”(这主要为德国法概念)是法官目前思考最多的角度。

然不可轻易将此类案件驳回,因为在裁量侵权案件中,法官心中有一条基本法律原则——“有损害就有救济”。[1] 问题是,如何救济?救济的条件如何成就?在本案中牵扯“当事人的可预见性”[2]这条法律原则。这条原则不会出现在各国立法文本中,但法官却可以在规则中挖掘。

原则之于法律的重要性在这则交通肇事案中体现得尤为明显,但解决“核心”与“阴影”的关键性的分歧便出现了,即“原则是法律的一部分,还是我们把原则当作法律的一部分?”原则若为法律的一部分则意味着法律包括了原则与规则,原则也由此获得法律上的约束力,使法官与当事人必须遵守原则。而如果仅将原则当作法律的一部分,这就直接表明原则是法律之外的超法律准则,法官是否将其适用于法律案件,仅是因为法官个人的自由裁量权而已,[3]原则本身对于法官则不具有约束力。在此情形下,法律刚刚编织的一张严密无缝的网便在这一分类中被划破。那么值得追问的是,原则是法律的一部分吗?除非承认法律原则对于法官是有约束力的,否则德沃金的论述只能归于失败。

原则不能作为法律的一部分,主要有两点反对意见。一为原则本身不具有约束力。这种观点本身是不成立的,因为一个规则是否有约束力不等于是否一定要遵守它,正如上述交通肇事案中,就最后的赔偿与否必定会在诸多法律原则中考虑到其中的一个或多个,而如果法官只是考虑其中的一个,并不意味着其他原则不发生作用。二为原则不能决定一个特定的结果。如果说规则意味着假定条件、行为模式、法律后果的一体,那么一个相应的法律规则指向也将是特定的法律后果,在此精确意义上法律原则确实是有所欠缺,也不可能做到。但原则的运作方式不在于此,而是为判决的作出引出某一方向。[4] 诸原则之间在个案中体现为不同的分量与重要性,那么在

---

〔1〕 这条法律原则实则为亚里士多德的补偿正义观的体现。

〔2〕 可预见性,是指当事人之间利益公平分配的法律原理,在此处主要的意义在于断定哪些赔偿范围是当事人在侵权时应当可以预见到的,而这直接关系到可赔偿的范围。

〔3〕 德沃金将自由裁量权分为两种。一种为强意义的自由裁量权,指没有确定规则的约束直接去作出判断,如此处司法裁判中法官认为此处法律没有相应的明确规定,法官便可依据的自己的公平正义理念或者其他,直接作出判断。另一种为弱意义的自由裁量权,即存在相应的规范意义的标准而作出判断,如上士命令中士挑出五个有经验的兵去巡逻,中士如有经验便可自行判断。德沃金此处主要反驳的是实证主义的强自由裁量权,因为弱意义的自由裁量一般是不可避免的。

〔4〕 参见[美]罗纳德·德沃金:《认真对待权利》,信春鹰、吴玉章译,上海三联书店2008年版,第59页。

不同原则的相互竞争中确实能够昭示法律判决有可能的指引方向。

我们还可以换个角度来理解原则是法律的一部分。在大陆法系国家,原则已不断开始从隐藏于法律条文背后走向法律条文中,例如,中国的各式民事特别规范,无一不在法典开篇将其列明并作为后述法典规则的基石。在判例法国家,也通过判例挖掘出引人信服的基本原则,如上文提到的“预见性规则”“过错推定”等。

然而,法律原则理论的复杂使德沃金教授不得不借助于希腊的大力神赫拉克勒斯来解决,试图利用其超人的技巧、学识、耐心、聪慧来织就一张严密无缝的法网,让法官权力在法律框架内运行。然而,这自洽的法律体系“美梦”是否真的可以织就完成?原则论的提出虽在一定程度上动摇了实证主义的诸多观点,但有几个问题在这一阶段并未得到实质性的解决:原则本身是什么?原则从哪里来?原则与法律的关系是什么,为何原则使法律成为自洽的体系?如果说在德沃金看来,哈特持有的观点是“法律是规则”,那么德沃金对于法律的认识似乎仅止于“法律是原则”。虽然前述问题尚未得到解决,但是其探索一定程度上构成了德沃金的前理解,而对于这些法律问题的进一步追问也进入了下一循环。

(二)作为整全的法律

1.“语义学之刺”

如果说上文对于哈特问题的解析还留有遗憾,那么这一次的循环则首先意味着对问题本身的再反思。语言的模糊地带此次被德沃金直接称为“语义学之刺”,而对此问题的再回溯也就指向了更为基本的问题,即法律争议的根本开端源于何处?正如一般法律案件的争端所显现的三种可能:事实的、法律的、道德忠诚的。事实问题的审查一般交付于程序调查,而道德忠诚给予舆论以压力,留给法官自身的往往就是法律本身的纠纷。德沃金将此纠纷分为两类,即法律的经验争议与法律的理论争议。[1] 换言之,一个是法律文本等“说什么了”,另一个是它们“说了什么”。经验争议的解决之道转变为法官就法律文本的有无是否达成一致,而理论争议的根据则是如何看待法律文本散发的意义。

“语义学之刺”,典型的表现即上文哈特所谓语言的核心与边缘分类说。在法律语言的核心之处,我们彼此可以形成某种共同标准,而边缘地带

---

[1] 参见[美]罗纳德·德沃金:《法律帝国》,李冠宜译,时英出版社2002年版,第5页。

则带有语言特有的模糊性。这种模糊性由于不属于法律语言的共识——这意味着不属于法律文本范围之内——则理应交由法官自由裁量。此时,法律的争议便只能是经验性争议,法官只需就核心意义查看是否有清晰的法律条文即可,若不存在则归属于法官的"立法权"范围,也就无所谓"理论争议"。但这与"我们之所以关心法律,不仅在于我们用它来达成我们的目的,不论自私或崇高,而在于法律是我们构造最清楚与意义最深远的社会制度"[1]的本意冲突。换言之,倘若不清楚法律语言的所谓"边缘意义",我们如何知道并确认核心意义,这一无可回避的问题无法解答,预示着核心意义与边缘意义的区分本身就成为一个伪命题。那么,形成各式各样逃避显示法律意义的真正问题在何处呢?如果我们否认了法律的共同标准,那么对于法律文本意义的揭示似乎就会陷入虚无(法律虚无主义),似乎如果法律没有"核心"意义,那么法律就陷入一堆杂多中。可这与我们经历的事实完全悖反,因此,我们不得不去寻求拔出"语义学之刺"的方法,而这也就意味着我们需要寻求这样的方法——如何真正显现法律的意义。

2. 法律游戏与章回小说

文本意义的揭示是20世纪哲学诠释学[2]的主要工作之一,为正确理解德沃金教授的观点在此仅作简要铺陈。海德格尔曾经为了说明如何正确理解世界现象,对人与存在者的交互方式给出了一个非常形象的锤子喻:"用锤子来锤,并不把这个存在者当成摆在那里的物进行专题把握,这种使用也根本不晓得用具的结构本身。锤不仅有着对锤子的用具特性的知,而且它还以最恰当的方式占有着这一用具……对锤子这物越少瞠目凝视,用它用的越起劲,对它的关系也就变得越原始,它也就越发昭然若揭地作为它所是的东西来照面,作为用具来照面。锤本身揭示了锤子特有的'称手'。我们称用具的这种存在方式为当下上手状态。"[3]而"一个符号……就是一件用具,它把某种用具整体明确带入寻视所关注的视野中,以便上手事物

---

〔1〕[美]罗纳德·德沃金:《法律帝国》,李冠宜译,时英出版社2002年版,第12页。

〔2〕哲学诠释学是20世纪现象学的主要哲学流派之一,主要开拓者是海德格尔与伽达默尔。海德格尔在对存在进行讨论时,创造性地将狄尔泰的诠释学理论引入自己关于此在的意义探究。伽达默尔师承海德格尔,在海德格尔诠释学本体论转向的基础上,将诠释学理论进一步引向了精神科学领域,强调理解是存在的意义的显现方式。

〔3〕[德]马丁·海德格尔:《存在与时间》(修订译书),陈嘉映、王庆节译,熊伟校,生活·读书·新知三联书店1999年版,第81页。

的世界性特征随之显露出来"。[1] 在我们处于上手状态时,事物的自身整体的全部意义便会向我们涌现。当我们以某种具体的方式筹划世界(此处可理解成文本),那么它也在筹划着我们自身。[2] 而此刻显露出上手状态就在于传统的主客二元[3]的哲学认识体系的崩塌,能够理解意义在于我们与存在者本身的融通。

伽达默尔将这样一种状态描述为游戏。[4] 游戏只存在于主体与客体的统一中。当处于游玩时游客不再是主体,而客体也非客体时,游戏自身的乐趣与规则的真正含义才会向你显现。如果你不进入游戏,也就无法领略游戏中的乐趣,而如果你不存在,游戏自身也不会存在。也就是说,游戏为游戏者而存在,[5]而游戏自身的含义与乐趣也是通过游戏者自身表达出来的。

我们对法律文本的意义的揭示,就好像在进行一场法律游戏,游戏者是法官,而法律的意义就在法官与文本之间的游戏互动中显现出来。不是法官在认识法律,而是法律文本的意义通过法官释放出来,二者在这样的互动中摆脱主客二元对立所固有的神秘主义与怀疑主义,而法官在此方式上才

---

[1] [德]马丁·海德格尔:《存在与时间》(修订译书),陈嘉映、王庆节译,熊伟校,生活·读书·新知三联书店1999年版,第90页。

[2] 参见[英]马尔霍尔:《海德格尔与〈存在与时间〉》,亓校盛译,广西师范大学出版社2007年版,第61页。

[3] 主客二元体系划分,实则也就是近代自笛卡尔主体性的发现以来,留下的一个认识论的天然沟壑。主体性的发现首先意味着主客二元的分离,进而主客二元若是能够发生意义上的联系,就需要科学认识论的产生。那么,认识论上的两种怀疑主义则是认识论永远随影随行的宿命者。外在怀疑论,这个问题首先开拓的有贝克莱,外在实体我们永远不可知,外在于我们自身的我们如何知晓?我们又如何能够穿透我们那层主观进入到外在于我们的"世界",它与我们之间永远有道深渊,为此休谟总结道:那只是留在我们心中一些印象与知觉而已。内在怀疑论,首先是我们如何知道别人的思想,我如何穿透他人的血肉之躯获取他人的认知;其次,进行认知主体的"我",在休谟那里也被彻底地抛弃,因为我们感受到的知识一个个具体的感觉、情绪等,背后的精神实体是人为杜撰的。认识论的怀疑论最终导向康德的先验认识论,在认识主体画出了一个先验主体,而世界二分为物自体和现象界。这在一定程度开始了主客融通的探索。虽然康德的认识论调和了经验论与唯理论,认识变成了自身为自身立法,一切认识似乎从外在世界转入内在意识领域,但是这种开启具有现象学意味的开启,却还是有诸多问题的存在。如物自体的神秘性,在概念与直观的连接处的时间神秘性。经过胡塞尔、海德格尔的深化,彻底打开了这样一座主客融通的大门,以摆脱近代认识论以来的怀疑主义。

[4] 此处伽达默尔也是借鉴了维特根斯坦的"语言游戏",虽然二者稍有区别,但有一点却是共同的,即双方此刻都是立足于本体论上的讨论。

[5] 参见张汝伦:《二十世纪德国哲学》,人民出版社2008年版,第525页。

会真正领会到法律意义,法律诠释不再是过去强调诠释方法的技术性,而是法律本身就是以诠释的面貌开放出来,法律在这一次又一次的诠释实践过程中完善着自身。换言之,从方法论向本体论过渡。那么法律的意义是如何被诠释出来的呢?在具体法学实践中又如何摆脱"语义学之刺"?

德沃金基于其始终坚持的法律实践的内在视角而给出的裁判纲领是,"面对法律文书沉默无语、暧昧不清或者模棱两可,法律如何命令?……法律推理是建构性诠释的一种运用,我们的法律存在于我们整体法律实践的证立,它存在于是这些实践尽其可能成为最佳的叙事之中。"[1]这个最佳叙事过程,被形象地比作"章回小说","一群小说家撰写一部小说,连环中的每一位小说家,为了撰写新的一章,他必须诠释被给予自己的那些章节,而新的一章就添加到下位小说家所接收到的篇章中,并以此延续下去。每位小说家都负有这项任务,即在尽可能使小说最佳地被构建出来的前提下,撰写自己的章节"。[2] 法律文本的意义因为小说家的每一次撰写又再度开放,文本的意义也因为每一次的书写而愈加丰富。那么,法官如何在既有的文本意义下书写新的一章呢?又如何知道他将作出最佳的判决?

3. 诠释学循环与原则

正如前文提到的"脱帽"事例,个体都会遭遇到"脱帽"这一礼仪行为,当我们在机械地重复这一规则时,似乎回避了"脱帽"这一行为的其他含义。直至某一天,我们似乎会突然忘记对某人"脱帽"行礼。我们便会再次反思,这礼仪究竟意味着什么,而刚才的忘记是真的忘记,还是我本就不该去做?首先,我们在每一次的摘帽、脱帽时,无疑处于一种"上手状态"。换言之,"处于一种礼仪的游戏"中,在我们遭遇忘记脱帽之前,实则对每一次脱帽的行为都有理解,这就是"前见"或者"诠释前阶段"。其次,在进入下一次行为或展现下一次可能时,即此处的没有脱帽行为,我们实际上已经理解了我们要做的行为,此亦"诠释后阶段",而这两次行为之间展示的便是一种诠释或者说理解。在中间的诠释阶段,我们自身就脱帽行为会产生一系列的思考,如为什么一次又一次脱帽,它向我们显示的什么,是尊敬?是习惯?还是虚伪等?在作出决断后,[3]我们便这样做了。可是,诠释的过

---

[1] [美]罗纳德·德沃金:《法律帝国》,李冠宜译,时英出版社2002年版,第16页。

[2] 同上书,第237页。

[3] 此处的意思,实际就是德沃金所说的创造性诠释。

程不会就此结束,我们会在不断的脱帽行为中反复诠释,不断思考脱帽行为向我们彰显了什么,直至再次达到真正的“上手状态”。在这一不断的循环中,脱帽实践的诠释学意义在不断向我们彰显而达成某种状态,这就是诠释学循环。正如上文提到海德格尔所言及的,脱帽的整体性含义就在这一过程中彻底显现。

现在让我们重新回到“章回小说喻”。当我们面对一部成文法,或者一则判例时,作为小说作者的法官,如何才能写出最佳的故事情节呢?正如上文“上手状态”的揭示,法官不再是发明法律,亦非发现法律,而是根据法律文本向我们显现的意义促使他只能这么做。为何这么说?首先,法官不可能发现法律,发现法律犹如寻求作者的原意,但从法律本身来看,如习惯法,其并非立法者自己制定的杰作,而是对人类行为习惯的整理与总结,若是一定要追求作者原意,恐怕只能由自己“矫揉造作”。如果是制定法,对于在民主制下的立法机制,探究制定法律议会委员的每一位心证,无疑是一个不可能的工程。而在法律诠释过程中,文本的原初意义〔1〕并非不重要,正如我们解读《法律帝国》,不可能将它理解成《法律的概念》一样。但我们真正理解到的是法官与文本中交互而成的意义显现。其次,这也不可能是发明法律,如果我们进入到法官的立法时刻,不就意味着法官抛弃了法律文本?而法律文本对法官的权力来说只是一纸空文罢了。最后,在这一不断循环的诠释过程中,法官感受的文本显现出可能不止一种意义(当然这意义被德沃金称为原则〔2〕),那么这是否意味着,形成最佳解是不可能的。法官只可能下一次笔,只能写这一版小说。德沃金明确指出,我们不可以混淆原则矛盾与原则竞争,原则矛盾意味着我们在与文本的不断循环后,意义显现

---

〔1〕 笔者原意在伽达默尔处理解成历史性的“偶缘性”。

〔2〕 参见[美]罗纳德·德沃金:《法律帝国》,李冠宜译,时英出版社2002年版,第234页。当然,此处有一点需要说明,德沃金在阐释原则时,我们不是发现任何历史上特定个人或团体目的,而是强加目的于被诠释的文本、资料、传统。创造性诠释的特征在于此处的诠释基本结构。这似乎与“上手状态”的意思相悖,其实不然,哲学诠释学此刻的哲学背景已不再是主客分离,而是在这整体性、融贯性中开启。在这一状态中,我们在不断领会这个世界,筹划自身的同时,实则世界也在筹划着我们。比如,上文中所提到的锤子,我们之所以可以在不自觉的情况下使用锤子,锤子向我们涌现的不正是那些我们能够理解的锤子的功能、性状、与被捶打物的关系等。换言之,此处我们说是我们将目的、原则等强加到文本之上,那又何尝不是锤子将这种目的、原则展现给我们呢?现在将场景转换至法学实践中,我们在与法律文本的实践交互过程中,我们自以为领会的原则等意义,那也正是法律文本通过我们所体现其自身文本意义罢了。

竟然没有共识。而原则竞争则表明,我们在作出最终的决断时,可以在循环中发现最佳。恰如"章回小说喻"所表明的,当下的法官是在之前法官写就的判决书下的续写,那么法官对于前有之判决的理解无疑构成了法官的前有,法官对这些法律判决理解的过程正是"重新占有意义"的过程,使法官再次达成"上手状态",那么,此刻写就的最佳原则不正是作为整全的法律吗?

让我们再回到前述的礼仪状态。我们不断地"戴帽""脱帽",不正如法官在一章章续写着这部章回体小说吗。在法律诠释的过程中,法官与法律文本本身达成了"上手状态"。此刻是否还会有哈特所区分的"核心"与"阴影"?显然不会。

(三)时间之殇

作为整全性的法律提出,赫拉克勒斯又一次织就一张严密无缝之网,这也似乎可以顺利地将哈特留下的那扇门关上。但是,我们却在一组组章回小说的撰写中遗忘了德沃金埋下的一道伏笔——时间。

一项过去制定的法律为何对现在有效力?一则过去的判例为何现在依旧要援用?对这一问题的回答,似乎有一些常识性的答案,诸如法律是议会制定的,是民主程序下的结果,抑或如遵循先例是法官亘古不变的法则,再如这也是法律确定性与预见性的体现,等等。这一切看上去似乎也非常合乎逻辑。但其中的谬误唯有通过立足于基本法学流派才可明晰其真实主张。对此,笔者将从法律诠释学的四个主要对立面来展开论证。

1. 自然法视角的崩塌

对法律是什么的回答,可以追溯到古希腊。先哲们如赫拉克利特的逻各斯的提出、柏拉图的理念本质说的洞察等,都试图阐明在我们生活的背后有一个逻各斯的世界,并认为那个世界是一个真正真实的世界。故法律是什么不取决于法律本身,而是法律背后的应当。对法律是什么的问题,应转换成法律应当是什么,即我们通常意义上所谓的自然法。这一思维传统从远古一直蔓延至今,虽然自然本身的理解产生过变化,如不同的时期各自诉诸自然规律、神、理性等,但其背后对应当的追寻确实始终不曾放弃。故而,自然法的路径意味着形而上学的基本教条的展现,即追寻其背后不变的本质。在这种思维里,时间的概念犹如一道真理检测剂,在时间之光的腐蚀下依旧能够保持不变的,就是本质,亦即真正的法律。法律的概念在自然法领域内,彻底抽空了时间,因为在充斥的时间里,实在法只是真实法律的影子,其自身注定会在时间里走向虚无。这实则意味着自然法是在时间之外,自然法的理念是抛弃时间概念的。

但唯理论的自然法理论在被康德的理性批判后,便彻底归于消解。康德在《纯粹理性批判》之中提出"物自体"与"现象"的分离:"我们知性不能认识像'自在的'、'存在的'之类的事物,只能认识诸如借助感觉显现出来的事物。"[1]知性概念不能直接作用于物自体本身,只能指向经过直观后的现象。故我们可明确获得的知识"除了关于可能经验的对象的知识之外,不可能有任何先天的认识","概念无直观是空的、而直观无概念则是盲的"。[2]这样就将事物背后的本质给消解了,那么一种唯理论意义上的自然法也终究是不会存在的。我们再在传统形而上学上来谈论法律,只能是谬误或者空洞。

我们也可从康德学说的另一个层面来直接论及自然法与时间。康德的先验感性论,将时间与空间作为先验主体的直观形式,即"我们把一切在其中找不到任何属于感觉的东西的表象称为纯粹的。据此,一般感性直观的纯粹形式将在心灵中得以先天地找到,显象的一切杂多将以这种形式在某些关系中被直观。感性的这种纯形式自身叫作纯直观"。[3]自然法在这里便永远进入不了我们的主观内。换言之,对于这样一种称为"自然法"的事物,我们是无法进行谈论的,或许这个世界根本就没有。

由此可见,自然法理论解决不了我们提出的问题,这一不在时间之内的理论已经被彻底消解了。

2. 惯例主义视角的沉沦

惯例主义视角的法律观,将过去的惯例作为当下法官权力的依据。法官当下可以进行的法律行为皆是以过去严格的制定法或过去形成的判例为依据。那么,对于在实然领域的法律,我们可以得出一个基本的印象:法律只存在于过去。而现在遵守法律行为,只是一种惯例而已。进一步推出的结论是,我们不是在遵守今天的法律,而是在服从过去的法律。这看上去是荒诞的结论,却实实在在就是惯例主义背后的逻辑。换言之,惯例对现在依旧有效力在于我们的习惯。我们并不是在服从法律,仅仅是在遵守一种习

---

[1] [德]康德:《纯粹理性批判》,李秋零译注,中国人民大学出版社2011年版,第76页。

[2] 同上。

[3] 同上书,第54页。

惯而已。

沉沦于过去之习惯有两重风险。首先是习惯本身的非理性，恰如实证主义者在论证主权者的权威时，常常诉诸民众的普遍服从或者习惯性服从。边沁在论述这种服从习惯时，是从人的功利开始的，"一个人口头上可以声称绝不再受其（功利）主宰，但实际上他将照旧每时每刻对其俯首称臣"；"功利是指任何客体的这么一种性质：它倾向于给利益有关者带来实惠、好处、快乐、利益或幸福，或者倾向于防止利益有关者遭受损害、痛苦、祸患或不幸；如果利益有关者是一般的共同体，那就是共同体的幸福，如果是具体的个人，那就是这个人的幸福"。[1] 由此可以看出，对法律理性的遵从换来的只是一张看似幸福的门票。其次是习惯的有限性，服从过去法律的习惯，法律终有在过去意义上的穷尽，因为永远在过去的法律不会有时间上的更新，而只能坠入遥远的深处。那么这是否又会将法律无缝之网划开，个人的权利在这种时间下又一次回转到法官自己的"功利"判断下？

惯例主义的法律虽然在时间域内，却只属于过去，或者说只僵死在过去。

3. 实用主义视角的轻佻

当法律实用主义者以一种新贵的身份站在法律舞台上时，最先听到的便是其振臂一呼的口号"法律之生命从不在于逻辑：它一直就是经验"。[2] 霍姆斯坚持认为，法律发展在于法官回应他那个时代的"被感知到的必要性"的"本能的偏好与难以言表的信念"时的表达。如果从法律的时间性来审视，我们会惊奇地发现，法律竟然只是法官的"一纸判决"文书，法官以自有的方式给自己立法，使自身的法官权力在自己的授权下对他人权利产生威慑，从而彻底违背了最为基本的法治国原理。而以民主或其他方式所认可的过去的法律，便被它以"过去的法律属于过去"为名，扔进了历史深渊——法律在实用主义者眼中只能面向未来而存在。

实用主义者的法律是轻佻的，当他们以自己的方式为未来立法时，他们已然抛弃了法官个人应有的约束，他们手中的法律只是一张写着"自己权力"的作品。如此形成的法律不仅是虚无的，也是虚伪的。实用主义的法律虽然也在一定意义上朝向未来时间的视野，却只是一匹脱缰的野马，背弃了法律。

---

[1] ［英］边沁：《道德与立法原理导论》，时殷弘译，商务印书馆 2000 年版，第 58 页。

[2] O. W. Holmes, *The Common Law*, Boston: The Belknap Press, 2009, preface.

4. 法学诠释学的视域融合

若问时间性是什么,在现象学理论(法律诠释学)下有一论述:

> 到时不意味着诸绽出样式的“前后相随”。将来并不晚于曾在状态,而曾在状态并不早于当前,时间性作为曾在的当前化的将来到时。[1]

在这样一种完整视域下的法律,法官在与法律文本的互动中让法律的意义显现出来,就意味着法律的时间不再是断点的时间,而是以一种整体意义显现出来的。而“法学诠释学”解决的任务就是“成为一种法律实践的补助措施以弥补法学理论体系里的某种缺陷和豁裂现象,而非是理解既存的文本”。[2]

正如德沃金教授的章回体小说所表现的那样,法律文本的意义是在这一次又一次的循环中显现的。小说撰写的最终落脚点在于当前的案件,即“应用”。[3] 但作为诠释性的法律,怎样能将法律的意义引入到当前,而又处于这样严密无缝的网络中呢?首先,法律作品也有自己的时间性。需要明确的是,此时间并非是客观的物理时间而是充斥作品自身的时间,[4]恰如闹钟的转圈表明物理时间的流逝,可是它没有看到人类自身的变化。法律作品的时间性,表明其作为有机体拥有自己自主的时间,拥有自己的时间结构。正如法官在续写这篇章回体小说一样,小说前面数章已历经了自己的时间,在不断丰富着自己的含义。这也就表明法律作品的意义从来就不会凝固,只是在不同的时刻拥有不同的面相而已。这种法律文本意义的历史性不是阻碍法律文本意义的显现,而是如伽达默尔所言的时间间距“不是一条张开的鸿沟,而是充满习俗和传统的连续性,一切传统由于它才向我们显现”,同时“只有时间间距才能把我们得以进行理解的真见和我们由之

---

〔1〕 [德]马丁·海德格尔:《存在与时间》(修订译本),陈嘉映、王庆节译,熊伟校,生活·读书·新知三联书店1999年版,第382页。

〔2〕 [德]汉斯-格奥尔格·伽达默尔:《诠释学I——真理与方法》,洪汉鼎译,商务印书馆2013年版,第459页。

〔3〕 同上书,第462页。

〔4〕 参见张汝伦:《二十世纪德国哲学》,人民出版社2008年版,第528页。

产生误解的错成见区别开来”。[1] 其次,法官自身拥有自己的视域,也处于自己的时间性中。恰如上文中“上手状态”的揭示,其表现为两种视域的融合,正确的理解不是一方视域吞噬另一方视域,而是双方在相互互动中平等对话达到视域融合。

从另一个角度我们也会发现,法律文本的自主时间通过托付于法官的形式,让法官的有限性与法律文本的无限性,在这一刻达到过去与现在的统一,法律文本的时间性与法官自身的时间性不再有断裂。因为这种统一,意味着过去的东西或者正在消失的东西成为现在的东西。此时法律的时间性的充分展现,也就完满地回答了本节开篇的问题“为什么过去的法律可以适用现在?”这不是主客二元分立的哲学可以解决的,而是基于主客体相容基础上的法律文本的自身诠释。

三、结语:回归法律实践

赫拉克勒斯,[2] 这位希腊大力神的梦就是织就一道严密无缝的法律之网。哈特在展示出这种可能性时,却怀疑了自己的“美梦”,更因“语义学之刺”而相信“噩梦”才是法律的真正“归宿”。而德沃金始终相信高贵之梦的真实性,决心在法律实践的推理中完成这样的理想,结局就是以诠释学的方法成功解决“语义学之刺”,完成法律就是诠释本身的本体论的转变,以自己的方式(本文开头的参与者视角)回答了“法律是什么”。

我们处于法律游戏中,游戏的内容便是法官们撰写一篇章回小说,法律文本在与法官的循环交互过程中,显现出当前的自身真意。我们在法律实践中续写着法律的真意,以游戏参与者的立场完成这部作品;我们在这样一种诠释实践的过程中编织着这张不仅空间上紧密、时间上也起伏的法律之网。当文章以反复诠释的实践来完成写作时,法律实践不也是如此吗?如果一定要一言以概之的话,那么便是“法律是一种实践,一种不断完善的实践,虽然可能有瑕疵,甚至是根本性的,但它决不是荒唐的玩笑”。[3]

---

[1] [德]汉斯-格奥尔格·伽达默尔:《诠释学Ⅰ——真理与方法》,洪汉鼎译,商务印书馆2013年版,第302页。

[2] 赫拉克勒斯,其实也暗指我们的法官。法官的工作不是去发现或发明法律,而是以参与性的视角,在法律实践过程中,不断显现法律文本的意义。

[3] [美]罗纳德·德沃金:《法律帝国》,李冠宜译,时英出版社2002年版,第44页。

政治参与和法律秩序

——以“唐慧案”为分析对象

◇王浩迪*

所谓“唐慧案”，实则由三个案子共同构成：一是唐慧女儿乐乐被强迫卖淫、强奸的刑事案；二是唐慧被劳动教养的行政复议案；三是唐慧被劳动教养的国家赔偿案。

从2012年至2014年，“唐慧案”曾在公众视野中获得了长达两年之久的持续关注，并在以互联网为场域的公共讨论中成为争议不休的话题。这一牵涉犯罪嫌疑人、唐慧本人、司法机关、新闻媒体、中央政府等多重主体的案件，推动劳动教养制度再次进入公众视野，间接促成了劳动教养制度的废除。[1] 传统权威到法律权威的变迁，是“唐慧案”发生的大的时代背景；新媒介主导的舆论环境，则是“唐慧案”发生的微观背景。政治参与与法律信任、上访与法律秩序等诸多问题在“唐慧案”中集中体现，使“唐慧案”成为法治建设中的典型个案。

一、“唐慧案”：法律信任及其制约因素

（一）警察信任与“信访不信法”

唐慧对女儿被强迫卖淫一案处理不满而上访，因上访而被劳教，又因被劳教而起诉永州劳教委。永州警方对唐慧女儿被强迫卖淫案的处理是后来一系列事件的缘起，而唐慧对永州警方的不满从报案开始就已经在逐渐累积，在有关唐慧的报道中曾经多次提及这样的内容：“她并不清楚警方是否

---

* 重庆锦天城律师事务所律师，法学硕士。

〔1〕 参见田俊荣：《改革再吹集结号》，载《人民日报》2013年2月25日，第1版；王石川：《尽力呵护公众对法治的信仰》，载《人民日报》2013年4月15日，第5版；曹鹏程：《转变中凝聚前行的力量》，载《人民日报》2014年12月25日，第5版。

真的在帮助她寻找女儿。她觉得警方在大部分时间只是在按程序办事，完全不理解一个女儿失踪的母亲的绝望心情，每次回答她的都是'正在调查'，态度还颇有些不耐烦。唐慧渐渐对警方感到失望。"[1]

由于永州警方未能按照自己的预期处理案件，唐慧将矛头指向永州市零陵区公安机关的领导干部，并坚持认为该领导干部是某犯罪嫌疑人的亲戚，因此在暗中包庇对方，尽管无论是湖南省政法委的调查还是记者的调查，都证明了该领导与犯罪嫌疑人既无亲属关系，亦无包庇犯罪嫌疑人的事实。[2] 在此情况下，唐慧选择向更高一级的权力机关寻求帮助，以期借助上级压力迫使警方及时处理案件。在接受采访时，唐慧表示，她觉得"底下烂透了，但上面总还有好的"。[3] 这样的言论一定程度上反映了民众对中国不同级别政府间的信任差异。在对政府信任度的相关调查中，中国民众对跟自己关系密切的较低层次的政府表现出的信任水平显著低于高级政府，而对省级以上的高级政府则表现出高信任度。[4] 与此相对应的则是对警察的信任水平，中国社会当下的警察信任危机是基层政府的低信任度在警察身上的反映。[5] 回到"唐慧案"中，唐慧在报案后面对的并不仅仅是作为个体的警察，而是警察所代表的有"权力"的组织机构及其运行体制。唐慧这样的个体在面对政府时很难处于平等地位，同时，唐慧本人也无力通过合法参与的途径影响政府，这种政治效能感的缺乏影响着警察信任的提升。[6] 对警察及政府的信任需要以不信任为预设的制度设计，但这样的制度并未在实践中完全发挥作用，因而也制约了警察信任的水平。

在诉求没有得到满足的情况下，以唐慧为代表，上访作为基层民众政治参与的一种形式，往往成为解决问题的最终出路。[7] 相比诉讼和复议，每

---

[1] 杨迪：《"劳教妈妈"的胜诉之路》，载《中国新闻周刊》2013 年第 27 期。

[2] 参见柴会群、邵克：《什么造就了唐慧？》，载《南方周末》2013 年 8 月 1 日，第 1 版。

[3] 柴会群、邵克：《什么造就了唐慧？》，载《南方周末》2013 年 8 月 1 日，第 1 版。

[4] 参见高学德、翟学伟：《政府信任的城乡比较》，载《社会学研究》2013 年第 2 期。

[5] 参见何军：《危机与重构：风险社会视角下警民信任研究》，载《中国人民公安大学学报》（社会科学版）2013 年第 4 期。

[6] 参见胡荣：《中国人的政治效能感、政治参与和警察信任》，载《社会学研究》2015 年第 1 期。

[7] 本文对于上访有"上访"与"信访"两种不同的表述。作为一项制度，官方的正式称谓是"信访"，如信访条例、信访部门等，相对应地，采取信访措施的百姓则一般被称为"上访者""访民"。因此，本文中"信访"用来指代官方的制度，而"上访"用来指代实施信访或向上一级告诉的行为。

年上访的数量是前两者的数十倍乃至数十倍之多。[1] 2005年1月5日,国务院通过并公布,自2005年5月1日开始施行的《信访条例》第7条规定"各级人民政府应当建立健全信访工作责任制,对信访工作中的失职、渎职行为,严格依照有关法律、行政法规和本条例的规定,追究有关责任人员的责任,并在一定范围内予以通报。各级人民政府应当将信访工作绩效纳入公务员考核体系",信访人数排名就成为地方政府官员考核的重要指标。在业绩考核的压力下,信访部门的权力逐渐扩大,成为准司法部门,甚至被赋予超脱于司法机关上的地位,有让信访部门演化为超级权力载体的趋势。[2]

虽然信访作为一项制度的正式确立是在1951年6月7日《关于处理人民来信和接见人民工作的决定》颁布后,但在中国历史上,类似于"上访"这种让普通百姓"申冤"的制度并不罕见。[3] 当代中国在中央与地方关系上延续了历史传统,中央政府同样需要面对领土与人口规模带来的地方政府自主性不断扩张的问题。[4] 中央政府拥有的地方信息有限,难以有效监督地方官员,因此,中央政府必须设计一套有效的行政治理模式,控制信息不对称,激励地方官员更好地为当地居民服务。[5] 在上述因素的影响下,中央对地方官员的上访问责制度就成为一种具有中国特色的行政治理模式。在此前提下,上访成为一种自然而然的现象,即使上级政府不再以上访作为考察下级政府的政绩指标,但对上访的需求没有消失,结果仍然不容乐观。

---

[1] 参见杨小军:《信访法治化改革与完善研究》,载《中国法学》2013年第5期。

[2] 参见肖唐镖:《信访政治的变迁及其改革》,载《经济与社会体制比较》2014年第1期。

[3] 这些申冤措施可分为三类:第一类是按照国家行政层级逐级申控的救济途径;第二类是通过国家设定的遍及全国各地的巡回监察机构进行申控的救济途径;第三类是直接上达皇帝或者向皇帝"告御状"的救济途径。参见范忠信:《古代中国人民权益损害的国家救济途径及其精神》,载《现代法学》2010年第4期。

[4] 这一问题在传统中国或帝制中国时期同样存在,彼时君主需要依赖官僚体制来实现对中国这一大国的统治,随着时间的推移,官僚体制的自主性不断加强,君主会面临因被蒙蔽而无法有效行使权力的情况,面对这种困境,清朝皇帝乾隆的应对方式是通过追查政治罪这种非常规手段来实现对官僚纪律的整肃和控制。参见[美]孔飞力:《叫魂:1768年中国妖术大恐慌》,陈兼、刘昶译,上海三联书店2014年版,第232~276页。

[5] 参见杨瑞龙等:《上访与对地方官员问责:一个新政治经济学的视角》,载《经济研究》2010年第12期。

（二）新媒体传播中的政治参与

由于新闻媒体长期被视为意识形态的宣传工具，各地新闻媒体一般而言都隶属于当地的宣传部门，因此，中国的报纸杂志在报道负面新闻时一直存在不同程度的限制。[1] 然而，新闻媒体虽在意识形态与政治定位上仍旧被视为国家机器的一部分，但它们的运行早已经市场化了，需要直面经济效益、受众需求这一问题。恰恰在这一问题上，由于受众所需求的新闻内容在某些时候不能直接在报纸等传统媒体上公开报道，这一部分有新闻价值的信息要么被内部消化，要么通过其他渠道到达公众。博客、微博等新媒体的出现让原本被压抑的信息以全新的渠道为公众所知晓。因此，在"唐慧案"中，新媒体与传统媒体在无意识中达成了一种合意：新媒体传递出被禁止的信息，这些信息的新闻价值反过来会倒逼传统媒体跟进。在博客、微博等自媒体平台与网络媒体的冲击下，传统的媒体议程设置模式已发生转变，"个体借助新媒介直接参与社会议程的构造，并推动议程设置的积极演进"。[2] 在互联网对传统媒体的革命过程中，网络媒体成为中国公民政治参与的重要场域。"唐慧案"正是在邓某等知名人物于互联网上表达关注与声援后，得到传统媒体关注，进而产生了后续的一系列影响。

从记者邓某为唐慧发声开始，到 2014 年"唐慧案"作出终审判决，在持续近两年的"唐慧案"报道中，唐慧的个人形象在公众视野中不断反转。以在全国范围内发行并有着广泛影响力的《中国青年报》为例，以"唐慧""上访"为关键词在《中国青年报》旗下官方网站"中青在线"内进行新闻检索，得到新闻报道 99 篇，去掉重复报道，共有 72 篇有关唐慧上访的新闻报道，时间跨度从 2012 年 8 月 6 日到 2015 年 4 月 15 日。其中对唐慧给予正面评价的 28 篇报道，占报道总数的 38.89%；给予负面评价的有 8 篇报道，占总数的 11.11%；中立报道 36 篇，占报道总数的 50%。从时间分布上看，针对唐慧的 8 篇负面报道最早出现在 2013 年 7 月 18 日，并集中出现在 2013 年 8 月。

这一负面评价集中出现的情况与《南方周末》于"唐慧诉永州市劳教委案"二审结束后的专题报道有着密切联系。在"唐慧诉永州市劳教委案"二

[1] 参见李良荣：《艰难的转身：从宣传本位到新闻本位》，载《国际新闻界》2009 年第 9 期。
[2] 高宪春：《新媒介环境下议程设置理论研究新进路的分析》，载《新闻与传播研究》2011 年第 1 期。

审判决唐慧胜诉后,《南方周末》连续刊发了《"永州幼女被迫卖淫案"再调查——唐慧赢了,法治赢了没?》《什么造就了唐慧》《卖淫店老板"假立功"真相》等系列报道,颠覆了唐慧原有的媒体形象,并直指唐慧的上访行为破坏了法治秩序——唐慧赢了,法治却输了。[1]

从2012年8月因扰乱社会秩序被劳动教养开始,唐慧在新闻媒体上呈现的一直是一个受迫害的"母亲"形象,唐慧为女儿案件上访的过程则被概括为一个母亲为了"维权"而冲破重重阻挠,付出巨大代价坚持上访。对于新闻事件的消费群体即公众而言,"一个人对于并未亲身经历的事件所能产生的唯一情感,就是被他内心对那个事件的想象所激发出来的情感"。[2]这些公众并未亲身经历、由新闻机构提供的事件,则构成了公众与真实的社会环境之间的楔子——"拟态环境",[3]而"他们的虚拟环境,世界在他们内心形成的图像,是他们思想、感情和行为中的决定性因素"。[4]媒体对唐慧形象的刻画反过来进一步把唐慧神化为了某种象征,而对于媒体的受众来说,"一件最简单的事情,即使是在群体的眼皮底下发生的,不久也会变得纷繁复杂难以辨认。群体用一个个具体的形象来思维,而形象本身立刻会牵出一系列的形象,实际形象之间并没有任何逻辑关系"。[5]这种象征与现实中的人物必然存在矛盾,而这也为后面唐慧形象的反转埋下了伏笔。

《南方周末》对唐慧案的颠覆性报道并非完全"无中生有",《民主与法制》社的记者廖隆章给柴会群提供了最初的线索,而廖隆章则对支持唐慧一方的律师、法学学者进行了侮辱性评价。相对应地,《南方周末》的系列报道出来后,在网络媒体上引发了大规模的争论乃至互相辱骂。[6]

---

[1] 参见柴会群、邵克:《"永州幼女被迫卖淫案"再调查——唐慧赢了,法治赢了没?》,载《南方周末》2013年8月1日,第1版;柴会群:《什么造就了唐慧?》,载《南方周末》2013年8月1日,第1版;柴会群:《卖淫店老板"假立功"真相》,载《南方周末》2013年8月1日,第5版。

[2] [美]沃尔特·李普曼:《公众舆论》,阎克文、江红译,上海人民出版社2006年版,第10页。

[3] 张楠:《重识李普曼:新闻传播思想的价值与局限》,载《新闻界》2012年第21期。

[4] [美]沃尔特·李普曼:《公众舆论》,阎克文、江红译,上海人民出版社2006年版,第19页。

[5] [法]古斯塔夫·勒庞:《乌合之众:大众心理研究》,陈天群译,江西人民出版社2010年版,第29页。

[6] 参见刘鹏、江海伦:《是粘合还是撕裂社会?——〈南方周末〉"唐慧案"报道引发的思考》,载《新闻记者》2013年第9期。

在“唐慧案”进入公众视野后,无论是支持、理解唐慧的一方,还是反对、抨击唐慧的一方,都在不同程度上利用唐慧实现自己的其他目的。对于支持唐慧案的一方来说,这一目的是通过唐慧再度引起公众对劳教制度的关注,进而推动对劳教制度的废除。[1] 对那些致力于将唐慧“祛魅”的人来说,唐慧的个人品德、律师学者等为了自己目的而在某种程度上的“不择手段”都是应当被诟病的地方,永州警方在处理唐慧女儿被强迫卖淫案时的过失、永州政法委的所作所为也被忽略了,因而“唐慧案”成了他们攻击律师、法学学者的理由。

在这场关于唐慧的舆论旋涡中,永州市中级人民法院与湖南省高级人民法院无疑成为受害者,处于两边都不讨好的状态。当地法院在“唐慧被劳动教养案”以及“唐慧女儿被强迫卖淫案”上的反复成为不同群体攻击的对象。在新媒体时代,司法机关所面临的舆论压力远超传统媒体时代,在诸多新闻中对法院形成的偏见与刻板印象很难扭转。与此同时,律师、法学学者等法律职业群体也在关于唐慧的争论中被波及,法律职业群体的形象也受到损害。法律信任涵盖了对法律机构、法律制度以及法律人的信任,[2] 法律职业群体的形象受损也会带来法律信任的削弱。有学者曾提道,在当代中国存在“中层认同”流失、“底层认同”扩大的现象。[3] 在底层认同扩大的背景下,对司法机关和法律职业群体的偏见还有可能成为“底层认同”的方式,这样的形象固化会对法律信任的形成造成更大的阻力。

二、现代化中的法制变迁

(一)现代化的背景

现代国家建构是一个宏大的历史命题,这一命题涵盖了民族国家、世俗权威、政治认同等诸多问题。现代的政治文明从欧洲发源,“由于欧洲社会已形成自由政体形式,它尊重文明的标志和条件,自然渴望在世界各地实现文明;在仍然缺乏文明的国家里,出现了文明的要求,若这类要求不是自发

---

〔1〕 参见胡江春:《只有法治,才能“根治”:湖南永州唐慧事件舆情分析》,载《新湘评论》2012 年第 20 期。

〔2〕 参见张善根:《论法律信任》,西南政法大学 2013 年博士后研究工作报告,第 46 ~ 64 页。

〔3〕 参见冯仕政:《中国社会转型期的阶级认同与社会稳定——基于中国综合调查的实证研究》,载《黑龙江社会科学》2011 年第 3 期。

产生的话,也是从西欧、中欧引进或受其榜样及报刊政论的启示”。[1] 从政治制度发展的历史角度来看,即使是作为现代政治文明发源地的西方,政治现代化也是一个偶然的结果,其孕育和发展的过程充满了不确定因素。[2] 简单复制某一制度的努力往往徒劳无功,制度移植的失败屡见不鲜,移植的成功则是凤毛麟角。

但是,“现代国家建构是经由对传统的革命而确立起来的。从光荣革命、美国革命、法国大革命、俄国革命和中国革命,构成了全球范围内现代国家建构的浪潮。俄国十月革命继续了法国大革命的精神,从而将自由权利从资产阶级推进到无产阶级阶段。因此,社会主义国家与资本主义国家固然存在着意识形态上的区分,但二者都共同分享了现代性的基本命题”。[3] 而“区分现代化国家和传统国家,最重要的标志乃是人民通过大规模的政治组合参与政治并受到政治的影响。……现代政体之有别于传统政体就在于它的政治参与水平,而发达政体之有别于不发达政体则在于它的政治制度化水平”。[4] 在中国的语境下,政治现代化则意味着保障人民群众参政议政的能力,提高人民群众参政议政的水平,为人民群众参政议政提供合法场域和制度化的机制。

构建政治参与的合法场域和制度化的机制,能够从更高水平上保障人民群众深度参与政治生活,进而影响政府行为,将人民群众当家作主的法律

---

〔1〕 [意]贝内德托·克罗齐:《十九世纪欧洲史》,田时纲译,商务印书馆2013年版,第222页。

〔2〕 比如,作为西欧政治制度重要思想根基的个人主义,其在西欧社会的起源是天主教会推动的结果,天主教会为了自身的物质利益,反对近亲结婚、夫兄弟婚、领养孩子以及离婚,目的则是尽可能获得教徒的财产,这种做法促进了大家庭的解体和小的核心家庭的增加,同时提高了女子的地位。而西欧7世纪之后不断遭受入侵的历史让家庭内部无法提供足够的保护,因而促使人们转向依赖契约的封建制。参见[美]弗朗西斯·福山:《政治秩序的起源:从前人类时代到法国大革命》,毛俊杰译,广西师范大学出版社2014年版,第207~219页。另外,以司法审查制度为例,美国的司法审查制度是政治文明史上的制度创新,为三权分立与权力制衡的政治体制补上了重要一环。但从其制度确立的过程来看,是政治环境、党派斗争、法官个人经验等诸多不可控的因素造就了这一创新,以美国为样板建立司法审查制度的努力在许多欧洲国家均告失败,直到后来建立了具有欧洲特色的宪法法院。参见苏力:《制度是如何形成的?》,北京大学出版社2007年版,第45~57页。

〔3〕 强世功:《中国宪政模式?——巴克尔对中国“单一政党宪政国”体制的研究》,载《中外法学》2012年第5期。

〔4〕 [美]塞缪尔·P.亨廷顿:《变化社会中的政治秩序》,王冠华、刘为等译,上海人民出版社2008年版,第28~61页。

地位从文本转化为实践，提高人民群众的政治效能感。从这一层面上讲，合法有效的政治参与是提高人民的政治信任水平以及法律信任水平的重要手段。现代化建设与法治建设在政治参与的问题上实现了交会。

（二）权利话语与“维稳”

“维稳”的制度背景是中央集权、科层式的体制。作为行政体制的工作目标，“维稳”自然会受到行政体制内部因素的影响。在过去的“维稳”工作中，中央政府制定工作目标与工作策略，各级地方政府与有关部门则负责对目标与策略进行落实，社会矛盾和利益纠纷很难在中央层面出现，通常是具体事件在基层发生进而引起矛盾纠纷，基层政府在了解问题时更具优势，“把矛盾化解在基层、解决在萌芽状态”自然就成了“维稳”的工作策略。“化解在基层，表明其工作任务的纵向传导，一直到最基层；解决在萌芽状态，表明其在行政体制中的横向传递，囊括各个方面。”〔1〕

因此，上访成了上访者、地方官员与上级政府之间的博弈，当上访者的诉求不能在省一级的政府处得到解决时，进京上访就成了隐忍之外的出路。面对进京上访可能给自身带来的负面影响，地方政府在合法暴力不足以控制上访者的情况下，容易倾向于采用灰色乃至非法的社会化暴力。而日益严峻的进京上访形势和地方管控访民能力的相对不足，让“黑监狱”越来越呈现制度化和规模化的特征，“黑监狱”的大规模出现，是北京出现严峻的上访形势后引发的连锁反应。〔2〕

与此同时，原本处于弱者地位的“唐慧们”通过“弱者”形象与民主制度赋予她的“人民”这一抽象同时至高无上的地位，可以通过“上访”“闹大”等形式获得新的权利。〔3〕 以“唐慧案”为例，上级政府尤其是中央政府拥有选拔、监督、奖惩下级官员的治官权，下级政府则拥有实际管理地区民众

〔1〕 具体来说，运行中的“维稳”工作有这样三个特点：第一，工作内容的广泛性；第二，体制动员的高效性；第三，政府行为的被动反应性。从过程的逻辑来看，存在这样三个方面的错位，影响了“维稳”制度设计初衷的实现：一是矛盾引发时间与化解时间之间的错位；二是矛盾引发主体与化解主体之间的错位；三是矛盾化解的责任与权力、资源之间的错位。参见容志、陈奇星：《“稳定政治”：中国维稳困境的政治学思考》，载《政治学研究》2011 年第 5 期。

〔2〕 参见侯猛：《进京上访的社会管理——从“黑监狱”现象切入》，载《法学》2012 年第 5 期。

〔3〕 参见韩志明：《利益表达、资源动员与议程设置——对于“闹大”现象的描述性分析》，载《公共管理学报》2012 年第 2 期。

的权力(治民权),[1]唐慧则因为上访者的权利话语与意识形态所赋予的崇高地位在舆论上处于强势地位。因而在事实上,上访成为"唐慧案"进行政治参与的重要形式。

上访的显著影响就是访民对各级政府信任水平的下滑。对于各个级别的基层政府来说,上访不仅降低了对它们的信任水平,而且访民上访的层级越高,对基层政府的信任水平往往就越低。此外,对于较低级别的上访来说,虽然没有影响更高级别政府的信任水平,但随着上访对象的逐级提高,上访也严重危及了高层政府在访民之间的信任水平。若以上访的次数、时长与级别来衡量其强度,上访的强度与访民对包括中央政府在内的各级政府的信任水平则呈明显的负相关关系。[2] 信任水平不断下降的结果就是政府陷入"塔西佗陷阱"。[3] 政府信任流失因弥散信任的关系同时也波及司法机关,造成法律信任水平的恶性循环。[4]

因此,对维稳与维权之间的关系应当审慎看待:"维护社会大局稳定,必须讲求维稳行为的原则性和规范性,而不能忽视甚至排斥法律功能的发挥。在当代中国社会转型期,必须用法治方式化解社会纠纷;也只有用法治方式,才能从根本上解决社会矛盾。"[5]在扭转上访中的权利话语占据主导地位的不正常情况时,要以法治方式维护公民作为个体的合法权利,维护群体的稳定与法律秩序,而不能从一个极端走向另一个极端。

2014年2月25日,中共中央办公厅、国务院办公厅印发了《关于创新群众工作方法解决信访突出问题的意见》,提出"健全科学合理的信访工作考核评价体系",废止了原有的对上访"简单以信访数量多少为标准进行考

---

[1] 参见曹正汉:《中国上下分治的治理体制及其稳定机制》,载《社会学研究》2011年第1期。

[2] 参见胡荣:《农民上访与政治信任的流失》,载《社会学研究》2007年第3期。

[3] 古罗马历史学家塔西佗在《历史》一书中指出:"一旦皇帝成了人们憎恨的对象,他做的好事和坏事就同样会引起人们对他的厌恶。"参见[古罗马]塔西佗:《历史》,王以铸、崔妙因译,商务印书馆2002年版,第7页。这段话在我国被概括为"塔西佗陷阱"。"塔西佗陷阱"普遍被认为是当政府失去公信力时,不论说真话还是假话,做好事还是坏事,都会被认为是说假话、做坏事而引起人们的厌恶。参见杨妍:《自媒体时代政府如何应对微博传播中的"塔西佗陷阱"》,载《中国行政管理》2012年第5期。

[4] 参见游宇、王正绪:《互动与修正的政治信任——关于当代中国政治信任来源的中观理论》,载《经济与社会体制比较》2014年第2期。

[5] 付子堂:《司法工作如何全面促进社会公平正义》,载《人民法院报》2014年1月20日,第2版。

评”的办法,从制度层面上削弱了地方政府截访的动力,对于唐慧这样的访民来说,以上访要挟地方政府的效用自然也会随之衰减。但是,这一新规定的出台并非取消上访制度,而是对原有的考核方式与考核标准进行改进。除了解决矛盾、维护秩序,如前文所述,信访制度事实上还有另一个功能,即帮助上级政府克服信息不对称,实现对下级政府的监督,避免下级政府的胡作非为,同时克服其随着时间流逝增长的自主性,这一功能需要以其他方式来实现。因此,在取消上访指标排名、强调用法治方式解决纠纷,实现维稳与维权的有机统一的同时,还需要创造新的制度来规范上下级政府之间的领导关系,避免信访业绩考核原有的合理功能消失,或者使其他制度变为新的信访制度。

(三)典型个案与法制变迁

随着“唐慧案”受到的关注越来越多,律师所主导的“唐慧案第二季”即通过“唐慧案”达到废除劳教制度的目的最终实现了。在以彭洪、谢苏明、黄成城、戴月权、方洪为代表的重庆系列劳教案之后,“唐慧案”成为压垮劳教制度的最后一根稻草。[1] 与劳教制度的废除过程类似,收容遣送制度、死刑复核权、非法证据排除制度等制度的变革都与个案受害人有关,在法治的改革与进步的过程中,许多个案都扮演了“唐慧案”这样催化剂的角色。对此,有学者认为:“即便只是个案,也不容小觑,它可能正是法治建设的一个起步点。或者说,个案的改变积累多了,就会从量变发展为质变。而从量变到质变的过程,在中国法治建设中相当重要。”[2]

我国现阶段的法治模式呈现出政府的回应措施并非常态的特点,缺乏稳定性和连续性。但这可以在一定程度上释放公众对政府治理模式的不满,在国家与社会之间建立起沟通的渠道。在类似“唐慧案”这样的公共事件中,国家所作的选择性回应主要集中在立法方面的公民权利。而如果社会中的各个群体之间就某一公民权利形成了合意与共识,那么相应的法律制度变革也就具备了公意作为基础,进而在法律制度的演进过程中弥补原有的缺陷与漏洞。公众与立法者之间的理性沟通成为常态,社会权力获得

---

〔1〕 参见陈小沉:《劳教制度“高墙”倒塌前前后后》,载《新民周刊》2013 年第 45 期。
〔2〕 江平:《个案是法治中国前进的步伐》,载《中国新闻周刊》2013 年第 6 期。

生长的空间。[1] 法律权威的确立并不是司法权力的绝对与专横,而是一种自生自发的权威。法律权威一方面需要法律实施的高效与公正,同时也需要在国家与社会之间、公民与政府之间形成稳定的平衡,避免法律权威下的实质不平等和不正义。在这一前提下,“通过司法的回应,实现各社会要素的结构和功能方面的协调配合和相互促进,达到主体合理和行为合法的统一,实现社会整体的公平和公正”[2] 才有可能。

在法治模式的演进过程中,以个案的形式实现政府与民众的互动,成为一种必不可缺的法律发展形式。在这个意义上,正是“唐慧案”等公众关注的司法大案,成为普通民众参与公共讨论、构建公共领域的桥梁。但是,这种以个案形式进行的互动,在其内在机制上存在严重缺陷,因而对中国社会的转型有着潜在风险。从表面上看,法律制度的变迁是因为某一个具体个案,但实际上这种变迁是大量类似案件推动的结果,最终导致法律制度变迁的个案只是正好赶上了那个临界点。以经济学的视角来看,“制度需求渊源于外部收益和外部成本的内部化”。[3] 法律制度变迁的关键取决于在旧制度框架内“负外部性”是否达到某个阈值,而最终的结果取决于变迁过程中的多方博弈。因此,在中国当下,以个案推动的法律制度的变迁,很大程度上具有偶然性和不可复制性,这一随机性的特点,使制度的演进缺乏顶层设计和全局统筹,显得被动且其过程本身蕴藏着巨大的风险。一起个案得不到回应,可能诱发的风险就是公众对法律权威的怀疑,在合法的参与无法进行的情况下,存在以暴力方式释放的危险。同时,由于个案本身的内在属性,决定了不合理的制度只是个案中一个有影响的因素,如果严格按照某一案件的事实细节进行解构与推敲,很可能会得出某一制度应维持现状的结论。以“唐慧案”为例,其最终指向的“恶法”是劳教制度,但从媒体所报道

---

[1] 多元化社会权力的存在不是要在国家与社会之间以及在社会内部产生不稳定的因素,而是要把它们之间的冲突与对抗纳入良性的、法治的轨道中,不只是具有负面的抗衡能力,更重要的是要具有正面的参与能力,使社会对利益的表达和国家对社会利益的认可共存于理性的、通畅的渠道内。这是回应型法治秩序的根本。参见邓珊珊:《“公共法律案件”的法理学研究》,武汉大学法学院2012年博士学位论文,第97页。

[2] 高志刚:《回应型司法制度的现实演进与理性构建》,载《法律科学》2013年第4期。

[3] 所谓“外部收益的内部化”,是指通过制度创新,实现在原有制度安排下无法取得的潜在收益,并且将这种收益内化为主体个人的利益。所谓“外部成本的内部化”,则是指通过制度创新,使人们不能将应该承担的成本转向他人,同时也不能侵占他人的正当收益,以抑制人们在“分蛋糕”时侵占他人的份额,最终实现社会公平。参见汤唯、雷振斌:《典型个案与法律制度变迁》,载《中国政法大学学报》2008年第2期。

的唐慧的所作所为来看，她又确实符合劳动教养的标准。换言之，按照现行的法律规定，唐慧的行为至少是应当被认定为冲击社会秩序，从而给予否定性评价的。因此，由“唐慧案”来推动劳教制度的废除就成了一件吊诡之事。而这样的个案是由具体的案件当事人发起的，而当事人必然在人格上存在这样那样的缺陷，因此，为唤起公众的关注与同情，像“唐慧案”这样对当事人的某些问题一笔带过往往是许多媒体乃至律师等专家学者的自然倾向，尽管唐慧是否应当被劳教与劳教制度是否违法是两回事，但在众声喧哗的公共讨论尤其是网络讨论中，上述区别并不会得到真正的重视，所以这样的掩饰在共识缺乏的环境中难免会演变成不同阵营之间辱骂的口实。

（四）新媒介环境中的新闻叙事

据中国互联网络信息中心在2016年1月发布的第37次《中国互联网络发展状况统计报告》显示，截至2015年12月，中国网民规模达6.88亿人，互联网普及率为50.3%，手机网民规模达到6.20亿人，网民的人均每周上网时长达26.2小时，使用网络新闻的用户规模达到了5.64亿人，在网民中的使用率达到了82.0%。同时，移动互联网在全方位渗透进日常生活，手机网络新闻用户规模为4.82亿人，使用率为77.7%。因此，可以说，互联网尤其是网络媒体对中国人日常生活的全面渗透是“唐慧案”报道的媒介环境。

媒介进入一种新的社会文化环境时，将会引起该社会全面而深刻的变革。[1] 原因在于媒介自身有其特定的属性，而非原有媒介的简单延伸与拓展，不同媒介的特质决定了它所引领的社会文化。美国学者波兹曼指出，技术是自主发展的，媒介重构信息、媒介决定文化，文化则是以媒介为基础的“会话”，而媒介改变了话语结构，进而决定了文化。[2]

媒介工具是人自身能力的延伸，但同时“任何技术都逐渐创造出一种全新的人的环境，环境并非消极的包装用品，而是积极的作用机制”。[3] 比如，印刷术带来的是以书写与纸质媒体为媒介的社会文化，这种文化鼓励的是内省与理性思考，与此形成对比的则是电视这类娱乐导向的媒体，泛娱乐化是这种文化的典型特征，两者之间文化特征的差异就是不同媒体间意识形态倾向的体现，这种由媒介所引发的特定的文化发展方向，所体现的正是

[1] 参见辛楠：《“技术决定论”抑或“技术人文主义”？》，载《新闻界》2014年第1期。

[2] 参见[美]尼尔·波兹曼：《娱乐至死》，章艳译，广西师范大学出版社2011年版，第27～30页。

[3] [加]麦克卢汉：《理解媒介：论人的延伸》，何道宽译，译林出版社2011年版，第10页。

媒介的偏向性。[1] 不同的信息结构导致不同的媒介偏好,从而在基础上控制着信息的流动。信息传递的形式、可获得性、传播速度、物理形式对媒介的政治偏向、智力偏向、感觉偏向等有着至关重要的影响,并决定了社会的基本信息环境。[2]

作为一种深刻影响了信息传播结构的新型媒介,互联网在不知不觉中悄然改变了读者的思维方式与会话结构。如果说纸质媒体以让受众群体集中精力阅读为特点,互联网则倾向于让它的读者快速大量地获得碎片化信息,这是一种与纸质媒体完全不同的消费伦理。"互联网媒介所塑造的人,正在变得对扫描和略读越来越得心应手,但是互联网时代的读者正在丧失的却是专注能力、沉思能力和反省能力。"[3]

互联网尤其是移动互联网不断强化了人类阅读的碎片化状态,反映在表达上就是互联网时代的个人表达呈现出众声喧哗的场景:姿态比内容更重要,立场比道理更重要。这样的媒体受众反过来迫使新闻媒体不得不尽可能制造噱头,迎合观众的传播偏好。而无论何时何地何种群体,都必然存在对其他群体的刻板印象,这样的刻板印象构成了受众对新闻的传播偏好,而新闻媒体为了抢夺读者的注意力这一稀缺资源,自然会在设置议程时通过筛选将符合读者预期的形象营造出来,互联网时代的新闻媒体在碎片化阅读时代所面临的竞争只会比传统纸媒时代更为剧烈,因此,媒体倾向性报道这一问题只会变相加剧。而唐慧作为一个为女儿上访的母亲,自然比抽象的国家机构更有感染力,因而在最初的报道中唐慧被塑造为善良、勇敢、坚强、与邪恶势力不断斗争的母亲形象也就不足为奇了。

互联网的这种传播偏好改变了传统新闻的叙事结构,在类似"唐慧案"这样的舆情热点案件中,英雄叙事、悲情叙事、复仇叙事成为互联网主导下的主流叙事模式,并具有所谓"原型叙事"的意义。[4] 民粹主义思潮并非因互联网而产生,但是天然符合互联网的传播框架。"在全球化现代化进

[1] 参见[美]尼尔·波兹曼:《娱乐至死》,章艳译,广西师范大学出版社2011年版,第89页。

[2] 参见刘永谋:《媒介编码vs社会控制:尼尔·波兹曼的信息论》,载《自然辩证法研究》2011年第5期。

[3] [美]尼古拉斯·卡尔:《浅薄:互联网如何毒化了我们的大脑》,刘纯毅译,中信出版社2010年版,第153页。

[4] 参见汤景泰:《偏向与隐喻:论民粹主义舆论的原型叙事》,载《国际新闻界》2015年第9期。

程当中伴随着的贫富不均、城乡对立、环境恶化等不均衡发展问题,使平民百姓心中积压着结构性的怨恨。"[1]这种互联网的叙事结构对"我们"与"他们"的强调,是广泛意义上"无权者"对"有权者"的反抗,借助于互联网所赋予人们低成本表达观点与交流信息的机会,原本在现实中难以汇聚的声音在互联网中交会,形成了虚拟世界中的群体极化现象。而随着互联网越来越深度地嵌入人们的生活,原本只存在网络上的对于不同群体的偏见和怨恨可能已经成为现实的一部分。

三、法律权威与法律秩序

(一)转型社会中的法律权威

从清朝晚期开始,"政治参与的扩大如何同国家权力及其合法性加强的目标结合起来"[2]这一问题就曾吸引过人们的注意力。但是,在帝制时期的中国,政治参与的扩大最多不过是在士绅之间"广开言路"式的扩大议政途径,而且这样的扩大是在儒学的权威下进行的,"国家不断寻求的只是一种形式的统一,也就是根除那些与儒学相对立、有威胁的异端邪说"。[3]中国现代化在很大程度上表现在权威的转型方面,即政治权威从传统权威向法律权威[4]的转变。中国的现代化转型无疑也是国家和公民社会博弈、互动的结果。经历了长达两千多年的君主专制的封建社会,中国社会根深蒂固的封建主义无疑会导致传统权威向现代权威转变过程的长期性、复杂性和反复性。[5]

现代化转型充满了不确定性,"再也没有什么比率先实施新制度更难以把握,执行起来更危险,成功性更不确定的事了"。[6] 在转型社会中维持公众的认同、扩大并巩固合法性基础,这一问题既关系现代化的理论,也影

---

[1] 李良荣、徐晓东:《互联网与民粹主义流行》,载《现代传播》2012 年第 5 期。

[2] [美]孔飞力:《中国现代国家的起源》,陈兼、陈之宏译,生活·读书·新知三联书店 2013 年版,第 2 页。

[3] [美]魏斐德:《大门口的陌生人》,王小荷译,新星出版社 2014 年版,第 31 页。

[4] 法律权威,是指法律及其制度运行在整个社会调整机制和全部社会规范体系中居于主导和至高地位,任何公权力主体都在宪法和法律范围内活动,任何人都没有超越宪法和法律的特权。参见李林:《依法治国与推进国家治理现代化》,载《法学研究》2014 年第 5 期。

[5] 参见史云贵:《国家与社会的博弈:传统权威走向现代权威的政治学分析》,载《政治学研究》2006 年第 4 期。

[6] [意]马基雅维里:《君主论》,王水译,上海三联书店 2008 年版,第 26 页。

响着现代化的实践。[1] 如前文所述,在新时期的现代化建设中,宪法权威与法律信仰成为了凝聚共识与强化认同的重要理念,在这一理念的指导下,法治成为新的主导话语,法律的地位得到空前提高,这标志着法律权威在中国开始确立。转型社会面临的是一个传统型权威逐渐消失、法理型权威逐渐形成的过程,具体到中国的政治现代化转型就是法律权威色彩加重,而传统权威色彩淡化。权威的交替意味着在法律权威尚未确立、传统权威被弱化的时候容易出现社会失范现象。然而,转型社会的特殊性要求转型社会中必须有强有力的权威,[2] 这一点对于中国这样的后发国家来说尤为重要。因为中国的现代化建设是处于后发制人的状态,国家能力如果与现代化建设脱节,则现代化建设中资源整合与社会动员就无从谈起,而且社会转型的副作用之一即矛盾与纠纷的增长,也需要通过强大的国家能力来平衡利益关系和解决纠纷,以保持社会的稳定和秩序。否则,社会转型与政治发展的进程就会失去秩序保证,出现所谓的"现代化中断"或者"现代化挫折"现象。[3] 正是在此意义上,福山断言国家的衰退是灾难的前兆。[4] 而权威转型的困难之处正在于此:法律权威不可能凭空确立,它的背后是传统权威与国家能力的支持,传统权威与法律权威内在的紧张关系构成了转型社会中的基本矛盾。在几乎所有文明类型中都有现代化国家存在,这一事实意味着现代化转型的内在普适性,但是,许多已经完成现代化的国家向传统政体的回潮也意味着现代化的路径存在诸多不可控因素。[5]

权威转型的一个问题在于,传统权威在过去造就了事实上的不平等,这种不平等带来的是社会阶层的分化乃至分裂,罗尔斯曾言:"政治制度中的不正义结果比市场的缺陷更为严重,持续时间更长。政治权力急速地被集中起来,而且变得更加不平等;那些既得利益者经常能通过使用国家和法律的强制工具来保证他们的有利地位。这样,经济和社会制度中的不平等很

---

〔1〕 参见房正宏:《政治认同的合法性价值:分析与建构》,载《社会主义研究》2010年第4期。

〔2〕 参见杨松:《政党权威与当代中国政治发展》,载《学术界》2001年第4期。

〔3〕 参见徐子棉、王继:《"后发型"国家现代化挫折的探究》,载《云南社会科学》2014年第2期。

〔4〕 参见[美]弗朗西斯·福山:《国家构建:21世纪的国家治理与世界秩序》,黄胜强、许铭原译,中国社会科学出版社2007年版,第114~115页。

〔5〕 See Samuel P. Huntington, *The Third Wave: Democratization in the Late Twentieth Century*, Norman and London: University of Oklahoma Press, 1991.

快就摧垮了在幸运的历史条件下政治平等可能存在的基石。”[1]

“人类制度生长、兴盛于社会之中,因而它依赖社会的意见。”[2]对公众舆论的吸收与采纳构成了现代化中的政治输入,它能够推动法律权威在当代中国的确立。通过对公共讨论场域的扩展,可以为不同群体的利益诉求与意见表达提供合法的渠道,这些经由成熟的讨论所形成的意见总和对于提高立法的民主性与法律权威的认同度有着巨大的助益。而公共讨论本身也能够促进负责任的公共生活,促进民众的自治实践,防范国家能力扩张对法律权威的侵害。这在一定意义上阻滞了国家能力的滥用和扩张,推进了国家的法治化进程。[3]

(二)社会共识与法律秩序

“政治认同是人们从人内心深处产生的一种对所属政治系统情感上的归属感或依附感,政治认同本质上是社会公众对政治权力的信任、对政治价值的信仰。”[4]与政治认同相伴的是政治共识,在现代科学技术的推动下,人类社会在不断分化,人们会因不同地域、不同职业、不同阶层乃至不同网络社区而形成完全不同的思想观念,这也就是所谓的社会生活与社会观念的多元化。在多元社会中,没有共识的存在,不同群体间的分化将会摧毁社会秩序的价值基础与思想根基。同时,多元社会生活中的法律权威本身也会从共识中获益,一个社会的法律必定是以社会为基础的,没有共识这样的社会基础,无论是公共政策还是法律规章都难以在社会中顺利实施。[5] 对于整个社会来说,社会秩序总会在某个特定的时间段出现波动与震荡,在社会秩序的周期性波动中,社会共识的存在能够起到非常重要的作用。对于那些分享着社会共识的人来说,借助于社会共识这种社会资本,人们能够自

---

[1] [美]约翰·罗尔斯:《正义论》,何怀宏、何包钢、廖申白译,中国社会科学出版社 2009 年版,第 177 页。

[2] [英]戴雪:《公共舆论的力量》,戴鹏飞译,上海人民出版社 2014 年版,第 44 页。

[3] 参见李春明:《政治输入与当代中国的政治认同建设》,载《当代世界社会主义问题》2008 年第 2 期。

[4] 龚廷泰:《法治文化的认同:概念、意义、机理与路径》,载《法制与社会发展》2014 年第 4 期。

[5] 政治认同的逻辑是公民在社会政治生活中对所在政治系统运行状态认同的底线或原则,即人们的政治共识。政治共识是在一定社会中人们共有的一系列信念、价值观和规范准则,也可以被称为社会共识,政治共识是一个社会政治稳定的基础。参见王可园、唐兴军:《“中国梦”与政治共识的构建》,载《社会主义研究》2013 年第 5 期。

发地进行自我组织,重建稳定的社会秩序。[1]

社会共识的凝聚一方面需要国家作为一个整体提出一个对全社会有号召力和感染力的思想与口号,另一方面也依赖于这一思想的实践检验。所谓实践检验,既是指这一思想在社会公共生活中的实现程度,也指在公共讨论中对这一思想的检验。在公共讨论的场域相当有限的中国,全面渗透人们生活中的互联网成为一个便捷的公共讨论工具。在互联网上对公共事件的讨论在某些时候扩大到了现实生活中,推动了互联网场域下的舆论监督。"尽管商业利益与政府势力都在互联网上加强了扩张,网络仍不失为一个公共传播和讨论的领域。……在中国这样一个公共领域并不发达的国家,互联网可能成为普通公民抵制信息垄断和发出声音的唯一出口;大多数时候,这并不会导致突破性的变化,但是,它显示了公民通过共有媒体影响政治的一些重要方式。"[2]

然而,在互联网完成了从精英阶层向普罗大众的渗透后,互联网公共讨论的质量却在逐渐下降,在某种程度上甚至成为部分人实施资源动员的一种手段。互联网在中国社会生活中的变异有深刻的经济原因与社会原因。[3] 重启现代化改革以来,经济繁荣发展、经济奇迹不断出现的背后,是利益结构的严重分化和贫富差距的不断扩大,表现为城乡间、区域间、群体间的利益失衡和财富"鸿沟"。[4] 种种原因遗留下来的弊病导致中国社会因利益分配问题出现了阶层与群体的分化。公共讨论场域的匮乏使有的民众对政府的不信任与不满意以"上访""闹大"的形式表达出来。相比上访等形式,在互联网上发泄不满、吸引公众关注进而表达诉求的门槛显然更低,这是互联网的公共讨论在中国走向大众的必然结果。而不同的社会群体之间矛盾的累积造就了中国社会存在的戾气与怨恨心理,冲击着社会共识的形成。"对社会管理体制和政治认同方式的总体失望,养育了中国式易怒的特殊方式。"[5]民间社会在中国近代以来的萎缩使国家与社会的沟

---

[1] 参见[美]弗朗西斯·福山:《大断裂:人类本性与社会秩序的重建》,唐磊译,广西师范大学出版社2015年版,第189~214页。

[2] 胡泳:《众声喧哗:网络时代的个人表达与公共讨论》,广西师范大学出版社2008年版,第334页。

[3] 参见孔德永:《政治认同的逻辑》,载《山东大学学报》(哲学社会科学版)2007年第1期。

[4] 参见上官酒瑞:《后物质价值观兴起背景下的政治认同》,载《当代世界与社会主义》2014年第5期。

[5] 周志强:《这些年我们的精神裂变》,社会科学文献出版社2013年版,第96页。

通有先天缺陷，价值观念的分化也是早已有之，互联网公共讨论里的种种怪象只是价值观念分化与社会地位差异的折射。由于互联网传播的独特性，价值观念的分化正在被强化，解构着脆弱的社会共识。

在以报纸、杂志、广播、电视等为代表的传统媒体时代，由于发声的渠道有限，中国的公共讨论往往局限在有能力在传统媒体上得到表达机会的少数群体之间。互联网的兴起则为平时鲜有机会发出自己声音的普通人提供了参与公共讨论的机会。在重大的公共事件中，以互联网为载体的公共讨论几乎都从未缺席。[1] 但是，这样的公共讨论往往是质量低下的攻击与谩骂，最终以互贴标签收场。[2] 而根据波斯纳的研究，热衷于在公共场域进行讨论的"公共知识分子"总体上是"公共越多，智识越少"的状态，[3] 折射到中国的现实中，就是公共知识分子在新媒体时代凭借原有的社会资源成为了拥有普通公众作为追随者的意见领袖，而不同公共知识分子之间的争议则在网络时代成为不同群体间的相互攻讦。

以互联网为代表的新媒体在一定程度上消解了传统大众传播过程中传播者的主导权，它可能强化人的原有观点，促使持相同观点者的集群。[4] 这种"去一体化"的特征在互联网中的讨论存在着群体极化的可能性，在一些特定的论坛群体中，互联网的公共讨论已出现显著的"极化"现象。[5] 在以互联网为代表的新型公共领域内的讨论中，"沉默的螺旋"会使公共领域的讨论失去应有的平衡。[6] "个体公民并非对所有的公共事务都有自己的主张。他不知道怎样处理，不知道正在发生什么，为什么会发生，将要发

---

〔1〕 参见马国川：《走出维稳年代：2008～2013 中国社会思想交锋》，香港中和出版公司 2013 年版。

〔2〕 参见薛深：《网络场域中的群体标签化现象研究》，载《中国青年研究》2014 年第 12 期。

〔3〕 参见［美］理查德·A. 波斯纳：《公共知识分子：衰落之研究》，徐昕译，中国政法大学出版社 2002 年版，第 208～276 页。波斯纳所指的公共知识分子是以社会公众可接近的方式表达自己，且其表达聚焦于有关或涉及政治或意识形态色调的社会公众关注之问题。通俗来说，就是就公共问题面向公众发表意见的知识分子。当然，知识分子的定义仍有争论，但在此不再赘述。从成本与收益的角度考虑，公共知识分子一般倾向于是那种已经不再追求学术成就或者其学术巅峰期已过的知识分子。

〔4〕 参见［美］凯斯·桑斯坦：《极端的人群：群体行为的心理学》，尹弘毅、郭彬彬译，新华出版社 2010 年版。

〔5〕 参见乐媛、杨伯溆：《网络极化现象研究——基于四个中文 BBS 论坛的内容分析》，载《青年研究》2010 年第 2 期。

〔6〕 参见［德］伊丽莎白·诺尔－诺依曼：《沉默的螺旋》，董璐译，北京大学出版社 2013 年版，第 23 页。

生什么。我也无法想象,他怎么可能知道这些。没有任何理由能够支持神秘的民主主义者的想法,即无知个体的混合体能够给予公共事务持续的引导力量。"[1]究其原因,在于现实生活中公共讨论场域的缺乏,促使互联网承载了过多的政治参与功能,而匿名的特点让互联网成为各种不负责任言论的聚集地。当新的场域出现,并且能够让负责的言论自由表达的时候,互联网自然就回归到它本来的位置了。

---

〔1〕[美]沃尔特·李普曼:《幻影公众》,林牧茵译,复旦大学出版社2014年版,第23页。

法官绩效考核制度研究

——理论批判与改革展望

◇孔倍锐*

一、法官绩效考核理论概述——一种批判性的共识

以我国法院改革的进程为时间线索，关于“二五司改”阶段法院人事及法官绩效考核问题，其背后的逻辑被概括为“同构性”及“双轨制”。[1] 虽然绩效考核具有客观性，但该制度在法院体系内的运作并不乐观。研究阐述了由基层法院至最高人民法院皆采用相似指标的量化考评制度的状况，并阐明了法院绩效考核同时存在两套标准，从而产生了“两种激励，两种行为”的局面。该逻辑对司法职业伦理、审判独立、程序价值必然会造成扭曲，研究认为应通过廉洁度、努力度和司法能力进行非量化的法官考核。谈及绩效考核，已有著述多次提及《万历十五年》中指出的“数目字管理”[2] 概念。然而，在中国传统的官员治理方式中，数目字管理这种精确计量的意识又是缺位的，这导致美国的现代政府管理理念和绩效考评制度移植到中国时，呈现出水土不服的状况。

“三五司改”之际，上述对法官绩效考核不合理性的批判论调似乎仍未受到改革及各地法院实践的重视，反而因该机制集激励功能、优选功能、约束功能于一体，受到诸多好评而得以持续推行。有研究强烈批判法官绩效考核制度为“对司法规律的反动”以及“对法官实质理性的伤害”。[3] 将绩效考核评价为一套适合科层官僚制的管理制度，系一种“规训的逻辑”。然

---

* 上海中伦律师事务所律师，法学硕士。

〔1〕 参见艾佳慧：《中国法院绩效考评制度研究——“同构性”和“双轨制”的逻辑及其问题》，载《法制与社会发展》2008 年第 5 期。

〔2〕 参见黄仁宇：《万历十五年》，中华书局 2007 年版。

〔3〕 参见李拥军、傅爱竹：《“规训”的司法与“被缚”的法官——对法官绩效考核制度困境与误区的深层解读》，载《法律科学》（西北政法大学学报）2014 年第 6 期。

而司法权之于社会的本质不是政治上的管理权而是判断权,司法追求的价值亦不是行政所追求的效率而是公正,则司法之运作奉行“自由的逻辑”,故而将前者之制度套用于后者之上是荒谬的。在绩效考评的指标导向下,也产生近乎“劣币驱逐良币”的“刷数据”怪象。研究将两种逻辑概括为政治权威与专业权威的互斥,并悲观地论断在现存绩效指挥棒引导下其终将导致司法机关沦为暴力机关,同时指出法官管理需要的是自律机制及更为科学、正当的程序制约。

同期的一项研究描述了法官职业群体大量策略性行动的存在,〔1〕并论述了现实状况与绩效考核目的初衷的异化,及行为异化的原因。同时,提及了“中轴原理”作为分析工具的重要性,并指出这种指标最优的“中轴原理”与司法公正的精神相违背。然而在后续研究中,该论以一种不同于先前研究的内在视角,阐述了法院内部机制发生的变化以及相应的话语机制变化所导致的实践变化现象,并认为当下包含绩效考核问题在内的司法改革应由政法思维向法治思维实现过渡。〔2〕另有研究指出,当下法官绩效考核制度存在“唯量化论”的观念,〔3〕且综合部门工作人员因不涉及办案业务,因此与审判人员一起采用量化标准考核亦不合理,同时并无有关综合素质的有效考察办法。区别于已有研究提及的双轨制领导人员考察方法,该论将多数法院的实践概括为“语焉不详”且显失公平。

概言之,上述对现行实践的法官绩效考核呈现批判性的共识,绩效考核的制度缺点体现为:其一,在法官绩效考核的逻辑层面,制度造成了架空审级制度的问题,并对法官形成政治性而非司法性激励,以及内涵上体现出与司法原则背道而驰的错误逻辑;其二,在具体考核方式层面,绩效考核的指标设置并不科学,量化的数据会使被考核人员行为异化,同时领导人员与普通业务人员的考核方式不同,这种区分的合理性存疑;其三,在考核结果适用层面,部分实践“末位淘汰制”对被考核法官造成了极大的心理压力,而部分地方践行的奖励措施所产生的激励效果并不显著,形成了“只有大棒

〔1〕参见张建:《指标最优:法官行动异化的逻辑与反思——以J市基层人民法院的司法实践为例》,载《北方法学》2015年第5期。

〔2〕参见张建、李瑜青:《法官绩效考评制度的功能与反思》,载《华东理工大学学报》(社会科学版)2016年第5期。

〔3〕参见沐润:《法院绩效考核机制的评析及其完善》,载《云南大学学报》(法学版)2012年3月第2期。

没有胡萝卜”的局面。谈及改善方法,可将研究成果概括为两种路径:其一系较激进地推翻现有绩效考核框架,并主张以诉讼程序的完善实行司法者的自律管理;[1]其二系较温和的非量化指标改进措施——这一点可在国外律师对法官评价时所采用的评估表中找到范例。

二、制度合理性的再思考

一份针对法官绩效考核问题的研究认为,理论对此存在赞同与反思两种观点。[2] 然而,结合本文的文献梳理,针对法官适用绩效考核框架这一问题,该论认为学界对此问题持与前文归纳一致的批判观点。其中问题在于,该论论及的赞同性观点实质上未能形成与批判性观点对垒的局面。如某论分析了绩效考核工作中普遍存在的问题以及解决这些问题时应着手进行的改革,[3]但并未涉及对司法职业群体适用绩效考核框架的研究,而系站在经济学的角度提出了培训开发与绩效考核最终目的有关问题。通过先前的理论概述,易见绩效考核这一框架适用于行政机关,并可以获得逻辑上的自洽及实践上的良好反馈。然而,用绩效考核的框架来评价法官,却可能出现问题,因此,该论并不能构成所谓的针对法官绩效考核的“赞成观点”。又如,某论虽然对绩效考核的量化指标表达了赞成性观点,[4]但从论著时间来看,当时法官业绩考核普遍以公务员考核的方式进行,针对法院的管理制度建设存在较多空白,系有关制度有待细化的改革阶段。从论著的内容上看,该论所创设的法官管理架构和设置的指标,也确实成为之后较多地方法院考核实践所采用范本。因此,研究系“制度构建者”,而非“制度批判者”,也就无所谓构成一种赞同性的观点。

然而,与学界理论相反的是,在《人民法院第四个五年改革纲要(2014—2018)》(以下简称《四五纲要》)公布前,立法及实务界针对法院人事管理的举措却似乎始终未曾重视理论论证的现存法官绩效考核框架的严

---

[1] 参见李拥军、傅爱竹:《“规训”的司法与“被缚”的法官——对法官绩效考核制度困境与误区的深层解读》,载《法律科学》(西北政法大学学报)2014 年第 6 期。

[2] 参见张建、李瑜青:《法官绩效考评制度的功能与反思》,载《华东理工大学学报》(社会科学版)2016 年第 5 期。

[3] 参见纪新华:《关于绩效考核最终目的的探讨》,载《北京理工大学学报》(社会科学版)2005 年第 3 期。

[4] 参见邱晓虎、唐闻声:《基层人民法院考评机制之建立》,载《人民司法》2007 年第 2 期。

重问题。法官考核之法律渊源,于《法官法》中有明确规定。根据《法官法》第21条,法院是考核的实施主体。《法官法》第25条规定了考核的四项内容,其中重点考核审判工作实绩。第十六章规定了法官考评委员会有关制度,结合第21条,可知《法官法》构建了一套院长组织下的法官考评委员会实施对法官考评的制度框架。然而,正如有研究指出,在构建量化绩效考核的框架时,《法官法》对法官考核之规定存在过于原则、缺乏考核程序的支撑、考评行政化色彩浓厚、未能发挥考评工作之应有作用的弊病。而现今备受争议的量化指标法官绩效考核,系在《人民法院第二个五年改革纲要》提出的"建立科学、统一的审判质量和效率评估体系。在确保法官依法独立判案的前提下,确立科学的评估标准,完善评估机制"改革方针的指导下,所进行的细化《法官法》立法原则性内容的探索与尝试。其次是最高人民法院于2011年印发的《关于加强人民法院审判管理工作的若干意见》(以下简称《若干意见》),如根据《若干意见》第13条之规定,审判绩效管理仍需切实加强,以及在考核的指标上仍然引导法官重视审判的效率问题,并追求"案结事了"的行政化原则。2009年颁布的《人民法院第三个五年改革纲要》则并未对绩效考核有所涉及,但提出了完善法官激励机制及建立健全法院选拔任用机制及干部监管机制的改革方针。

在已有研究的基础上,笔者认为法官绩效考核制度造成当下局面的原因主要有以下三点。

其一在于改革实践始终未正视或回应理论批判的合理质疑,理论与实践的对话机制并不通畅,沟通失效。法官绩效考核作为一种管理工具固然如部分观点所云,在特定的改革阶段有其优点,例如,有利于实现法院工作的科学规范管理、提高法院各项工作效率、调动法官和其他工作人员的积极性,并得以使研究部门对法官的工作效率和工作成果进行科学评估以及推动审判工作的顺利进行。[1] 然而,长期以来对法官绩效考评持赞同观点的实践并未与理论界的批判质疑进行过正面对话,法官绩效考核存在的问题是尖锐且不容忽视的。在实践中,机制的构筑者对理论中不容回避的问题采取一种置若罔闻的态度,没有呈现反思批判中所建议的法官管理路径的应有思考,仍然是在较长时间内一味强调"对法官适用量化绩效考核管理"

---

〔1〕 参见李华斌、高绍安:《建立人民法院绩效考评体系的作用与意义》,载《中国审判》2008年第11期。

的四项五项，或者若干项优点。

其二在于具体指标的设置。正如徐显明教授所言，对司法绩效的评价，只能以正义为标准，或者正义为先，一旦义利倒置或者以利灭义，司法就会迷失自我，异变为功利的机器。[1] 站在理论通说的立场上来重新审视《最高人民法院关于开展案件质量评估工作的指导意见》，其中包括审判公正、审判效率、审判效果共三类31小类指标，即使抛开以审判效率和审判效果作为考核内容，审判公正指标的量化设置科学性同样存在问题。

已有论著多涉及调解率指标对法官行为的异化，然而，其他指标的设置亦存在较大问题。以"上诉率"这一指标为例，在我国的法律诉讼法体系中，上诉指的是当事人对人民法院所作的尚未发生法律效力的一审判决、裁定提请上一级人民法院重新审判的行为。在符合法定的上诉期限内提出上诉是当事人的一种合法权利，正如同公民有权基于救济自身之权利而提起诉讼一样。将"上诉率"作为一种"审判效果"考核指标并在实践中作为量化"扣分项"的理论立场，应是将当事人的上诉行为作为一种对案件主审法官的否定性评价来进行考量，考核标准制定者的逻辑为"由于下级法院的业务能力欠佳而导致案件进入上一级法院，造成司法资源的浪费，未起到良好的审判效果"。然而，审判的本质是一种基于审判者个人经验、学识、职业道德的判断，这种判断含有一定的主观性。更无论原被告当事人或其代理律师会基于自身的执念、名誉，或是收到的委托、职业利益等各种情感性、经济性、社会性因素而以上诉的形式表现出对争议主审者的"不满"。而这种在原被告及律师立场体现的"不满"，经过量化绩效"上诉率"指标背后逻辑的转化，便在审判者立场呈现出了等同于"业务能力差""无法妥善解决争议"的意味。在诉讼法的理论中，不论是采取审判者采取消极居中的立场或是积极进行职权探知的立场，当事人之合法的上诉权利在绩效考核部分指标逻辑的转化下，成为审判者试图通过各种方法来规避的不利后果，这种现象是极其荒谬的。因此，将"上诉权"等一系列存在科学性设置问题的考核指标，其隐含的当事人行为与对法官评价转换等价性问题值得理论赞同者与框架构筑者反思。

其三在于，已有实证数据对考核制度践行效果的论证及法官绩效考评与司法改革进步成果的因果关系。根据最高人民法院公布的2007～2010

---

[1] 参见刘炜：《法官绩效考核之忧》，载《民主与法制时报》2012年6月11日，A04版。

年有关评估数据,[1]其中反映案件质量效率效果指标向好的关键性指标显著提高,如一审案件服判息诉率上升,二审改判发回重审率下降,表明案件一审质量提高。案件审限内结案率持续提高,表明审判效率提高。调解和经过调解撤诉的案件大量上升,申诉信访明显下降,表明案件的质量和司法公信度提升,等等。且不论量化指标的升降与审判质量、审判效率、审判公正三大目标的趋好是否可以直接画等号,已有理论已经阐明了诸如法官劝当事人进行调解以提高调解结案指标(这种行为在一定程度上会损害律师群体利益)、下级请示及考核利益捆绑,导致粉饰降低重审率指标等行动异化现象对司法价值及实质公正的不良影响。然而,官方所认定的以上进步是否与法官绩效考核的实行存在因果关系?例如,一审质量提高、审判效率提高、案件的质量和司法公信度提升,这些进步是否可能是由其他改革因素的变量所导致的?“二五司改”以来,多项改革举措的重拳出击有目共睹:在审判质量方面,诉讼程序制度中无罪推定原则和人权保障被进一步贯彻落实,通过颁布死刑案件和其他刑事案件的量刑指导意见以统一法律适用,降低个案审判结果差异、规范案例指导制度等措施的陆续推行,均在理论和实证层面证实了错案发生率的降低与其存在联系。而在审判效率方面,庭前程序改革、民事诉讼简化程序和小额诉讼制度的实践等举措,也促使审判效率获得实质性提升。在司法公信力方面,“二五司改”期间亦有扩大审判公开的范围、增加法院工作的透明度、民事行政审判监督制度完善等改革措施。另外,近年来对法官群体的薪资福利待遇提升、法院硬件设施的完善,也能在一定程度上对审判业务各方面提升产生积极影响。

上述改革中的行动推进,均在一定程度上提高了审判的质量、降低了错案发生的概率、提高了审判的效率并提高了司法公信度。在如此多变量交织的背景下,法官绩效考核赞同论者何以说明其中的因果关系?真如最高院发布的肯定性结论中所呈现的一因一果吗?抑或是在多项改革举措与法官绩效考评结合下所产生的多因一果?甚至法官绩效考评制度并未在实质上起到作用,司法公信力的进步取决于其他改革举措的功劳,而绩效考评制度与赞同者所言的进步不具有因果关系?在更极端的假设下,是否正如批

---

[1] 参见《最高人民法院正式发布案件质量评估工作指导意见》,载最高人民法院网:http://www.court.gov.cn/zixun-xiangqing-2298.html.,最后访问日期:2018年10月12日。

判理论中的概括的行动异化现象之存在,而让法官绩效考评在我国司法改革的进程中损害了司法的正义?综上,实践中针对绩效考评推行以来所作的单纯数据列举,及“效率”“公正”等宏大指标的定性分析,并不具有充分的科学性,这也是绩效考核被作为有效管理制度实施至今其赞同论者需要思考的问题。

三、《四五纲要》中法官考核的改革逻辑

最高人民法院于2015年2月发布的《四五纲要》,一共公布了七类65项改革具体任务。在优化人民法院内部职权配置方面,第21条提出了完善、建立科学合理的案件质量评估体系方面的三项措施,同时要求坚决停止人为控制收结案的错误做法,发挥案件质量评估体系对人民法院公正司法的服务、研判和导向作用;在推进法院人员的正规化、专业化、职业化建设方面,第51条提出完善法官业绩评价体系的改革方针,要求建立科学合理、客观公正、符合规律的法官业绩评价机制,完善评价标准,并将结果作为法官等级晋升、择优遴选的重要依据,同时建立不适任法官的退出机制并完善配套措施。

从上述改革依据的措辞来看,第21条的内容对绩效考核有关批判性的理论进行了认可。结合《四五纲要》全篇65项,仅在该处的改革措施适用了态度极其鲜明的“废止”一词,应当认为是对先前考评指标设置错误路径的正视与否定。然而,此处“违反司法规律”的解释是否与先前学界所得出的结论一致,将会影响现存通行考评指标的去留问题。在实践中“违反司法规律”的定性,是否会在不同地区法院或不同层级法院之间呈现出差异,其标准上的统一亦是需要进行进一步考察的。假设《四五纲要》中此处所言“违反司法规律”与否,是根据已有理论进行认定的,那么根据原最高人民法院公布的案件质量评估体系各项指标表中,含法定期限内立案率、法院年人均结案数等十项反映审判效率的指标,都应被认定为与审判公正的价值相矛盾。同时,诸如以立案率为考核内容的指标,随着立案制度的改革,也因失去实际意义而应当废止继续适用。上文已具体论证了将上诉率作为对法官个人的考核指标的错误性,然而除上诉率外,反映审判效果的申诉率、调解率、撤诉率等多项指标,均在一定程度上以“刷数据”为表现形式,造成了法官的行为异化。对此学界已有充分论述,该部分的十项指标亦应当废止适用。而在涉及审判公正指标中,“一审上诉改判率”“一审上述发

回重审率”“生效案件改判率”等以改判和重审作为考核依据的指标,在理论中被证明存在下级法院向上级主审法院过度请示,以谋求回避案件上诉而与上级法院观点相悖,从而导致改判及重审的情况。实践中的这种过度请示的状况,使上下两级法院构成了考评利益上的共同体,且在一定程度上架空了我国的审级制度。因此,以上列举的有关重审改判的指标,在绩效考核实践的过程中被证明会对我国司法环境造成负面影响,亦当停止适用。

根据《四五纲要》第51条之表述,其中建立“科学合理”的评价机制与《二五纲要》中“建立科学、统一的审判质量和效率评估体系”的要求并无二致。然而通过先前的论著不难发现,“客观公正、符合规律”该类原则性的机制设计要求,往往作为价值导向而被代代传唱。然而,在实践中引发的诸多较棘手的问题,并未随着理论的深入而得到妥善解决。完善评价标准并将结果作为法官等级晋升、择优遴选的重要依据这一要求,则回应了理论界针对法官绩效考核“只有大棒没有胡萝卜”的局面,通过该方面的改革促使考核结果与法官个人的利益产生实质性的影响。从以往宣传栏中张贴“本月之星”的各地法院普遍形象化、荣誉性奖赏,转变为涉及法官职业规划及获取资源优势的内源性激励。更关键的是,根据改革要求背后的精神,应在考核制定实践中,将以往重视法院整体作为评价单元的错误路径,调整到以法官个人为本的考核范式的正确道路。此外,条文明确提出建立不适任法官的退出机制的要求。先前研究指出,实践中存在对法官考核根据结果进行排序,并适用末位淘汰的做法。而《四五纲要》第21条改革举措提出取消任何形式的排名排序做法的要求,根据此要求可以明确,在今后的法官管理制度中必然会呈现出“无排序则无末位”的情景。这无疑将把法官从常年战战兢兢的量化排名的压力中解放出来,在非高压的环境中也更有利于审判者以职业性、专业性的素质来进行审判业务,从而确保审判的公正与效果。然而,建立新的不适任法官退出机制,该机制从概念的提出到构建到实践,在运行中会产生怎样的问题,与先前末位淘汰制的考评结果相比是否有一定的进步,都是值得研究考察的问题。

综上所述,根据此次《四五纲要》的改革精神,有关法官绩效考核及制度管理,制度探索在路径上应作如下归纳:对原案件质量评估体系中的各项指标均应以审慎的态度进行考察。鉴于其中大部分指标内容在实践中已被理论证明存在对法官行动的异化,在改革指导废除意见的明确指引下,一套新的案件质量评估体系有待建立,并以此作为法官考核的业务方面主体框架。法官考核的结果应与实质性晋升权利相联系，其中涉及法院人事制度的其他配套制度有待进一步完善，而不适任法官的退出机制也需要在实践中进一步研究和观察。

四、我国法官考评制度的完善

笔者建议，我国法官考评制度可以从以下几个方面进行完善。

（一）结合司法实际，确定符合审判业务规律与逻辑的考评主体

首先，在考核权的配置方面，应认识到以往实践中部分地区所践行的，在司法行政机关领导下进行的法官考核是不可取的。其弊端正如被诟病已久的政府机关对法院经费的控制，可能会呈现司法“拿人手短，吃人嘴软”的情况。要解决考核权的配置问题，应当清楚考核结果给谁看、考核系出于什么目的的问题。应当认识到，考核的目的是管理法官职业团队，通过将“四五司改”中提及的考核结果，与法官晋升相联系，并建立不适任法官退出机制的建立激励机制，促使法官更专于自身业务。考核目的不应涉及权力之间的互相制约，应当明确考核权并不应当由我国的行政机关行使，由法官考评委员会进行考评，更有利于司法系统基于自身特点，进行更专业的评价，并践行更科学的考核模式。

其次，在具体的考评人组成方面，需要以现行《法官法》所规定的法官考评委员会为基础，进行考评人员的补充。一方面，应认识到法官职业群体的基数庞大，有关资料显示，截至 2014 年，我国法院共有近 34 万名工作人员，其中法官 19.6 万名。[1] 如此巨大的人员数量决定了对法官的考核不宜适用一对一的评价机制，且受制于考评的效率及成本、地域差异等因素，考核应以各院的法官考评委员会为单位进行考评。另一方面，考评应在院长的领导组织下，吸纳直接参与审判活动的法律专业人员即律师，进行对法官的评价。这种框架的依据在于，若考评委员会全部由院内中层以上领导组成，则有可能掺入考评者与被考评者人际关系的不公允因素；有观点认为，可以吸纳人大专门委员会的工作人员及法学教授进行考评，但这种观点的问题在于经济因素。人大专门委员和法学教授基于自身主业的原因，显然无法亲历法官每场主审案件，这样也就不能达到公正公平的要求；而在亲

〔1〕 参见林娜：《案多人少：法官的时间去哪儿了》，载《人民法院报》2014 年 3 月 16 日，第 2 版。

历审判的人员中,原被告基于自身情感因素,易对法官作出不公允的评价,显然不具备评价法官的资格。通过律师可以较好地、公正地对法官进行业务水平的评价。但值得肯定的是,因为业务考核在下文所述的考评指标中只是部分考核内容,仍然可以在新的评价人员中,吸纳专门委员定期对法官的礼仪、人格进行考核,也可委托无利害关系的法学教授对法官进行定期的学识及学养考核,方能兼顾考核实行的经济性、公正性及全面性,使考核不会落入人民陪审员制度的形式化状况。

(二)在指标的设定方面,可以参考国外有关指标设定方式

美国律师对法官评价时采用调查表中所设定的指标包含三个方面的内容。其一可概括为涉及业务操作能力的指标,包含审判准备是否充分、是否有效地推动诉讼程序的进展、对案件的掌握等。长期以来,我国法官考评指标中的上诉率、重审率等硬指标包含了可人为操作的因素,正是这种人为操作"刷数据"的现象异化了法官的行为,使现实与法官管理制度的初衷渐行渐远。相较之下,直接参与庭审的律师对庭审所进行的评价,可以较客观地反映法官在庭上所展现的审判节奏控制与业务素养,而不留刷数据的漏洞之虞。其二可以概括为理论知识方面的指标,包含实体法知识、程序法知识、证据法诉讼规则知识。相较我国考评制度以法官是否发表论文进行研究来评价法官的理论水平而言,这种知识面外化的考察更有利于使每一位法官获得客观公正的评判,并将法官的主要精力得以回归审判业务而非学术研究的职业正轨。其三可以概括个人修养方面的指标,包含礼貌、耐心与法庭礼仪。相较于对公众公布枯燥的数据并解释前文所论述的与实行考核标准并无确定因果关系的宏观司法数据进步,法官的个人修养才是当事人及律师对法官职业群体最直接的感受。试想一位衣冠整洁、声音洪亮而庄重的法官与另一位蓬头垢面、坐姿扭捏的法官之间的差异,就不难理解不同人口中所传言的司法者的形象如此相异的现象。将个人修养方面的指标作为考核依据,有利于法官职业群体的统一,赋予法官在社会意义上更鲜明的职业特质,这和统一着装法袍的推行是一样的逻辑,并促成法官在这种职业归属感的驱使下更好地工作,形成良性的相互作用。

日本一度对法官采用的评定表,除了业务能力外,还包含健康情形的考核以及人格性格特征的考核;德国部分地区的考核办法除专业知识外,也包含待人接物、沟通技巧及吃苦耐劳的能力,并分别以六种等第来给分,再进行由极为适任到不适任的等第判定。通过对美国、日本、德国的法官考核指

标设置考察，可见上述国外考核所设定的标准比我国长期实践的考核标准更宽泛，且业务考核仅占所有考核项目中的一部分，权重较小。它们更重视法官的个人品行甚至外在状况。在考核的方式上，其优点在于不进行量化评价，而非量化的标准设置已被论证为更符合司法规律的考核路径。相比我国一度适用的指标，其内容均指向法官的业务评价，而不涉及法官的"软实力"指标，在业务评价的指标设置上亦不同于国外普遍对法官进行的法律学识学养及专业知识考核。

（三）在结果适用方面，应将其作为法官晋升、退任的重要参考，并健全相关配套制度

在实践中，对法官的绩效考评体现出一种"重集体轻个人"的逻辑。[1] 考核结果的适用方面，多表现为授予集体或个人以荣誉称号，然而在涉及会对法官个人产生实际利益的各种方面，绩效评价结果却没有表现出实质利害关系。而奖惩措施作为绩效考核结果所服务的对象，其本身的设置亦不合理，有研究从奖惩层次、范围、力度各方面进行考察，得出了与前论类似考核结果之适用"无关痛痒"的批判性观点。[2] 这与法官职业"重个体"的要求是相矛盾的。将考评结果与法官个人产生实质联系，其中重要的问题在于晋升退任的程序应当合乎相关法律要求，并应当赋予对晋升的监督异议权以及不服退任的申诉权。同时设定退任的缓冲机制，如对连续考核出现下降的法官，可以由院内负责考评的组织者进行约谈，以期问题疏导或警示的效果。

---

〔1〕 参见李秀芹、李艳红：《基层法官业绩评价机制的实证检视与功能回归——以D区法院内部考核办法为分析样本》，载《山东审判》2016年第3期。

〔2〕 参见沐润：《法院绩效考核机制的评析及其完善》，载《云南大学学报》（法学版）2012年第2期。

中国大众养老观念比较研究

◇曹　鑫*

家庭养老是中国传统的养老模式,家文化为中国传统养老模式的运行提供了基本的价值支撑。然而,肇始于清末以来的西方文化对中国传统家庭观念造成了强有力的冲击,中华人民共和国成立后婚姻法的颁布进一步淡化了民众的家庭观念。[1] 随着现代化进程的不断推进,人口的老龄化、家庭规模的日益小型化和家庭结构的持续核心化对我国养老实践提出十分严峻的挑战。现代化与工业化的发展打破了中国传统以家庭为核心的人身财产关系,促进了个人的自由发展、女性地位的提升和家庭功能的不断改变。有学者认为,现代化是奠基于个人成就而不是家庭关系之上,所以家庭的淡化和解体是现代社会发展的必然趋势。[2] 因此,在现代化的不断冲击下,中国大众对养老主体、养老内容与养老模式的基本认知是否也发生了改变是本文关注的核心问题。[3]《中共中央关于全面深化改革若干重大问题

---

* 西南政法大学法理学专业博士研究生。
本文系教育部人文社会科学重点研究基地项目(14JJD820024)的阶段性成果。

〔1〕参见李拥军:《当代中国法律对亲属的调整——文本与实践的背反及统合》,载《法制与社会发展》2017 年第 4 期。

〔2〕参见潘允康、丛梅:《家庭与工业化、现代化》,载《天津社会科学》1995 年第 4 期。

〔3〕本文将“中国大众”划分为青年人、中年人和老年人三个年龄阶段。我们将“青年人”限定为 18 ~ 39 岁的民众,他们是我国 1978 年改革开放背景下成长起来的年青一代,政治、经济、文化制度的变革和思想观念的革新在他们的养老观念中留下了深深的“印迹”。在社会转型与变迁的大背景下,对青年人养老观念的准确测量对深入理解我国养老观念的基本现状与发展趋势有着非常重要的意义。此外,我们将中年人界定为 40 ~ 59 岁的民众,这些受访者多出生于 1958 ~ 1977 年,这些受访者出生在改革年代,并且,中年人在现阶段承担着沉重的养老压力,对他们养老观念的测量有助于我们把握养老的现实压力。最后,我们将“老年人”界定为 60 岁以上的人,这部分人大多出生于新民主主义革命中后期与中华人民共和国成立初期,传统文化在这些受访者身上留下了相对较深刻的“烙印”,而且,他们也是老年人权益保障法规定中的“老年人”。

的决定》在建立更公平可持续的社会保障机制中指出:“积极应对人口老龄化,加快建立社会养老服务体系和发展老年服务产业。”《老年人权益保障法》第5条规定,国家建立和完善以居家为基础、社区为依托、机构为支撑的社会养老服务体系。然而,对于民众养老观念的准确考察是我们制定养老政策和规范养老实践的基本前提和重要依据。“中国大众养老观念调查”通过对全国30个省、自治区、市(港澳台及海南省除外)选取的3964个样本进行调查访问,测量了青年人、中年人和老年人对养老主体、养老内容和养老模式的基本认知,以期为我们分析中国大众养老观念存在哪些变与不变,最终为我国养老政策的制定和实施提供基本的数据支撑。[1]

一、谁来养老:养老责任承担主体的子女、政府和老年人自己

养老责任承担主体解决的是“谁来养老”的问题,学界通常认为,承担养老责任的主体主要包括政府、家庭和老年人自己。养老主体是养老责任的实际承担者,养老实践是养老主体承担养老责任的具体展开。众所周知,家庭养老是中国传统的养老模式,在“传宗接代”本体性价值的影响下,儿子是中国传统文化中唯一的养老主体。随着社会保障体系的不断完善,国家开始在养老实践中扮演着越来越重要的作用;随着工业化进程的不断发展,中国大众对养老主体的认知是否发生改变便成为我们这部分关注的主要问题。通过不同年龄阶段与“您认为在养老中,谁应该承担更多的责任?”的交叉分析,我们调查了3个年龄阶段的受访者对养老责任承担主体的具体认知(见表1),结果显示,不同年龄阶段的受访者对养老责任承担主体的认知存在显著差异($X^2=45.96$, $df=5$, $P<0.01$)。

---

[1] “中国大众养老观念调查”(Chinese Public' Idea On Old-Age Survey, CPIOAS)是国家人权教育与培训基地西南政法大学人权研究院主持的实证调研项目。本次调查采用异比分层、多阶段、等概率的方式抽取样本,初级抽样单位(Primary Sampling Units, PSU)为县级行政单位(4个直辖市以市为初级抽样单位),抽样框采用《全国分县市人口统计资料(2010)》中的县级行政单位名单及户数资料;次级抽样单位(Secondary Sampling Units, SSU)为乡镇/街道,抽样框采用行政区划网站及《2010中国建制镇基本情况统计资料》相关数据。此外,课题组按照误差率小于5%的精度要求,设计抽选出5000个样本,实际抽到4015个样本,最后有效采访3964个样本,有效率为98.72%。抽样范围覆盖了全国东中西部及东北地区共30个省、市、自治区(港、澳、台及海南除外)的125个城市。最后,课题组通过运用“统计产品与服务解决方案”软件(Statistical Product and Service Soluthons, SPSS)对问卷的结果进行分析,建立了我们研究的数据库。

表1　年龄阶段与“养老责任承担主体”交叉分析

年龄阶段	子女	老年人自己	政府	其他	合计
青年人	1500	148	514	178	2340
	64.1%	6.3%	22.0%	7.6%	100.0%
中年人	705	119	360	73	1257
	56.1%	9.5%	28.6%	5.8%	100.0%
老年人	134	29	52	17	232
	57.8%	12.5%	22.4%	7.3%	100.0%

资料来源:“中国大众养老观念调查”数据库(N=3829,单位:%)。

(一)养老责任承担主体趋向多元,不同年龄阶段民众认知差异显著

首先,子女是承担养老责任的首要主体,民众选择子女承担养老责任的比例最高。从表1可以看出,青年人选择子女承担养老责任的比例最高(64.1%),青年人比中年人与老年人选择该项的比例分别高8%和6.3%。此外,中年人和老年人选择该项的比例分别为56.1%和57.8%,老年人比中年人选择该项的比例略高(1.7%)。所以,青年人对子女承担养老责任的期待最高,老年人比中年人选择子女承担养老责任的比例略高,青年人的养老责任感最强。

其次,民众对政府承担养老责任也有一定期待,中年人对政府承担养老责任期待最高。随着社会养老的逐步推广,政府在养老中开始发挥着重要作用。从表1可以看出,中国大众选择政府承担养老责任的比例仅次于选择子女承担养老责任的比例。中年人选择政府承担养老责任的比例最高(28.6%),中年人比青年人和老年人选择该项的比例分别高6.6%和6.2%。青年人和老年人选择该项的比例分别为22.0%和22.4%,两者的比例差异极其微小(0.4%)。因此,中年人正处于承担家庭责任的关键时期,在既要抚养子女又要赡养老年人的生活压力下,他们更期待国家能够减轻他们的养老负担。

最后,老年人自己也开始承担部分养老责任,老年人选择自己承担养老责任的比例最高。青年人、中年人和老年人选择老年人自己承担养老责任的比例分别为6.3%、9.5%和12.5%,选择老年人自己承担养老责任的比例随着年龄阶段的不断增长而呈现出不断增高的发展趋势。其中,中年人比青年人选择该项的比例高3.2%,老年人选择该项的比例比青年人和中

年人选择该项的比例分别高6.2%和3.0%。所以,中国大众对老年人自己承担养老责任普遍缺乏强烈的认同感。但是,随着现代化和工业化进程的不断推进,老年人对自己承担养老责任也开始有一定程度的认知。可见,中国传统的"家文化"和"责任伦理"在我国养老实践中持续发挥着十分重要的影响,代际间的血缘亲情依然是受访者承担养老责任的重要因素。[1]

(二)"养儿防老"有深厚的观念基础,老年人的认可度最高

众所周知,儿子是我国传统养老责任的承担主体,"养儿防老"是我国民众的传统观念。我国传统小农经济的生产方式决定了男性在从事农业生产方面具有天然的优势,民众对男性有着特别的生育偏好。儿子作为种族延续的传承者、家族祭祀的参与者和家庭财产的合法继承者,无疑是养老送终最可靠的资源。[2] 随着自由、平等等价值观念的不断传播与国家制度对家庭血缘关系的不断弱化,中国大众对养老主体认知是否已经出现了某种程度的改变?通过不同年龄阶段与"您是否赞同养儿防老"的交叉分析(见表2),我们发现不同年龄阶段的民众对该观念的认知存在显著差异($X^2 = 40.90, df = 2, P < 0.01$)。

表2 年龄阶段与"养儿防老"观念交叉分析

年龄阶段	赞同	反对	合计
青年人	1263	1085	2348
	53.8%	46.2%	100.0%
中年人	757	499	1256
	60.3%	39.7%	100.0%
老年人	171	62	233
	73.4%	26.6%	100.0%

资料来源:"中国大众养老观念调查"数据库(N=3837,单位:%)。

[1] "责任伦理"主要表现在两个方面:一方面,老年人与子女相处时秉持责己严、待人宽的态度。每一代父母永远是高标准要求自己,在抚养子女时,他们不计回报的付出。另一方面,到了需要被赡养时,他们仍然愿意降低自己的生活标准,尽量帮扶子女,直到自己丧失了付出能力,他们仍把降低子女的付出作为自己的标准。参见杨善华:《以"责任伦理"为核心的中国养老文化——基于文化与功能视角的一种解读》,载《晋阳学刊》2015年第5期。

[2] 参见乐章、肖荣荣:《养儿防老、多子多福与乡村老人养老倾向》,载《重庆社会科学》2016年第3期。

"养儿防老"在民众观念中依然有非常重要的影响,其中,老年人对该观念的认可度最高。从表2可以看出,青年人、中年人和老年人赞同该观念的比例分别为53.8%、60.3%和73.4%,各年龄阶段的受访者认同该观念的比例均占据了半数以上。其中,老年人认同该观念的比例最高,青年人对该观念的认可度最低,老年人对该观念的仍可度比青年人对该观念的认可度高19.6%。所以,"养儿防老"观念在现代民众的养老观念中依然有十分重要的影响。但是,我们也可以看出,随着年龄阶段的不断递减,反对养儿防老观念的比例也在逐渐增多。老年人反对该观念的比例最低(26.6%),中年人反对该观念的比例次之(29.7%),青年人反对该观念的比例最高(46.2%),青年人反对该观念的比例比中年人和老年人分别高13.1%和19.6%。因此,随着现代化进程的不断推进与男女平等观念的不断深入,养儿防老观念也越来越不被青年人所接受。

(三)"儿子女儿一样养老"已经成为中国大众的基本共识

众所周知,女儿并不是承担养老责任的实际主体,所以,中国传统观念认为,"嫁出去的闺女,泼出去的水"。在工业化和现代化的持续影响下,女性开始脱离农业而加入非农产业,工业化程度越高,社会的职业也就越多。在工业化的影响下,女性的经济能力与社会地位得到了十分显著的提升,而不再局限于中国传统社会中"相夫教子"的地位。古德认为,妇女独立就业人数的不断增加和妇女权利的增多是家庭模式发展的重要趋势。[1] 为了测量民众对女性在我国养老实践中实际作用的基本认知,我们将不同年龄阶段与是否赞同"嫁出去的闺女,泼出去的水"进行交叉分析(见表3),结果显示:中国大众对该问题的认知并不存在显著性差异($X^2=5.79$, $df=2$, $P>0.05$)。

表3　年龄阶段与"嫁出去的闺女,泼出去的水"交叉分析

年龄阶段	赞同	反对	合计
青年人	425	1922	2347
	18.1%	81.9%	100.0%

〔1〕 参见[美]威廉·J.古德:《家庭》,魏章玲译,社会科学文献出版社1986年版,第249~250页。

续表

年龄阶段	赞同	反对	合计
中年人	215	1037	1252
	17.2%	82.8%	100.0%
老年人	55	176	231
	23.8%	76.2%	100.0%

资料来源:“中国大众养老观念调查”数据库(N = 3830,单位:%)。

“嫁出去的闺女,泼出去的水”的传统观念在现代社会已遭到了普遍强烈的反对。从表3可以看出,青年人、中年人和老年人反对该观念的比例都非常高。其中,中年人的反对比例最高(82.8%),青年人的反对比例次之(81.9%),老年人的反对比例最低(76.2%)。也可以看出,各年龄阶段的受访者反对该观念的比例都非常高。以上调查结果也提示我们,年龄阶段对是否赞同该观念的影响并不明显,而反对该观念已经成为中国大众的“普遍共识”。事实上,随着工业化进程的日益深入,女性在我国养老实践中开始发挥着非常重要的作用。为了测量女性在我国养老实践中发挥着怎样的作用,我们通过不同年龄阶段与您是否赞成“儿子和女儿一样养老”这道题目的交叉分析(见表4),结果显示中国大众对该问题的认知并不存在显著性差异($X^2 = 5.61, df = 2, P > 0.05$)。

表4　年龄阶段与“儿子和女儿一样养老”交叉分析

年龄阶段	赞同	反对	合计
青年人	2057	293	2350
	87.5%	12.5%	100.0%
中年人	1123	136	1259
	89.2%	10.8%	100.0%
老年人	194	37	231
	84.0%	16.0%	100.0%

资料来源:“中国大众养老观念调查”数据库(N = 3840,单位:%)。

事实上,女性在我国养老实践中已经发挥着十分重要的作用。从表4可以看出,各年龄阶段的受访者对“儿子和女儿一样养老”观念均有着非常高的认可度。其中,中年人对该观念的认可度最高(89.2%),青年人与老年人赞同该观念的比例分别为87.5%和84.0%。卡方的检测结果也显示,年龄阶段对该观念的影响并不明显，儿子和女儿在养老方面的同等责任已成为中国大众的基本共识。所以，虽然“养儿防老”观念在现代社会仍然存在一定程度的遗存，但养老实践中“重男轻女”的传统观念在我国现代社会已有了实质性的改变，儿子和女儿共同承担养老责任承担已渗透到中国大众的养老观念与实践中。

总而言之，虽然养老责任承担主体已呈现多元化的发展趋势，但是子女依然是现代社会养老实践中承担养老责任的首要主体。尽管不同年龄阶段的民众对养老责任承担主体的认知倾向存在差异，但家庭在现代社会的养老实践中依然发挥着重要作用。此外，“养儿防老”的传统观念在现代社会依然发挥着重要影响，女性在现代社会的养老实践中开始发挥着非常重要的作用。对“嫁出去的闺女，泼出去的水”观念的普遍反对已成为中国大众的普遍共识，“儿子女儿一样养老”的观念已具有深厚的民众基础。

二、养老内容：养老的经济供养、生活照料与精神慰藉

《老年人权益保障法》第14条规定：“赡养人应当履行对老年人经济上供养、生活上照料和精神上慰藉的义务，照顾老年人的特殊需要。”因此，经济供养、生活照料、精神慰藉构成了我国养老实践的主要内容。姚远认为，我国传统养老内容主要包括养老（物质养老）、敬老（精神尊老）和送老（依礼送葬）三个方面。其中，送老是第一位，敬老是第二位，养老是第三位。[1]随着社会的不断发展和文化观念的不断转变，民众对养老内容的认知是否发生了变化？为了调查中国大众对养老内容的基本认知，我们将不同年龄阶段与“以下养老内容中，您更看重哪一个？”进行交叉分析（见表5），结果显示：不同年龄阶段的民众对该问题的认知存在显著差异（$X^2 = 14.01$，$df = 4$，$P < 0.01$）。

表5　年龄差别与“以下养老内容中，您更看重哪一个？”交叉分析

年龄阶段	经济供养	生活照料	精神慰藉	合计
青年人	1050	742	483	2275
	46.2%	32.6%	21.2%	100.0%

〔1〕参见姚远：《养老：一种特定的传统文化》，载《人口研究》1996年第6期。

续表

年龄阶段	经济供养	生活照料	精神慰藉	合计
中年人	551	453	211	1215
	45.3%	37.3%	17.4%	100.0%
老年人	96	69	54	219
	43.8%	31.5%	24.7%	100.0%

资料来源："中国大众养老观念调查"数据库（N=3709，单位：%）。

从表5可以看出，中国大众对养老内容的认知偏好基本保持一致。首先，经济供养是中国大众最看重的养老内容，青年人、中年人和老年人选择经济供养的比例分别为46.2%、45.3%和43.8%，各年龄阶段的民众选择经济供养的比例都非常高。除此之外，年龄越小选择经济供养的比例越高。青年人选择经济供养的比例最高，青年人选择经济供养的比例比中年人和老年人选择该项的比例分别高0.9%和2.4%。所以，青年人比中年人和老年人相对更看重经济供养。其次，中国大众选择生活照料的比例仅次于经济供养。青年人、中年人和老年人选择生活照料的比例分别为32.6%、37.3%和31.5%。其中，中年人选择生活照料的比例最高，中年人选择生活照料的比例比青年人和老年人选择该项的比例分别高4.7%和5.8%。此外，青年人和老年人选择生活照料的比例差异不大（1.1%）。所以，中年人的现实养老压力最大，中年人最看重生活照顾。

最后，精神慰藉在我国养老实践中并不被民众所重视，中国大众选择精神慰藉的比例最低。老年人的精神慰藉经常得不到满足已成为养老实践需要解决的严峻事实。[1] 青年人、中年人和老年人选择精神慰藉的比例分别为21.2%、17.4%和24.7%。可以看出，中年人选择精神慰藉的比例最低，在沉重的养老压力下，中年人已无力于顾及老年人的精神需求。与此同时，老年人选择精神慰藉的比例最高，老年人选择精神慰藉的比例分别比青年人和中年人选择该项的比例高3.5%和7.3%，所以老年人对精神慰藉的需求最强烈。实际上，中国大众对养老内容的具体认知仍然存在显著差别。

[1] 关于这方面的相关论述，参见刘淑娜：《农村家庭养老中精神慰藉的调查分析》，载《现代经济信息》2015年第17期；孙丽娜：《北京市老年人精神慰藉影响因素》，载《中国老年学杂志》2013年第24期；尤吾兵：《中国老年人口精神慰藉的现实矛盾及支持系统构建》，载《中国老年学杂志》2015年第12期；方菲：《劳动力迁移过程中农村留守老人的精神慰藉问题探讨》，载《农村经济》2009年第3期。

我们通过测量“身体健康”“家人陪伴”“衣食无忧”“居住环境”“有老朋友”“有娱乐学习生活”六方面考察了中国大众对养老内容的具体认知。

(一)老年人选择“身体健康”的比例最高

身体健康状况是影响老年人养老质量的重要内容。李瑞芬等认为,对老年人的赡养主要包括经济供养、生活照料、精神慰藉三方面,三者都对老年人的生活质量有着重要影响,而老年人的健康状况是决定老年人生活质量的关键因素之一。[1] 从表6可知,中国大众选择身体健康的比例都非常高。青年人、中年人和老年人选择该项的比例分别为85.3%、90.0%和91.3%,并且,随着年龄的不断增长,受访者对身体健康状况有越来越高的需求。可以看出,老年人选择身体健康的比例最高,其比青年人和中年人选择该项的比例分别高6%和1.3%。所以,老年人最重视身体健康状况对养老实践的重要影响。此外,中年人承担着现实的养老压力,中年人选择身体健康的比例比青年人选择该项的比例高4.7%,并且,中年人和老年人选择该项的比例差异不大(1.3%),因此,中年人也非常看重身体健康状况。

表6　年龄阶段与“身体健康”交叉分析

年龄阶段	身体健康	未选	合计
青年人	2022	348	2370
	85.3%	14.7%	100%
中年人	1146	127	1273
	90.0%	10.0%	100%
老年人	220	21	241
	91.3%	8.7%	100%

资料来源:“中国大众养老观念调查”数据库(单位:%)。

(二)青年人和老年人同样看重“衣食无忧”,青年人最重视“居住环境”

经济供养是中国大众最看重的养老内容。众所周知,社会养老在我国现阶段的养老实践中依然无力于完全替代传统家庭养老,所以在我国现阶段的养老实践中,作为物质供养的衣食无忧在老年人生活中仍然发挥着重要影响。从表7可以看出,青年人和老年人选择衣食无忧的比例分别为

[1] 参见李瑞芬、童春林:《中国老年人精神赡养问题》,载《中国老年学杂志》2006年第12期。

73.3%和73.9%，青年人和老年人选择该项的比例差异极其微小(0.6%)，可见青年人和老年人同样看重衣食无忧。与此同时，中年人选择衣食无忧的比例最低(69.1%)，中年人选择该项的比例比青年人和老年人选择该项的比例分别低4.2%和4.8%，中年人相对而言最不看重衣食无忧。

表7　年龄阶段与"衣食无忧"交叉分析

年龄阶段	衣食无忧	未选	合计
青年人	1738	633	2371
	73.3%	26.7%	100%
中年人	880	394	1274
	69.1%	30.9%	100%
老年人	178	63	241
	73.9%	26.1%	100%

资料来源："中国大众养老观念调查"数据库(单位：%)。

此外，青年人最看重居住环境。在舒适的居住环境中安享晚年是衡量老年人生活质量的重要指标，并且，良好的居住环境也有利于提升老年人的身体健康状况和充实老年人的晚年生活。从表8可以看出，青年人、中年人和老年人选择居住环境的比例分别为70.0%、68.1%和66.8%，并且随着年龄阶段的不断增大，民众对居住环境这一选项的认知呈现逐渐下降的整体趋势，青年人选择居住环境的比例最高，老年人选择该项的比例最低，青年人选择居住环境的比例比老年人选择该项的比例高3.2%。所以，随着现代化进程的逐步推进与民众年龄阶段的不断变小，中国大众对老年人的居住环境有越来越高的要求。

表8　年龄阶段与"居住环境"交叉分析

年龄阶段	居住环境	未选	合计
青年人	1659	711	2370
	70.0%	30.0%	100%
中年人	867	406	1273
	68.1%	31.9%	100%

续表

年龄阶段	居住环境	未选	合计
老年人	161	80	241
	66.8%	33.2%	100%

资料来源:“中国大众养老观念调查”数据库(单位:%)。

(三)青年人最看重“家人陪伴”

众所周知,家文化在我国传统养老实践中发挥着非常重要的作用,并且,家人的陪伴构成了我国传统家文化的显著特征。随着现代化进程的不断推进,人口流动的逐渐加快和工作距离的不断加大导致子女不能经常陪伴在父母身边,家人无法陪伴开始成为一个非常严峻的问题。通过表9可以发现,青年人、中年人和老年人选择家人陪伴的比例分别为76.9%、74.7%和71.8%,并且,随着年龄阶段的不断减小选择家人陪伴的比例越高,青年人选择家人陪伴的比例最高,老年人选择该项的比例最低,青年人选择家人陪伴的比例比中年人和老年人选择该项的比例分别高2.2%和5.1%。所以,现代化进程推进依然没有阻挡中国大众对家人陪伴的向往,且青年人对家人陪伴有着非常强烈的期待和向往。此外,责任伦理仍然在我国养老实践中发挥着重要作用,当子女由于工作等原因不能陪伴在父母身边时,老年人仍然能够给予足够的理解和支持,因此,老年人对家人陪伴的期待最低。

表9　年龄阶段与“家人陪伴”交叉分析

年龄阶段	家人陪伴	未选	合计
青年人	1823	548	2371
	76.9%	23.1%	100%
中年人	951	322	1273
	74.7%	25.3%	100%
老年人	173	68	241
	71.8%	28.2%	100%

资料来源:“中国大众养老观念调查”数据库(单位:%)。

(四)青年人最看重有老朋友,老年人最看重有娱乐学习生活

作为养老内容的精神慰藉有十分丰富的内容。老朋友之间的沟通交流和适当的娱乐学习生活是老年人精神慰藉的重要来源,也是老年人实现自

我价值的重要组成部分。从表 10 可以看出,青年人、中年人和老年人选择有老朋友的比例分别为 63.8%、59.9% 和 58.9%。随着年龄阶段的不断减小,中国大众选择有老朋友的比例越高,青年人选择有老朋友的比例最高,老年人选择有老朋友的比例最低,青年人选择有老朋友的比例比中年人和老年人选择该项的比例分别高 3.9% 和 4.9%。因此,青年人对有老朋友的期待最高。

表 10 年龄阶段与"有老朋友"交叉分析

年龄阶段	有老朋友	未选	合计
青年人	1511	857	2368
	63.8%	36.2%	100%
中年人	762	510	1272
	59.9%	40.1%	100%
老年人	142	99	241
	58.9%	41.1%	100%

资料来源:"中国大众养老观念调查"数据库(单位:%)。

另外,娱乐学习也是提升老年人生活品质的重要途径。通过将自己的老年生活通过娱乐学习的方式融入社会,老年人与社会形成了直接的融合与交流,这必然给老年人心理上以极大的精神慰藉,也有利于老年人"老有所乐"的目标真正实现。通过表 11 可以发现,老年人选择有娱乐学习生活的比例最高(52.3%),青年人选择该项的比例次之(50.7%),中年人选择该项的比例最低(47.8%),老年人选择有娱乐学习生活的比例比中年人和青年人选择该项的比例分别高 4.5% 和 1.6%。所以,随着年龄的不断增长,老年人对娱乐学习生活的需求在不断提升,中年人在沉重的现实养老压力下,对老年人娱乐学习生活的关注程度最低。

表 11 年龄阶段与"有娱乐学习生活"交叉分析

年龄阶段	有娱乐学习生活	未选	合计
青年人	1201	1168	2369
	50.7%	49.3%	100%
中年人	608	664	1272
	47.8%	52.2%	100%

续表

年龄阶段	有娱乐学习生活	未选	合计
老年人	126	115	241
	52.3%	47.7%	100%

资料来源:“中国大众养老观念调查”数据库(单位:%)。

综上所述,从养老内容的认知偏好来看,经济供养已成为我国养老实践的首要内容,中国大众对生活照料的认知程度次之,而精神慰藉在我国养老实践中的重要性并不被民众所认可。此外,中国大众对具体养老内容的认知存在显著的差别。老年人最看重身体健康和有娱乐学习生活。青年人和老年人同样看重衣食无忧,中年人对衣食无忧的认知程度最低。另外,青年人对居住环境、家人陪伴和有老朋友的认知程度最高。所以,中国大众对养老的具体内容存在着多元化的认知,并且,这种多元化认知受到了多种因素的共同作用。

三、怎样养老:中国大众对养老模式的认知偏好

“家庭养老既是文化模式,又是行为方式。”[1] 众所周知,家庭养老是我国传统的养老模式,在现代化等因素的影响下,家庭规模的小型化是中国城乡结构变化的主要特征之一。与此同时,家庭结构还呈现出以核心化家庭为主,小家庭式样愈益多样化的趋势。[2] 家庭规模的日益小型化和家庭结构的持续核心化对传统家庭养老模式在现代社会的维系造成了很大程度的阻碍。为了考察我国家庭结构在现代化影响下发生了什么样的变化我们通过“您目前的居住方式是?”这道题目的调查结果如下(见表12):

表12　您目前的居住方式是?

居住方式	频率	百分比
单身户	610	15.6
夫妻户(夫妻同住,没有子女)	569	14.6
两代户(父母与子女同住)	1688	43.2
三代户(夫妻、父母、子女同住)	631	16.2

〔1〕 姚远:《中国家庭养老研究述评》,载《人口与经济》2001年第1期。
〔2〕 参见唐灿:《中国城乡社会家庭结构与功能的变迁》,载《浙江学刊》2005年第2期。

续表

居住方式	频率	百分比
隔代户(爷爷奶奶等与孙子孙女同住)	106	2.7
其他	302	7.7
合计	3906	100

资料来源:"中国大众养老观念调查"数据库,卷 A23(N=3866,单位:%)。

通过表 12 可以发现,两代户是中国家庭的主力结构,中国大众选择两代户(父母与子女同住)的比例最高(43.2%),而作为中国传统主力家庭结构的三代户(夫妻、父母、子女同住)的比例仅为 16.2%。此外,"单身户"的比例为 15.6%,夫妻户(夫妻同住,没有子女)的比例为 14.6%,隔代户(爷爷奶奶等与孙子孙女同住)的比例为 2.7%。所以,在现代化与工业化的影响下,两代户取替了三代户开始成为我国家庭居住的主力结构,并且,其他居住方式也开始成为中国大众居住安排的重要组成部分,中国大众的居住方式也开始呈现多样化的发展趋势。此外,本次调研数据也提示我们中国大众的居住意愿仍然存在诸多的共识和差异。

(一)中国大众最期待"老年人和子女一起居住"

如前所述,我国民众目前居住的主力结构为父母子女同住的两代户,并且,居住结构的日益多元化也开始成为我国民众居住安排的发展趋势。那么,中国大众的实际居住安排与居住意愿是否保持一致便成为我们要测量的重要问题。为了考察中国大众对居住方式有着什么样的期待?我们通过将不同年龄阶段与"您更赞同哪种居住方式?"这道题目进行交叉分析(见表 13),结果显示:不同年龄阶段的受访者对该问题的认知存在显著差异($X^2=86.29$, $df=4$, $P<0.01$)。

表 13　年龄阶段与"您更赞同哪种居住方式"交叉分析

年龄阶段	老年人和子女一起居住	老年人自己居住	老年人去养老院居住	合计
青年人	1416	451	489	2356
	60.1%	19.1%	20.8%	100.0%

续表

年龄阶段		老年人和子女一起居住	老年人自己居住	老年人去养老院居住	合计
中年人		679	376	208	1263
		53.8%	29.8%	16.5%	100.0%
老年人		113	93	31	237
		47.7%	39.2%	13.1%	100.0%

资料来源:“中国大众养老观念调查”数据库(N=3856,单位:%)。

首先,中国大众对“老年人和子女一起居住”的认可度最高。从表13中可以看出,青年人、中年人和老年人选择老年人和子女一起居住的比例分为60.1%、53.8%和47.7%,并且,随着受访者年龄的不断减小选择这种居住方式的比例也越来越高。因此,青年人选择这种居住方式的比例最高,老年人选择这种居住方式的比例最低,青年人选择老年人和子女一起居住的比例比中年人和老年人选择该项的比例分别高6.3%和12.4%。所以,中国传统的居住方式在青年人的养老观念中依然有深厚的民众基础。其次,老年人选择“老年人自己居住”的比例最高。青年人、中年人和老年人选择该项的比例分别为19.1%、29.8%和39.2%,且随着年龄阶段的不断增长选择老年人自己居住的比例也在逐渐增高。可以看出,青年人选择老年人自己居住的比例最低,老年人选择该项的比例最高,老年人选择该项的比例比青年人和中年人选择该项的比例分别高20.1%和9.4%。因此,在我国现阶段的养老实践中,老年人选择自己居住的意愿最高。最后,青年人选择“老年人去养老院居住”居住的比例最高。青年人、中年人和老年人选择老年人去养老院居住的比例分别为20.8%、16.5%和13.1%。其中,随着年龄阶段的不断降低,选择该项的比例呈现出逐渐增长的整体趋势。因此,青年人对该居住方式的认可比例最高,老年人对该居住方式的认可比例最低,青年人选择该项的比例比老年人高7.7%。所以,青年人相对最认可养老院的居住方式。

(二)养老院养老缺乏民众支持,老年人反对养老院养老的比例最高

随着社会养老体系的不断推进,养老院养老在我国的养老实践中开始发挥越来越重要的作用,养老院养老模式也开始成为现代社会解决养老问题的重要方案。然而,中国大众对养老院养老模式究竟存在怎样的认知?

为此，我们将不同年龄阶段与“您是否愿意把自己的父母送到养老院去养老?”这道题目进行交叉分析（见表 14），结果显示：不同年龄阶段的受访者对该问题的认知存在显著差异（$X^2 = 10.23$，$df = 2$，$P < 0.01$）。

表 14　年龄阶段与“您是否愿意把自己的父母送到养老院去养老?”交叉分析

年龄阶段	赞同	反对	合计
青年人	617	1655	2272
	27.2%	72.8%	100.0%
中年人	283	942	1225
	23.1%	76.9%	100.0%
老年人	47	184	231
	20.3%	79.7%	100.0%

资料来源：“中国大众养老观念调查”数据库（N = 3728，单位：%）。

中国大众对养老院养老的反对比例都很高，其中，老年人反对养老院养老的比例最高。通过表 14 可知，青年人、中年人和老年人反对该观念的比例分别为 72.8%、76.9% 和 79.7%，并且呈现随着年龄阶段的不断增长，受访者反对养老院养老的比例越高的总体趋势。其中，青年人反对养老院养老的比例最低，老年人反对该项的比例最高，老年人反对养老院养老的比例比青年人和中年人反对该项的比例分别高 6.9% 和 2.8%。所以，老年人对养老院养老的接受程度最低，青年人对养老院养老的接受程度相对更高。因此，随着现代思想的不断传播和社会养老模式的不断完善，养老院养老对青年人养老观念的影响更大。

（三）中国大众对养老院养老的认可程度已经有所提高

众所周知，养老院在西方国家的养老实践中已经发挥了非常重要的作用。那么，随着我国家庭结构和民众观念的不断转变，养老院养老是否将会成为解决我国养老问题的必然趋势。为了测量中国大众对养老院养老模式在我国未来养老实践发展前景的具体认知，我们通过将不同年龄阶段与“如果您老了，您是否愿意去养老院养老?”进行交叉分析（见表 15），结果显示：不同年龄阶段的受访者对该问题的认知存在显著差异（$X^2 - 9.65$，$df = 2$，$P < 0.01$）。

表15　年龄阶段与“如果您老了,您是否愿意去养老院养老?”交叉分析

年龄阶段	赞同	反对	合计
青年人	971	1304	2275
	42.7%	57.3%	100.0%
中年人	553	667	1220
	45.3%	54.7%	100.0%
老年人	80	152	232
	34.5%	65.5%	100.0%

资料来源:“中国大众养老观念调查”数据库(N=3727,单位:%)。

中国大众对养老院养老的赞同比例已有了一定程度的提升。通过表15可知,一方面,中国大众对养老院养老在我国未来发展前景的认知仍然并不乐观。各年龄阶段的受访者反对去养老院养老的比例均很高,其中;老年人的反对比例最高(65.5%),青年人的反对比例次之(54.7%),中年人的反对比例最低(57.3%)。也可以看出,中国大众对养老院在我国未来发展前景的整体认知并不积极。另一方面,中国大众对养老院养老的认可度已有了一定程度的提升。从表14可知,青年人、中年人和老年人赞同将父母送进养老院养老的比例均非常低(27.2%、23.1%、20.3%),但是,青年人、中年人和老年人赞同在自己年老时选择去养老院养老的比例已有了一定程度的提升(42.7%、45.3%、34.5%),其三者增长的比例分别为15.5%、22.2%和14.2%。因此,随着社会养老的不断推进,中国大众对养老院养老模式的认可比例均有一定程度的提高,养老院养老模式在中国大众的养老观念中已产生了一定程度的影响。

总而言之,虽然从形式上看,我国家庭已经呈现以父母子女共同居住的两代户为核心的家庭结构,民众多元化的居住方式似乎也对传统养老模式的持续发展造成了一定程度的阻碍,但中国大众对父母与子女一起居住的强烈期待也显示我国传统家庭养老模式在现代社会依然有深厚的民众基础。此外,尽管中国大众对养老院养老的发展前景并不十分看好,但是中国大众对养老院养老模式认同度的不断增长依然为我国养老模式的未来发展提供了多元化的选择方案。

四、基于实证数据的理论分析与对策建议

(一)从博弈到融合:中国大众养老观念存在的整体格局

如前所述,在老龄化、家庭规模的小型化和家庭结构的日益核心化、工业化和家文化变迁的影响下,中国传统的养老环境已经发生了很大程度的改变。一直以来,"反馈模式"与"接力模式"是研究养老观念变迁的核心范畴。[1] 然而,在现代化的发展进程中,反馈模式是否必然让位于西方接力模式?[2] 本次调研结果显示,中国大众养老观念变迁是反馈模式与接力模式在现代社会博弈与融合的必然结果,反馈模式与接力模式的博弈带来的并不是从反馈模式走向接力模式,而是两种模式间的深度融合。一般认为:青年人受现代化的影响最大,其养老观念理论上应该呈现更多接力模式的显著特征;中年人受到传统与现代养老文化的重叠影响,其养老观念应该同时带有上述两种模式的显著特征。老年人对传统的坚守应该最明显,其养老观念中应该带有非常强烈的反馈模式特征。而调研结果显示,青年人养老观念中依然存有强烈的反馈模式因素,老年人养老观念中也呈现出接力模式的诸多特征,而中年人的养老观念反而同时具有反馈模式与接力模式的诸多特征。总体而言,中国大众对养老主体、养老内容和养老模式的认知均呈现出逐渐融合的整体格局。

第一,从中国大众对养老主体的认知来看,子女仍然是民众观念中应当承担养老责任的首要主体。虽然现代化对青年人思想的影响最大,但青年人选择子女应该承担养老责任的比例最高,可见,现代化并没有完全改变青年人的养老观念,青年人对传统养老文化依然有非常高的认可度。此外,中国大众对政府和老年人自己承担养老责任也开始存有一定程度的期待。中年人对政府承担养老责任的期待最高和老年人对自己承担养老责任的比例

---

〔1〕 关于"反哺模式"与"接力模式"的基本阐述,参见费孝通:《家庭结构变动中的老年人赡养问题——再论中国家庭结构的变动》,载《北京大学学报》(哲学社会科学版)1983 年第 3 期。

〔2〕 李银河等认为,反哺关系与接力关系是农业文化与现代工业文化之间的区别,而在我国现阶段的城市文化中,反馈关系正逐步让位给接力关系。10 多年后,她认为,中国家庭文化是否能够实现从家本位向个人本位、从家族主义向个人主义转变,还需要进一步研究。参见李银河、陈俊杰:《个人本位、家本位与生育观念》,载《社会学研究》1993 年第 2 期;马春华等:《中国城市家庭变迁的趋势和最新发现》,载《社会学研究》2011 年第 2 期。

最高也显示,在现代化的影响下,中国大众对养老责任承担主体的多元化认知倾向十分明显。最后,中国大众对“养儿防老”观念的普遍赞同显示传统反馈模式在民众的养老观念中持续发挥着重要影响,而青年人对该观念认同比例最低则提示我们,接力模式对青年人的养老观念已产生一定程度的影响。并且,中国大众对“嫁出去的闺女,泼出去的水”观念的普遍反对,对“儿子女儿一样养老”观念的普遍赞同也显示,在现代化的影响下,接力模式的诸多理念已对中国大众养老观念产生了重要影响。

第二,中国大众养老观念的深度融合不仅表现在物质方面,而且体现在家人陪伴和居住环境等非物质方面。学界认为,中国人对西方“空巢”模式的反感主要是由老年人精神上缺少家人慰藉引起的,所以缺乏对老年人的精神关照是接力模式的显著弊端,而我国传统反馈模式区别于接力模式的重要特征便在于老年人能够尽享“天伦之乐”。从本次调研的结论来看,中国大众对养老内容的认知呈现重视“经济供养”而忽视“精神慰藉”的显著特征,这种对养老内容重要性认知的位阶之变逐渐脱离了反馈模式的理论要求而呈现向接力模式发展的显著特征。但是,老年人最看重身体健康和有娱乐学习生活,青年人和老年人同样看重衣食无忧,中年人对衣食无忧的认知程度最低,青年人对家人陪伴、居住环境和有老朋友的认知程度最高也显示中国大众对养老内容的多元化认知受到了反馈模式和接力模式的共同影响,中国大众对养老内容的具体认知总体上呈现多元化的发展趋势。

第三,中国大众对养老模式的认知也体现了两种模式的相互融合。有学者指出,三代以上直系家庭的减少和核心家庭、夫妻家庭的增加是反哺模式走向接力模式的重要标志。[1] 从我们本次的调研数据结合王跃生统计的人口普查数据来看,父母与子女同住的两代户并没有呈现逐渐增长的趋势,父母、子女和孙子女同住的三代直系家庭的比例也保持了极高的稳定

[1] 赵晓力认为,三代以上直系家庭(笔者注:其主体为三代直系家庭)同时承担抚养和赡养职能,可以作为反哺模式的指示器。虽然夫妻家庭出现了一定程度的增长(4.78%、6.49%、12.93%、14.6%),但赵晓力认为1982~2000年夫妻家庭比例上涨是由于独生子女的政策效应。并且,我们2014年的调研数据相对于2000年的数据仅增长了1.67%,也依然不足以说明夫妻家庭的大幅度增加。参见赵晓力:《中国家庭正在走向接力模式吗?》,载《文化纵横》2011年第6期。

性。[1] 所以，我国家庭结构变迁并没有呈现向接力模式发展的显著特征。此外，接力模式并不看重父母与子女同住的比例，但中国大众对“老年人和子女一起居住”的期待则体现了反馈模式的显著特征，特别是青年人选择该居住的比例最高，则显示出反馈模式在青年人的养老观念中有尤为深厚的民众基础。但是，我们也发现，老年人选择“老年人自己居住”占据了一定比例。这可能是由于价值观念冲突、医疗技术的进步等原因导致，这也为我国养老模式的走向增加了一些不确定性因素。最后，虽然中国大众反对将自己父母送到养老院养老的比例都非常高，但中国大众愿意自己将来去养老院养老的比例在不同年龄阶段分别有了一定程度的提高，特别是中年人选择等自己将来老之后去养老院的比例最高，可见，中国大众对养老院模式的认知也呈现两种模式互相融合的特征。

总而言之，在现代化的影响下，中国大众养老观念存在诸多差异和共识：中国大众养老观念既保留了反馈模式的重要内容，但同时也接受了接力模式的诸多理念。中国大众养老观念变迁的融合性与复杂性提示我们，中国大众养老观念变迁同时受到反馈模式和接力模式的共同影响，这将会在很长时间影响中国大众养老观念未来变迁的基本方向。

（二）对策和建议：逐步构建我国多元复合的养老机制和养老体系

充分考察中国大众养老观念才能进一步完善我国的养老制度和养老体系。本文以定量研究的方法测量了中国大众对养老主体、养老内容和养老模式的基本认知，这为完善我国养老体系和养老制度提供了基本的数据支撑，中国大众养老观念的融合格局也为构建我国多元养老体系和养老制度提供了可能路径。

第一，构建以家庭养老为主、社会养老为辅的多元养老机制。首先，逐步强化子女的养老主体责任。子女是承担养老责任的首要主体，中国大众有非常强烈的养老责任感。中国传统家文化和“养儿防老”观念在我国现代社会的养老实践中依然有着十分重要的影响，并且，民众对“儿子和女儿一样养老”观念均有着非常高的认可度。因此，我们要逐步完善子女承担养老责任的社会支持系统，让子女真正有能力承担对老年人的养老责任。

---

〔1〕 有关1982年、1990年、2000年3次人口普查中关于两代户、三代直系家庭的相关数据。参见王跃生：《当代中国家庭结构变动分析》，载《中国社会科学》2006年第1期。而我们本次调研的统计的两代户、三代直系家庭的统计数据见本文表12。

其次,进一步增强国家在社会养老实践中发挥的作用。中年人在极大的养老压力和家庭压力下,往往对政府承担养老责任寄予了最高程度的期待。因此,国家应该从经济、医疗与政策等方面来减轻中年人的养老负担,为养老制度的运行提供一个良好的制度环境。最后,持续提高老年人自我养老的基本能力。在责任伦理感召下,老年人选择自己居住和自己承担养老责任的比例最高。纵然,在由于子女缺乏必要的经济能力没有尽到孝道时,他们也能给予充分的宽容和谅解。随着卫生条件的改善、医疗保障水平的提高和养老保险的不断普及,老年人已具备了自我养老的能力和条件。因此,提高老年人的自我养老能力,使老年人从依赖型养老到自主型养老转变,必将有利于我国养老体系的良性发展。

第二,中国大众对养老内容的认知偏好提示我们重视民众对养老内容的多元化需求。一方面,逐步加强对老年人精神需求的关照。调研数据显示,中国大众对老年人的精神慰藉并没有给予足够的重视,而老年人对精神慰藉的需求最高,所以,我们要给予老年人精神需求以必要的关注。此外,家人陪伴是老年人精神慰藉的主要来源,家庭是民众情感和生活的最终归属和依靠,家庭在精神慰藉方面的作用其他机构无法取代。因此,子女在物质赡养的同时,家人间的相互陪伴同样具有不可忽视的地位,子女应该通过现代科技的方式加强与老年人的情感交流,缓解老年人情感上的孤独。此外,我们还要丰富老年人的娱乐学习生活,以增加老年人精神生活的丰富性和多样性。另一方面,进一步提高老年人的居住环境,完善医疗卫生服务体系,逐步提高老年人的身体健康状况。身体健康是影响老年人生活质量的首要因素。随着年龄的不断增长,老年人身体机能的衰退和患病的风险也逐渐增大,如果由于健康原因而导致老年人生活不能自理,必然对老年人的生活质量和子女的养老负担方面带来巨大压力。因此,我们应该建立适合老年人需求的医疗服务体系,逐步完善全国互联网的医疗保险结算机制,增强老年人异地就医的便利性。

第三,逐步建立多元的养老保障方式,完善多层次社会养老体系建设。首先,巩固以家庭养老为主体的养老模式。我国传统文化决定了中国大众对家庭依然怀有浓厚的情感,家庭养老模式仍然凝聚着民众对养老模式未来走向的基本共识。虽然家庭养老正在向社会养老过渡,但家庭依然是养老的最主要形式,其不仅能够减轻国家和社会的负担,而且也能够增进家庭成员的联系。虽然家庭规模的小型化与家庭结构的核心化对我国传统家庭结构造成了重大影响,但是,民众内心的居住意愿依然倾向回归传统的家庭结构和居住方式。因此,我们需要不断巩固家庭养老的社会根基,重塑家庭养老在我国养老实践中的主体地位。其次,构建家庭养老的多元社会支持制度。通过国家的政策和具体制度使家庭养老不断获取新的资源,通过家庭、志愿者组织和慈善机构等非政府组织对家庭养老提供看护、家政和救助等服务,不断提高家庭养老模式的多元社会支持。此外,我们应该提高家庭养老多元化支持的服务水平,促使家庭养老与社会养老紧密配合,利用多元的社会机制逐步减轻家庭养老的现实压力,进而提高老年人的养老质量,丰富老年人的精神生活。最后,逐步完善养老院养老的机制和条件。虽然养老院养老的模式在我国民众观念中的接受程度还有待提高,但是,在其他养老方式仍然难以满足我国养老实践的现实需求时,养老院养老仍然有利于减轻家庭养老的内在压力,同时也有利于提高老年人的生活质量。

民事审判过程中暗默知识的适用与规范

◇陈　正*

引　言

在民事审判的过程中，法官并不是机械地、演绎地作出判决，在面对每一个具体案件时，法官都会有自己的思考。特别是在处理疑难案件的过程中，当现有的法条已经难以适用或者证据的不足导致案情扑朔迷离时，为了解决案件，法官个人知识的重要性就体现得尤为明显了。而这种知识，不是一种语言化的知识，更多地体现出一种直觉、信仰或者基于多年的审判经验形成的一种感觉，波兰尼把这种"非语言"的知识叫作暗默知识（暗默知）。

暗默知识普遍存在于民事审判过程中，然而，把民事审判和这种知识结合起来的研究还比较少，甚至由于该知识表面上和公正客观的审判活动不符，还被研究者刻意回避了，但其实它对审判起着巨大的作用。本文的目的就是考察、说明民事审判中暗默知识的存在，研究它被法官利用的合理性，正视它在审判实践中的作用并考虑如何进行规范。

在民事审判中，运用暗默知识具有多方面的意义。

首先，运用暗默知识可以帮助法官完成审判活动。一方面，由于实定法的滞后性，法官在法律适用时，常常会因为发生了法律中未明确规定的事项而感到头痛，这时，对暗默知识的运用可以帮助法官解释、创造法律，最终找到适用于该案的大前提。另一方面，在事实认定的过程中，由于关键性证据的缺失导致逻辑的推理活动无法继续时，法官可以运用暗默知识，根据案情去假设一些情节，从这些情节去追问当事人能否提供相关的证据，若能提供，这些假设就成为间接事实或者辅助事实，用它们来佐证主要事实同样可

---

* 厦门市鹭江公证处公证员助理，法学硕士。

以完成事实认定。若当事人不能提供相关证据,法官便继续发挥暗默知识继续假设情节,直到有间接证据能证明间接事实为止。此外,法官还可以依据双方当事人在该阶段的表现,通过暗默知识(主要是直觉和审判感觉),判断谁的证据可信度更高。

其次,运用暗默知识可以得到更合理的审判结果。同样,也是由于现有法律条文的滞后性,一些新案件若适用旧法律,可能会使判决结果变得不合理,不符合如今的现实状况。而由于暗默知识包含了法官对公平正义的一种理解,这种理解既有"法律性"又有"人性",以这种理解作为价值取向进行判决,可能会使结果更符合"现在的"公平。

关于暗默知识在民事审判实践上的研究,无论是国内还是国外都十分稀少。日本也是近年来才开始在法哲学相关研究中提到暗默知识,只是开始试着考察其存在,并没有取得特别引人注目的成果。但是事实上,学者已经注意到法官司法审判中存在一种难以言说的思考,只是尚未冠以"暗默知识"这个词。所以,可以利用学者们对民事审判的研究,零星地提取出涉及暗默知识的部分。

贺集唱先生认为,事实认定多以感觉居多,它并不全然是一个严格的逻辑三段论的过程。法官有时是先以感觉进行判断,再用证据进行验证。达马斯卡认为,从证据到结果中间存在一个断层,因为就形成判决的思考过程给出一份准确的解说是几乎不可能办到的。有心理学家主张,对于认知者来说,促使他们对证据作出反应的因素并不十分透彻,不易用命题去表达。

波斯纳在《法官如何思考》中明确提道,当法条主义不适用时,法官就要求助于信仰或者直觉。常常有这种情况,针对一个迫切的问题,中规中矩的分析得不出确定的答案,于是感情将其接管,逻辑就退居到为这个感情得出的结论理性化的位置。波斯纳分析了"偶尔立法者的法官"和"立法性法官"的思维,法官并非"自动贩售机",信仰、直觉、成见等非理性因素都会影响法官的司法行为。对大部分的简单案件,法官完全可以按照法律的规定来处理,可是,一旦案件超出法条规定的范围,就需要法官根据自由裁量权的要求,依据自己的内心确认进行审理。波斯纳总结了九种理论来说明法官在思考过程中受到的影响,其中就包含了直觉等心理因素。

可以看出,上述观点实际上都是对审判过程中暗默知识的研究说明,只是他们没有明确的与波兰尼的暗默知识关联起来而已。

在国内,对法学上的暗默知识研究就更少了。目前,只检索到胡学军和涂书填两位教授在2008年和2010年发表过的《司法判案中的隐性知识及其意义》和《司法裁判中的隐性知识论纲》这两篇文章。在《司法判案中的隐性知识及其意义》中,胡教授与涂教授介绍了司法审判中的暗默知识以及其特征,分析暗默知识的显现化问题以及暗默知识对我国司法审判的意义。在《司法裁判中的隐性知识论纲》中,胡教授与涂教授对暗默知识在司法实践中的表现进行了分类,探讨了其显现的可能以及规制的意义,更详细地分析了司法审判中的暗默知识。

国内学术界对法官审判过程中的暗默知识探讨还很少,许多问题还需进一步的研究。

一、暗默知识的含义与价值

(一)暗默知识的含义

暗默知识,[1]是由英国的物理化学家波兰尼(Michael Polanyi,1891～1976年)提出的一个概念,相对于自己物理和化学上的成就,这个哲学上的暗默知识被他认为是自己一生最重要的一个发现。波兰尼在著作《暗默知识的层次》中认为"我们的认知比我们的语言更加丰富",[2]也就是说,我们能理解但是却无法表述的知识比已经表述出来的知识要多得多,这也是他对人类的认识进行再思考并提出暗默知识的出发点。"虽然这个事实还不是那么的显而易见,但是正确的表达这个事实还是很简单的",[3]所以他在《人的研究》中谈道,人类的知识可以分为以下两种。其中一种知识是我们最常见的,它们一般可以用文字、图形和数学上的公式进行讲解说明。而我们在做某事的行动中所拥有的知识,是另一种知识,它们通常不能使用文字、数学公式等形式表述出来。[4] 然而遗憾的是,波兰尼自己也没有给暗默知识下一个具体的定义。根据波兰尼在书中对暗默知识的分析,我们可以把暗默知识描述为一种自己虽然能理解,但却难以用语言表述出来的认

---

〔1〕 对于"tacit knowledge"一词,国内学术界并没有统一的翻译,有译作默会知识,也有译作隐性知识的。本文参考日本学术界的译法,将其译作暗默知识,为的是方便后面使用"暗默性""暗默的"等词。

〔2〕 [英]迈克尔·波兰尼:「我々は語ることができるより多くのことを知ることができる」、『暗黙知の次元』、紀伊国屋書店、1980、页15。

〔3〕 同上。

〔4〕 Michael Polanyi, *Study of Man*, Chicago, The University of Chicago Press, 1958, p. 12.

知。日本著名的词典工具《大辞泉》是这样解释暗默知识的："暗默知识是一种无法主观地语言化的知识。与能够语言化说明的知识（形式的知识）相对，无法语言化。或者，即使语言化，也无法将知识的关键部分传达出来。"[1]它们大部分是主体在自身体验下自然而然地学习到的技能或者长期在某种环境下获得的程序化的感觉。暗默知识同个人的经验有很大的关系，它必须通过个人的体验、实践和领悟来习得。同时，这个习得的过程其实也是暗默的，习得者也很难以说明清楚。波兰尼用阅读书信来举例说明这一点：在阅读书信时，认识活动的目的是理解书信整体的意思，而对书信整体的理解又要求对其中的文字进行认知，但这种认知只是一种附加的认知，并不属于认识活动的最终目的。在这个认识活动中，主体获得的书信的意思可以用言语的方式表达出来，但是，他是如何理解到书信的意思的，即理解的过程却无法表达出来。[2]

由于暗默知识无法语言化，所以对暗默知识的研究本身也变得比较困难。可能也正是因为这种困难，导致波兰尼自己都没能定义自己发现的这个概念。从目前对暗默知识的认识和应用，可以在功能上把暗默知识分为两个层面：学习的层面和发现创造（以下简称发创）的层面。首先是学习的层面，在这个层面的暗默知识，我们是直接将它反馈到学习的对象上，进而控制这个对象。以学习骑自行车为例，当我们掌握了平衡地骑自行车这个知识之后，便可以使它继续作用于自行车了。其次是发创的层面，这是一种高层次的暗默知识。波普认为研究活动始于发现问题，那么真正的科学问题如何才能被发现呢？波兰尼的回答是，暗默知识在其中起了很大的作用，利用暗默知识可以发现真正的科学问题。东京经济大学的大崎正瑠教授在研究暗默知识的过程中也同意暗默知识是认识问题之所在，发明和发现新事物的创造性活动的源泉。[3] 这个层面的暗默知识用"直觉"这个词来理解更具体形象，波兰尼的学生和同事的确也把暗默知识直白地称为"直觉"。[4]

---

〔1〕"主観的で言語化することが出来ない知識。言語化して説明可能な知識（形式知）に対して，言語化できない，または，たとえ言語化しても，肝要なことを伝えようがない知識のこと。"参照『大辞泉』・电子版。

〔2〕［英］迈克尔・波兰尼：《个人知识》，许泽民译，贵州人民出版社 2000 年版，第 129 页。

〔3〕大崎正瑠：「暗黙知を吟味する」、『东京经济大学人文自然科学论集』127 号。

〔4〕同上。

暗默知识通常具有以下特征。一是难以说明性(unspecifiability,日语译作“詳記不能性”)。暗默知识不仅本身是一种难以说明的知识,同时它被学习和理解的过程同样也是难以说明的。这种难以说明,不单指单纯用语言来说明暗默知识是不充分且不正确的,也指其在实践中难以充分反映出来。所以,难以说明性有语言的难以说明和行为的难以说明两个层次。二是情景性。暗默知识通常是与特定情景相联系的。它依托这个特定的情景而存在,在特定的情景下产生,在特定的背景下被运用。三是个人性。暗默知识是一种个人的知识,由于其本身的难以描述性,从他人那里获取暗默知识是很困难的,所以基本是个人领悟并形成的知识。当然,具有个人性的暗默知识并不是一种完全独立地形成的知识,而是虽然经人传授,但最终由自己理解而获取的知识。仍以骑自行车为例,父母在教授孩子骑自行车的技巧时,一般的情况都是,一边两手扶在自行车的后部,一边凭着自己(父母)的感觉去指导孩子控制方向盘和踩脚踏板的方法,帮助孩子保持平衡。这个行为重复几次后,父母若松手,孩子便开始凭着自己(孩子)的感觉去保持平衡,中途可能会摔倒几次,但最终还是能学会用自己的技巧去驾驶自行车。在这种情况下,随着经验的不断积累,孩子通过自己的亲身感受获得了这种技能。而这个技能的形成过程,可以说是具有个人性的暗默知识的形成过程。四是无法批判性。波兰尼认为,只有用语言表达出来的知识,“我们才能对其传达的内容抱以批判的态度”。[1] 但对于暗默知识来说,我们“无法以可以言传的形式知道我们是如何做到这样的”。[2] 暗默知识是无法用语言表达的知识,因此,“不能把术语‘批判的’和‘不批判’用于任何暗默的思想过程本身。正如我们不能说跳高或跳舞是批判的或不批判的。暗默的行动是由其他标准来加以判断的,因此相应地被认为是非批判的”。[3]

由于上面的描述让暗默知识看起来有点“玄乎”,因此,必须将暗默知识与其他几个概念作一区分。事实上,波兰尼在书中已阐明了暗默知识与其他几个容易混淆的概念的区别。首先,波兰尼探讨了暗默知识与神秘经验,他认为无法用语言表达的知识不是神秘经验。虽然神秘经验也难以用

---

〔1〕 [英]迈克尔·波兰尼:《科学、信仰与社会》,王靖华译,南京大学出版社2004年版,第113页。

〔2〕 [英]迈克尔·波兰尼:《个人知识》,许泽民译,贵州人民出版社2000年版,第94页。

〔3〕 同上书,第404页。

语言说明，但是，神秘经验的认识对象是不可知的，而暗默知识的认识对象是可知的，“我知道这些东西，尽管我（目前）无法（用语言）清楚地说出或几乎无法说出我知道的是什么”。[1] 其次，波兰尼探讨了暗默知识与非理性认识。诚然，暗默知识具有一些非理性因素的内容，如直觉，灵感，想象等，且非理性认识在认识活动中也发挥着作用，但是，暗默知识也包含有理性认识形式，所以暗默知识的外延要比非理性认识广。

在司法审判的过程中同样也存在暗默知识并发挥着作用。波斯纳在《法官如何思考》一书中说过：“直觉、感情以及成见都是缩短的或无言的思考形式，与明言的、逻辑的、步步推进的推理形成反差，并且全都受不仅是诸如培养、教育、同好信仰以及主导社会信仰这些明显因素的影响，而且受人格的影响。”[2] 虽然波斯纳没有明确地使用暗默知识一词，但从这个描述中可以感觉到这种与语言推理相反的直觉与感情，和波兰尼所说的暗默知识是相同的。直觉在司法决定中是一个重要的角色，直觉可以让法官迅速判断有利或不利的因素。事实上，直觉是一种能力，会深入法官从教育中或者阅历中获得的潜意识的知识储备中（就像前面所说的程序化了的感觉）。这样，直觉就和判断联系在一起了。经验丰富的人一般会形成“良好的判断”，即便他们已经遗忘了这种经验，但它依旧是畅通的知识来源，足以用来处理新的问题，因为新问题可能和以前经历过的问题类似。有阅历的法官，在长期的审判实践以及以前在法学院形成的法律素养的帮助下，会培养出一种特有的审判直觉，这种审判直觉可以帮助法官快速形成初步的判断。因为当一个决定性要素取决于数因素时，通过直觉得出结论，相对于有逻辑的分别分析各因素，然后将这些因素结合形成一个最终结论，前者也许更好。有逻辑的分析各个因素的成本太高，而制度又要求法官必须在合理的期间内作出判断，这就使直觉得到的结果比分析得到的结果更迅速也更精确。法官不仅在面对疑难案件时经常如此，而且在简单案件中也有直觉的发挥。一个普遍的例子就是，面对简单案件，法官可以直接适用现成的法律条文，这个适用的活动虽然是演绎而机械的，但也可能从中获得经验，这些经验使老练的法官比新上任的法官作决定更迅速，也节省了信息处理的成本。因此，阅历越丰富的法官，越容易相信自己的直觉，并很少被某种系统

[1] [英]迈克尔·波兰尼：《个人知识》，许泽民译，贵州人民出版社2000年版，第131页。

[2] [美]理查德·波斯纳：《法官如何思考》，苏力译，北京大学出版社2009年版，第92页。

的决策手法所吸引,不仅因为用严格的方法决策比用直接决策更困难,更由于其优点无法展现出来,因为用严格的方法的前提条件不存在的情况太多了。[1] 这样,法官就不得不求助于直觉,也就是一种暗默知识主动来弥补。

自由心证制度的建立,是为了凸显人的主体地位,而法官通过自由心证对证据的证明力进行判断,认定案件事实的这个过程是很难用语言说清的。正因如此,事实认定最开始是清晰透明的,但它的尾声却是含糊的,所以,达马斯卡在其著作中提道:"促使人们对证据作出反映的因素对认知者而言并不十分透彻,甚或不易以命题表达,在证据和结论之间似乎存在着宛如跳跃一般的中断。"[2]这种中断,可以被认为是暗默知识造成的。但这种中断并非难以理解,它单纯只是一种在语言上的中断,里面包含的是"直觉的低语,冲动的意志和本能的感情",[3]也就是帕斯卡尔认为的"心有知而理不明"。[4] 所以,达马斯卡所描述的这个中断现象不过是表面上的,在根本上,暗默知识是将它们连接起来了的。不单单是事实认定阶段存在暗默知识,在法律适用的阶段同样也存在暗默知识。由于法官用来解决纠纷的依据是预先制定好的法律条文,这就使法条本身暗含了滞后性的特点。现有的法律不可能帮助法官处理实际审判中遇到的所有问题。所以当法律条文不够用的时候,更多的就只能求助于信仰和直觉了。作为偶尔立法者的法官,"在那些法条主义看起来不确定的案件中,他会汲取直觉和信仰,因为司法的命令就是要以合乎情理的迅捷,尽可能好地决定案件"。[5]

虽然暗默知识在各类司法审判以及其过程的方方面面都存在且发生着大大小小的作用,而且无论在民事审判还是刑事审判中,法官都可能运用到暗默知识,加之,暗默知识的运用在很多情况下是无意识的,所以这是无法避免的。但是,由于刑事审判的特殊性,即便法官内心对案件建立起了暗默的框架,如果没有明文的法律规定或充分的证据去支持这个利用暗默知识得到的结果,那么便不能允许暗默知识成为判决的决定性理由,所以本文主

---

〔1〕 [美]理查德·波斯纳:《法官如何思考》,苏力译,北京大学出版社2009年版,第100~102页。

〔2〕 [美]米尔建·R.达马斯卡:《漂移的证据法》,李学军等译,中国政法大学出版社2003年版,第58页。

〔3〕 同上。

〔4〕 同上。

〔5〕 [美]理查德·波斯纳:《法官如何思考》,苏力译,北京大学出版社2009年版,第74页。

要讨论民事审判中暗默知识的运用问题与规范问题。

(二)暗默知识在民事审判中的价值

首先,追求一定的真实性。法院审判是依照以具体的事实为小前提、以法律规范为大前提进行的三段论推理,确定权利或者义务是否存在。因此,为了实现妥当正确的审判,首先必须正确地认定作为法律适用前提的事实,所以在审判中对事实的认定是很重要的。而追求"事实"与暗默知识作用的发挥具有重要的联系。审判中追求事实的活动,并非是追求完全客观的事实,而是追求法律事实,是要从现存的资料中推理过去到底发生了什么,它与自然科学中的探求绝对的真实有本质上的不同。因为,虽然我们希望在每一次诉讼活动中得到的事实都是客观事实,但我们不得不承认,在具体诉讼中,我们得到的事实都是相对的。绝对的"客观事实"难以获取,这与人类的认识活动具有局限性以及诉讼证明的自身特点有关——诉讼证明要受到各种各样的限制,这使它不同于纯粹以"求知"为目的的科学证明。同时,民事审判作为一种纷争的解决手段,必然要在合理的成本(时间上或金钱上)范围内,(依照合理的规则)公正地被实现。既没必要追求绝对的真实,又有诉讼成本上的限制,那么法官利用暗默知识,可以省去烦琐的科学的证明步骤,迅速地从证据到达"事实"。

其次,追求一定的合理性。千百年来,人类都没放弃过对公平正义的理解与追求,法律的出现与发展就是人们追求公平正义的结果。而法官则"常被人们视为公正廉明、大公无私的象征,是社会公正的典型化人格载体"。[1] 人们利用法律将纠纷诉诸至法院的目的是求得一个"理",而法官就是那个赋予"理"的人,所以,法官的判决必须包含一定的合理性。那么法官如何在判决中实现合理性呢? 首先,他可以求助于已有的法律规则。法律规则本身就是解决纠纷的一种规范,本身就具有一定的合理性,但成文的法律规则又具有滞后性的特点,并不能适应所有的纠纷,特别是随着社会发展而产生的新问题,因此,接下来就需要法官对法律规则进行解释。而经过解释的法律的合理性,又可以通过暗默知识去追求。法官的暗默知识是审判实践中获取的审判感觉和个人学习与个人所处的社会生活环境的综合产物,它虽然具有个人性,但同时也包含了法律性和社会性,用这种暗默知识来指导法官解释法律,可以既考虑法律因素,又考虑社会因素,因此,审判

---

〔1〕 毕玉谦:《民事证据及其程序功能》,法律出版社 1997 年版,第 202 页。

结果更具有合理性。

所以,关键不在于这个审判结果在事实上的“绝对”性,而在于这个结果是否合理人性,让人信服。本着一种善良的理性,法官发挥主观能动性作出的结论更易被当事人和大众所接受。在这种情况下,法官脑海里想的就不再是既定的系统性规则,更多的是多年来对如何实现正义性和合理性的直觉。所以,暗默知识的发挥,可以帮助法官在民事审判中追求一定程度的合理性。

二、暗默知识适用的理由

前面已提到过,民事审判的整个过程都有可能有暗默知识的身影,很多时候,暗默知识的发挥是无意识的、无理由的,诸多的活动都受到经验、直觉、意识甚至气质的影响,这是无所不在也无法排除的。在作出一个决定的时候,没有人可以忽略这些个人的因素。就像波斯纳提到的偏见一样,“例如不喜欢某一个律师,或者不赞同某方当事人的宗教或者生活方式”。[1]只是这些都是找不到合适位置写进司法判决书中的,即没有办法合理化。这样的暗默知识即便是得到了运用,我们也难以在实际的审判中证明它。而且,由于其不具备合理性,即便法官无意识中运用了暗默知识,也必须将其隐藏好、抑制住。所以,我们这里要考察的是一类有适用理由的暗默知识,是一种可以合理发挥且让人信服的知识。

暗默知识发挥的主要领域是疑难案件(hard case),虽然在简单案件(easy case)中暗默知识也会出现,但由于简单案件的事实清楚,法律对此也有明确规定,法官只需演绎地将事实代入法条之中即可。所以,在简单案件中暗默知识即使得到运用也难以体现其作用,或者说即使得到运用也会被逻辑的过程隐藏起来。在简单案件中,要么案件的事实众所周知,毫无疑问,如发生在公共区域有大量的目击者的案件,当事人无法否认,法官也不会对此产生怀疑;要么案件事实虽无充分证据证明,但当事人均对其认可,如此法官可以直接将其认定为法律事实,同时,这些事实又有可以适用的法律规范,法官无须解释旧法或创造新法,那么即便暗默知识会无意识地出现在法官脑海,它也会被规则干涉。比如,前面提及的当事人均认可的事实,即便法官从直觉上认为这个事实的发生根本不合理,但基于当事人主义,法

---

〔1〕 [美]理查德·波斯纳:《法官如何思考》,苏力译,北京大学出版社2009年版,第101页。

官也不得不将其视为法律事实。而疑难案件就不同了,虽然对疑难案件的定义学界尚有争论,但可以依据这些争论将疑难案件分为三类,从中可以看到暗默知识因何而被法官利用。

第一类是法律规则上的疑难案件。哈特认为,由于用语言表述出来的规则因自身的特征而产生的欠缺结构将导致法律存在一个空白区,当法官要审判的案件进入了这个空白区,就无法使用现成的法律规范了,于是"法律的开放结构意味着,存在着某些行为领域,这些领域如何规范必须由法院或官员去发展,也就是让法院或官员依据具体情况,在相互竞争的利益中的重要性随着不同的个案有所不同间取得均衡",〔1〕这便需要法官通过法律解释对法律规范进行补充。第二类是事实认定上的疑难案件,即案件的事实难以认定、缺少证据,或者本证与反证相互矛盾,难以分清谁是谁非、孰真孰假。所以,浙江大学的季涛副教授对疑难案件有这样的看法:"要区分法律规则上的疑难案件与案件事实上的疑难案件。所谓法律规则上的疑难案件是指因法律规则存有缺陷而使案件的处理存有争议的案件;而案件事实上的疑难案件则是指案件事实扑朔迷离,真相难以查清的案件。这一区分相当重要,不能将两者相混淆。"〔2〕最后一类就是在法律规则的适用和法律事实的认定皆有困难的案件。从上面对疑难案件的分类我们可以看出,疑难案件产生的原因要么是法律漏洞的出现,要么是事实本身扑朔迷离难以认定。所以,暗默知识适用的理由也是法律规则的不完整性和事实认定的困难所在。

(一)法律规则的不完整性

法律规范的不完整性指的是法律对案件缺乏适用的规则。借用德国学者卡尔·恩吉施的话便是,"漏洞是在一个整体内部的一个令人不满意的不完整性,而法律概念范围内的漏洞是指法律整体内部的一个令人不满意的不完整性"。〔3〕 立法者理性的有限的,在法律制定时,面对丰富多彩的生活,立法者不可能无一遗漏地作出规定。同时,抽象概念本身的固有缺陷也使法律漏洞难以避免。加之,立法完成后不可能经常修改,但在高速发展的社会中,新事物会不断地出现,这使法律会滞后于现实。因此,博登海默将

〔1〕 [英]哈特:《法律的概念》,许家馨、李冠宜译,台北,商周出版社2000年版,第178页。

〔2〕 季涛:《论疑难案件的界定标准》,载《浙江社会科学》2004年第5期。

〔3〕 [德]卡尔·恩吉施:《法律思维导论》,郑永流译,法律出版社2004年版,第168页。

法律漏洞称为“法律未曾规定简洁的判决原则的新情形”就是“未规定案件”的情形。即便法律对某个行为有规定,但由于法律文本的不周延性,在某种特殊的事实下是否还可以同样地使用这条法律也是一个问题。同时,由于“法官借口法律无规定,规定不明确不完备而拒绝审判者,得以拒绝审判者追诉之”。[1] 所以,即便法律漏洞出现,法官也不得以此为由拒绝审理,必须形成判决,这就使法律的不完整性与疑难案件联系起来。司法审判的结论是通过三段论得到的,在这个三段论里法律规范充当了大前提,当大前提缺失时,即使小前提清楚明白也无法推出结论。因此,法律的不完整性就让审判的形成缺少了一个条件。这种情况一旦发生,法官就需要依靠自己去填补这个不完整性,去寻找法源。而法官在依靠自己知识寻找法源的过程中,暗默知识的作用也得以体现出来。填补不完整性并不是凭空想象的活动,它必须依托一定的基础,当明文规则已不能提供帮助时,法官依托的便是自己的直觉与信仰,或者说依托多年的审判实践形成的审判感觉,这种难以言明的感觉以法律目的为追求,法官会用它思考出他认为最符合法律价值的规则,来适用于事实。这个阶段(至少在一开始的阶段),法官脑海中不再是法律的文本怎么规定,而是“我感觉,我认为”,虽然这种“我认为”显得十分主观,但是它依托于法官的审判感觉,所以并非恣意,在大部分情况下与公平正义是相符的。以奥地利法学家埃利希的观点为依据,埃利希认为法律的漏洞并不是法官能否形成判决这个层面的问题,而是法官在审判的时候能否找到法源依据这个层面的问题,因此,法律漏洞的问题可被视为实定法漏洞的问题。而埃利希为法律创造即漏洞补充提供了具体的方法,即如何寻求实定法以外的法源的方法:一是依靠法律意识,二是依靠事物的本性即生活关系。[2] 这里的法律意识,和前面所说的直觉、信仰、“审判感觉”在一定程度上有意思重叠的部分。而法律素养、“审判感觉”很多都是难以用语言说明的,有时候更像是法官的一种技能,所以,可以认为埃利希所谓的法律意识的一部分是一种暗默的知识。所以,如果同意埃利希的观点,也应当认可暗默知识在填补法律的不完整性上的作用。

(二)事实认定的困难性

前面提过,司法审判是用三段论推理确定权利义务或者责任是否存在

---

〔1〕 参见《法国民法典》第4条。

〔2〕 原竹裕:「裁判による法創造と事実審理」、『一桥大学研究年报法学研究』1996年总第28期。

的。所以,为了实现妥当正确的审判,首先必须正确地认定作为法律适用的前提的事实。从这一角度来看,事实认定的重要性是无可否认的。但在司法审判中,事实认定的困难性,同样也可以说是公认的。[1] 因为事实认定追究的对象,是要从现存的资料中推理过去到底发生了什么即过去的事实,这就涉及人的认知能力的历史局限性,当事人及其他诉讼参与人的诉讼行为等一系列复杂的问题。而由于民事纠纷基本上是在私人自治的支配领域内的问题,国家一般不会纠问式地参与其中,到底要主张什么或者成为审判资料的诉讼证据的提出基本也都是由当事人主导的。现实中的民事审判,针对成为争论点的事实,双方主张的针锋相对;双方提出的证据包含大量的相互矛盾的地方,可以说是诉讼的常态了。[2] 从直接证据中直接地推理出主要事实的单纯的纷争可以说基本上是不存在的,多数状况是起决定性作用的直接证据并不存在,或者即便存在,但与之相矛盾的证据也同样被提了出来,于是这个证据自身的成立就成了争论点。当这种情况发生时,当事人双方又会根据自己的主张提出大量的间接事实或者间接证据,以增强自己证据的证据力。相反,可以通过直接证据认定主要事实的民事纠纷在诉讼早期就可能得到和解,所以到了法庭上的纠纷,基本不是单纯的可以直接认定主要事实的纷争了。[3] 同时,虽然对于一个纠纷来说,客观的事实是唯一的,但故意主张与事实不符的诉求的人也是存在的,或者基于立场和看法的不同,对同一个现象以不同的方面呈现出来,再者由于时间等原因,对事实的记忆产生了误差等情况也是有的。尽管如此,民事审判的事实认定过程就是由从这些真伪难辨的证据中推导出事实(主要事实或者间接事实)、从间接事实中推导出主要事实这样的多重推理论证构成的。

因此,事实认定并不一定是一个单纯地提出证据、进行直接推理而得出事实的活动。证据和事实有时并非一一对应,在这个认定过程中,可能会面临关键性证据的缺失、证据力不足等问题。或者,即便一方提出主要证据,但另一方提出反证,法官就不得不再考虑其他间接的证据或者事实了。由于在当事人主义背景下,资料的收集与审理的方法受到了一定的制约,加之,民事审判作为一种纠纷解决的手段,其审判资料的收集也是要在合理的

---

〔1〕 田尾桃二、加藤新太郎编:『民事事実認定』、判例タイムズ社、1999、页351。
〔2〕 青井秀夫:『法理学概说』、有斐阁、2007、页536。
〔3〕 加藤新太郎编:『民事事実認定と立証活動第一卷』、判例タイムズ社、2009、页343。

可期待的时间和经济成本下完成。法官在这种双重制约下,还须在合理的期间内得出一个结论,这使事实认定变得十分困难。

在这种情况下,法官会把现有的证据放在一边,转而进行一种“假设”。通过他个人的经验和知识,在具体案件中构建一个合理的假设,把假设当成事实代入案件中,然后促使当事人提出证据来验证这个假设,如果当事人没能提出证据,或者验证结果是这个假设不成立,那么法官便继续假设、验证;如果当事人提出证据成功地验证了这个假设,那么它将作为间接事实去辅助主要事实的推导。疑难案件中的事实认定就是在这种反复的假设与验证中完成的,所以波斯纳才说:“一位法官的阅历越多,在决定新案件时就越少困难受该案证据和论证的影响。”[1]法官的这个假设,当然不是凭空而来的,如上所说,是通过他个人的经验和知识,具体来讲,是多年的审判和生活的经验带给他的一种直觉,这种直接会让他认为在这个案件中,当事人可能会这样做。所以,疑难案件的事实认定比起简单案件中机械的认定,更像是一种精神活动,然而,即便是长年从事司法审判的法官,也难以简单地将事实认定的知识和方法论语言化,[2]“依靠法官的经验和直觉的领域偏多”。[3] 这样看来,这种事实认定的方式,其实就是一种暗默知识。

(三)暗默知识在刑事审判中不具决定性的理由

前面提过,在刑事审判中不能将暗默知识作为决定性的理由来适用,而其不适用的理由主要有两个方面。

1. 刑法原则的要求

如上所述,暗默知识的一个重要功能就是填补法律漏洞,当新情况出现时,法官依旧可以利用暗默知识作出判决,而这种判决很有可能就形成了一个新的规则和价值判断。但是,刑法原则要求罪刑法定,即对于刑法未规定的行为,不能视为犯罪;刑法未规定的行为,也不能被处罚。也就是说,如果刑法上对某个行为没有进行规定,那么法官也不能对这个行为进行刑法上的评价。所以,即便法官的审判直觉以及多年形成的法律素养告诉他这个行为就是犯罪,应该处罚,但若刑法中没有规定,那么也不应当对其定罪

---

〔1〕 [美]理查德·波斯纳:《法官如何思考》,苏力译,北京大学出版社2009年版,第101页。

〔2〕 伊藤滋夫认为:“事实认定虽然是裁判的基本,但是现实中对于具体的案件,依靠实务者们的经验和知识去处理的地方更多。相反体系性的研究则越来越困难。”伊藤滋夫:『事実認定の基礎』、有斐阁、1996、页1。

〔3〕 后藤勇:『民事裁判における経験則——その実証的研究』、判例タイムズ社、1990、页1。

量刑。

2. 刑事审判中冤假错案后果的严重性

功利原则认为法律的目的是增加共同体总体的幸福,所以刑罚只有在排除某种更大的恶时,才具有正当性。如果在痛苦上再增加更多的痛苦,那么就不具备任何有益的目的。[1] 据此,如果产生冤假错案而使无辜的人被冤枉,只会徒增社会的痛苦,对总体的幸福是没有任何帮助的。

虽然有时候暗默知识可以帮助法官快速发现真相,但利用它找到的结果并不一定是绝对准确真实的。直觉可能会出现偏差,而多年的审判经验甚至会使法官产生错误的偏信,如果在刑事审判中过分依赖暗默知识,有导致审判结果错误的可能,而刑事审判的结果一旦发生错误,会导致严重的后果——无辜的人被冤枉成坏人,或者被关进监狱,或者失去生命。无论哪一个都是难以弥补的。

法官在长年的刑事审判工作中,很容易对被告形成一种"上庭则有罪"的主观感觉,根据《平成21年犯罪白皮书》的统计,日本刑事审判的有罪率高达99.9%,[2] 在这样的环境下,日本的刑庭法官很难建立被告无罪的观念,倒是"有罪"的暗默知识很容易产生。加之,刑事案件都是在侦查审查后提起公诉并开始审判的,法官可能会因此在审判前就产生该案证据确凿,事实清楚的暗默性的偏信,导致在审判过程中只关注有罪的证据而忽视可能证明其无罪的证据。比如,著名的"佘祥林案",法官仅以佘祥林的口供便认定其杀人罪名成立,无视证人证言,这其中就有"有罪偏信"这样的暗默知识的影响。

所以,为了减少冤假错案发生的可能性、避免产生无法挽回的后果(例如,无辜的人被当成罪犯实施死刑),暗默知识不能在刑事审判中成为决定性因素。

三、暗默知识在民事审判中的应用

由于暗默知识的获得方式与表现形式的特殊性,最好是将其放在具体的民事审判活动中讨论。前面已经在理论上阐述了暗默知识适用的理由,这一部分,则以具体案例考察暗默知识具体的体现。

---

[1] 参见[英]韦恩·莫里森:《法理学》,李桂林等译,武汉大学出版社2003年版,第203页。

[2] 法務省法務総合研究所编:『平成21年版犯罪白書』、時事通信出版局、2009、页33。

(一)合理化的保证——释明义务和法律观点指示义务

各国的民事诉讼法都或多或少规定了法官的释明义务,日本甚至在同条第2款突出规定了法律观点的指示义务。

释明义务或者释明权,是大陆法系国家和地区在民事诉讼理论中发展出来的一个概念,它源自德语的"Aufklarärungsrecht"。设立这个制度的最初目的是为了抑制法国自由放任倾向的民事诉讼活动。当时基于古典的当事人主义,法官并不协助当事人进行诉讼,为了消除这种弊病,释明义务被建立起来。

释明义务的关键点是"释明",这个词的本义是指让模糊的事项变得明确。但随着诉讼理论的发展,其含义变得更广泛。一般认为,释明义务是法官为了保障当事人充分行使诉讼权或者适当履行诉讼义务,在民事诉讼过程中,如果当事人对案件的实体问题、程序问题、法律问题、事实问题有不清楚的地方时,法官有义务进行解释或明确。当然,学界也有不同的观点。如有的学者认为释明是一种讼诉指挥权而非义务,其目的在于指挥当事人充分陈诉或举证以明确其主张的请求与事实。[1] 我国台湾地区学者认为,"在诉讼中,当事人的声明或他的陈述意思不清楚或不充分,或是有不当的声明或陈述,或是他所举的证据不够而误以为他所举的证据已经足够时,法院站在监护的立场,以发问的方式,提醒或启发当事人把不明了的事实予以澄清,把不充足的予以补充,或把不当的予以排除,或是根本没提的诉讼资料,启发他去提出"。[2]

德国民事诉讼法把释明权规定命名为"诉讼指挥",规定"有需要时,法院应该与当事人共同从事实和法律两方面探讨事实关系和争诉关系并发问。法院应该致力于当事人及时和完整地陈述一切重要的事实,特别是在其所主张的事实陈述不充分时加以补充、指明证据手段以及提出适当的申请","允许法院的裁判支持一方当事人明知而忽略的或者认为不重要的观点,如果该观点不仅仅涉及附带请求,并且法院已对此做出指示并给予了其

---

〔1〕 参见白绿铉:《论现代民事诉讼的基本法理——对我国民事诉讼制度改革的浅见》,载《中外法学》1999年第1期。

〔2〕 骆永家:《阐明权》,载中国台湾地区民事诉讼法研究基金会编:《民事诉讼法之研讨》(四),台北,三民书局1993年版,第169页。

陈述主张的机会。法院的某一观点有别于双方当事人的观点时也适用本条”。[1]

日本对法院的释明义务的立场可以在最高法的判例中看出，“释明的制度是一种以修正辩论主义的形式化的应用的不合理情况，明确诉讼关系，尽量基于已经探明的事件的真相，谋求真正地解决当事人之间的纷争为目的而设置的制度”。[2] 这样看来，虽然日本的民事审判受到了辩论主义、当事人主义的制约，但是，法官仍然可以在审判中发挥主动性，对不合理的地方进行修正，这种修正为暗默知识的发挥提供了可能性。日本民诉法明确地规定了释明义务的适用，所以，可以从中分析出暗默知识的具体应用方式。根据日本《民事诉讼法》第149条，在事实不明白、证据不充足之时，法官可以询问当事人或者促使其立证。也就是说，在这种情况下，法官可以根据自己的直觉进行假设，然后询问当事人或者要求其立证，用以验证自己的假设，而在这个过程中，暗默知识就得以发挥。释明义务的规定为暗默知识的发挥提供了制度上的保证，虽然它并没有明确地让法官用经验的直觉的假设去询问，但在事实不清、证据不明的情况下，大抵都是法官用直觉去假设再从当事人那里求证的。

法律观点的指示义务，一般是指法院使用与当事人所主张的不同的法律或者没有主张的法律作为判决的基础的时候，法院必须指出这一点并赋予当事人抗辩的机会的义务。[3] 而法院应当指示的法律观点或者法律关系的内容大致可以分为：一是对法令的解释的见解；二是对适合于这个案件的法律的见解。[4] 第一点针对法律解释的情况，虽然还是适用当事人选择的法律，但法官解释与当事人的主张（理解）不同。第二点则针对适用新的法律的情况，即法官认为应当适用不同的法律甚至创造新的法律。在现代日本民事审判中，由于法律的解释适用是法院的专门事项，所以在不改变诉讼物的情况下可以不受当事人主张的法律的约束。对某一个案件，如果预计可能有复数的法律适用的情况，那么法官可以不被拘束于当事人选择的法律适用，而是能自己采用自己认为正当的法律解释、进行适用。

---

[1] 周翠：《2002年〈德国民事诉讼法〉修订理由书》，载陈刚主编：《比较民事诉讼法》（2003年卷），中国人民大学出版社2004年版，第172页。

[2] 参照日本最判昭45·6·11民集24卷6号516页。

[3] 参照日本『民事訴訟法』第149条。

[4] ［日］山本和彦：『民事訴訟審理構造論』、信山社、1995、页317～322。

如果将法律释明义务的规定理解为允许法官发挥暗默知识在理论上还有不充分的地方,那么法律观点的指示义务可以说在法律选择上完全承认法官的主动性了。首先,法律观点的指示义务明确地表示了法官可以适用当事人没有选择的法律,所以,虽然看似受到辩论主义的制约,其实法官完全可以以自己的判断适用另外的法律。其次,由于法律解释是法院的专门事项,甚至可以不受当事人选择的法律的约束,所以,当法院认为当事人的主张适用某一项法律不合理时,完全可以采用自己认为合理的解释进行适用。只不过在适用了法官认为合理的法律后,法官要为当事人说明并给予当事人抗辩的机会。

这样,当法官认为当事人选择的法律并不合理而现成的法律规范又难以针对该案件适用时,法官就可以依据自己的审判经验,依照自己的法律思维,结合法律的目的,遵循社会的一般常识,作出自认为符合公平正义的法律解释,形成论证中的大前提。法官在存在法律漏洞的情况下利用法律思维去形成大前提,其实利用的是一种暗默的知识。所以,法律观点指示义务也为法官合法地发挥暗默知识提供了方便。而法院对释明义务的违反,有对当事人作出的不明确的申请或者主张,应该质问而没有质问的对消极释明义务的违反和在当事人没有进行合理的申请或主张的情况下,法院本应积极地指示当事人进行合理的申请或主张却没有指示的积极的释明义务的违反两种情况。[1] 从这两种具体的违反情况可以发现,法官可以利用释明的规定发挥暗默知识。

(二)法律适用过程中的暗默知识

现代民事判决,通常是由当事人自己选择应适用的法律规范。在一般情况下,当事人的选择是没有问题的。在法律与事实相符合的情况下,法院会认可当事人的请求,并按照当事人选择的法律进行判决。但是,偶尔也会有例外发生的情况,如果法官认为当事人所主张的事实与当事人所选择的法律规范并不合适,那么在实施了释明义务的基础上,要么促使当事人变更对该案件应当适用的法律规范(或者变更事实关系),要么不进行释明义务,直接变更应适用的法律规范。在这种场合下,就需要重新按照事实关系进行法律规范的选择与形成。要注意的是,这种情况并非当事人对法律纯粹的理解或选择错误造成的,而是由法律本身的不完整性导致的,即虽然当

---

〔1〕 参照日本《民事诉讼法》第149条。

事人对事实关系的理解是没问题的，但针对这个具体的纠纷，法官必须对法律进行进一步的解释或者创造新的法律才能适用。比如，在一个债券关系的纠纷中，当事人选择了采光权的法律规范，此时，这种解释与创造，往往伴随了暗默知识的运用，而这种暗默知识通常隐藏在价值判断中。

1. 价值选择中的暗默知识

虽然对于价值判断是否应当存在于审判中，学术界仍然有一定的争议，但裁判者首先是“人”，其次才是法官。所以，追求绝对的中立是不可能的。除非在简单案件中，法律有明文规定，事实又清楚明白，法官只需演绎地将法条代入大前提就可以完成审判。但是当遇到疑难案件时，法官必须为解决这个纠纷找寻法律，那么怎样找法、找什么样的法就需要利用到法官的个人知识，这里的个人知识，在司法裁判中又多隐藏在法官的价值判断中。

卓泽渊先生对价值判断的定义是，“价值判断是判断主体根据价值主体的需要，衡量价值客体是否满足价值主体的需要，以及在多大程度上满足价值主体需要的一种判断”。[1] 据此，那么法官的价值判断，就是法官在理解立法者需要的情况下，衡量法律是否满足立法者需要，以及在多大程度上满足立法者需要的一种判断。而立法者的需要其实就是立法的目的，立法的目的自然是为了实现社会的公平正义，所以法官的价值判断就是斟酌自己的裁判是否符合公平正义的标准。而在具体的案件中，就成为自己的价值判断，是否能实现该案的公平正义的问题。那么这种价值判断是如何形成的呢？其实任何人都具有一套价值的判断标准，只是由于人生经验、知识构成、家庭环境的原因，每个人的价值判断标准不一样罢了。所以，价值判断具有一定的个人性。法官作为人，自然也会形成价值判断，然而，和一般的价值判断不同的是，法官在人生的经历中还有法学知识的学习、审判实务等事项，所以他的价值判断会受到一种“法学的”“法律的”影响。这促使他在疑难案件中用“法的”价值判断去解释创造法律。但这并不代表法官是在完全个人自我地进行价值判断。一般来说，法官所进行的价值判断应当和法律价值相统一。这是对法官价值判断的一种限制，但同样也是这种法律的限制，影响法官接受法律目的所追求的价值，帮助法官形成“法”的价值判断。

价值判断是根据人的经历、知识构成、家庭环境等原因的影响下形成

---

〔1〕 卓泽渊：《法的价值论》，法律出版社2000年版，第464页。

的,它的形成过程和形成方式很难用语言表述清楚。而同时,当一个人被问及为什么作出这样的价值判断时候,他也很难用语言回答,只能说以自己的认知在脑海中不知不觉就这样认为了。据此,再结合前面对暗默知识的分析,不难看出价值判断中的确隐藏着暗默知识,甚至可以说,价值判断自身就是一种暗默的知识。所以,如果要说在民事审判的法律适用阶段,最主要以及最突然体现暗默知识的是哪个部分的话,则是法官运用自己的价值判断去解释和创造法律规范的部分了。

2. 案例分析

下面以日本民事审判的具体案例,分析纠纷中法律规范具体形成过程,考察其中隐藏的暗默知识。

案例一:非婚生子女日本国籍确认请求事件判决

该案件原告人是由一名日本男子与菲律宾女子在没有法律上的婚姻关系的情况下所生下的。平成17年(2005年),原告人以出生后得到父亲的承认为依据向法务大臣提出了取得日本国籍的申请,然而法务大臣以原告人不具备国籍取得的条件,拒绝其申请。因此,原告人请求法院确认其拥有日本国籍。

日本《国籍法》第3条第1款规定:由于父母的结婚及其承认而取得婚生子身份的子女年龄未满20岁者(已经是日本国民的人除外),当对其承认的父或母在子女出生时已是日本国民的情况下,其父或母现在依旧是日本国民,或者父母死亡时是日本国民时,可以通过向法务大臣提出申报而取得日本国籍。基于此,法务大臣拒绝了原告人的请求。同样也是以该条规定为焦点,东京地方法院认为该法违背了《日本国宪法》第14条,承认了事实婚姻与法律婚姻在本质上的类似性,承认了当事人的国籍。但是,东京高等法院不认可该法第3条对宪法的违反,也不承认把事实婚姻与法律婚姻一视同仁,驳回了当事人的请求。最后,日本最高法院撤销了高等法院的判决,支持了地方法院的判决。

东京地方法院的主要判决理由可以总结为以下几点。[1] 首先,虽然日本《国籍法》第3条将国籍的取得条件限制在婚姻关系中,但是,当事人的这种家庭关系、同居关系,父母因事实而形成婚姻关系后与非婚生子女一起形成家庭共同生活的事例,在现实中也有不少。其次,作为日本国民的父或

〔1〕 参照『判例タイムズ』1175号106页。

母承认的非婚生子女,因为其父母在法律上的婚姻关系的成立与否,就受到不同的对待,实在是难以找到合理的理由,即父母成立了法律上的婚姻关系的情况和未成立的情况间,足以认定这两种情况在共同生活的实际状态中在类型上有所不同的证据是很难存在的。在价值观多样化的现代社会,虽说基于法律上的婚姻关系成立的家庭才是正常的家庭,但将并非如此的事实婚姻,认定为不值得评价为正常的共同生活的话,不得不说这违反了日本的一般社会观念和国民感情。

因此,父母一方为日本国民的非婚生子女,既然与婚生子女没太大差别的话,承认婚生子女的国籍却不承认非婚生子女的国籍,就脱离了《国籍法》第3条本来的目的。虽然该法要求在父母的婚姻关系以及有国籍一方的承认下,婚生子女才能取得日本国籍,但针对其中的“父母的婚姻关系”这句话,其实形式婚姻关系如今也被视为与法律上的婚姻关系相同的准婚姻关系。考虑法律在各种各样的情况下,也给予了这种关系同样的或者一定的(准)保护,所以不单纯地限制为仅保护法律上的婚姻关系,而认为该法的目的也包含了在一定情况下保护形式婚姻关系也不是不可能的。同时,“婚生子女”也不过是以父母间法律上的婚姻关系为前提形成的理所应当的词语。因此,可以认为“只有拥有婚生子女的身份,才能承认其拥有取得国籍的权利”的这个解释的一部分是无效的。而在一部分无效后,可以将该法第3条第1项解释为“依据父母的婚姻(包括形式婚姻)以及有国籍一方的承认而获得婚生子女或非婚生子女身份的人,在一定的要件下,可以认可其取得日本国国籍”。依据这个解释,东京地方法院认可了该案当事人的国籍。

然而,该案到了控诉审判阶段,东京高等法院却推翻了地方法院的判决。

东京高等法院并不支持地方法院的解释,高等法院认为,对法律的解释本来就有严格的要求,不应允许违反立法者意思的扩张甚至类推解释的存在。据此,被控诉人(一审的原告人)认为的该法第3条第1项中“婚姻”和“婚生子女”的要件违背宪法的主张不成立。即便“婚生子女”有这样解释的余地,但不能将“婚姻”一词解释为包含事实上的婚姻关系。如果按照当事人主张的解释,就是要求法院在类推解释或者扩张解释的名义下,创造在日本《国籍法》中根本没有规定的取得国籍的要件,这将使法院代替国会本来的职能进行立法活动,是不被允许的。而且,从该法的目的来看,如果要件部分因违反《日本国宪法》第14条而变得无效了,据此将整条法律解释为无效也是合理的,这样,出生后得到作为日本国民一方的父或母的承认的孩子可以取得日本国籍的制度就相当于被取消了,所以即使基于《日本国宪法》第14条,使该法第1项完全无效,被控诉人也不再有申请国籍的依据,法务大臣依旧可以驳回被控诉人的请求。[1]

由于被控诉人的请求被高院否定了,本案上诉至日本最高法院。最终,日本最高法院认可了上诉人的日本国籍。

日本最高法院的法官们充分地说明了自己选择认可上诉人的日本国籍的理由。[2] 首先,能否取得婚生子女这个身份,不是靠子女自己的意思或者努力就可以决定的,这是与父母的身份行为相关联的事情,和子女的意思无关。因此,将该项作为与取得日本国籍相关的要件并由此产生区别的理由是否合理,就有必要慎重地探讨了。本来,婚生与非婚生的身份问题,并非子女造成的,但国籍的取得与否却涉及的是子女的利益,那么用子女无法决定的事项决定其利益自然显得不合适。其次,日本《国籍法》第3条第1项将取得国籍的条件限制在了"婚生"的情况下,因而产生了该案的区别。然而这样规定的主要理由,是因为考虑受到作为日本国民的父或母的承认并取得婚生子女身份的子女,可以与其日本的父或母一起生活。由于通过这种家族生活与日本社会产生了紧密的联系,那么,认可其取得日本国籍也是自然而然的。再者,修改日本《国籍法》的时候,采用血统主义的大部分国家也规定了"婚生"的要件,所以该要件不过是当时遵循的一个国际惯例而已。但是,在这之后,随着日本的社会和经济环境的变化,包括夫妻共同生活方式在内的家庭生活与亲子关系相关的认识也变得不再相同。如今,非婚生子女的比例也在增加,家庭生活的实际形态也在逐渐多样化;随着国际交流的增加,日本国民与外国人结婚的情况也多了起来,而这种家庭的生活方式比夫妻两方都是日本人的情况要复杂多样,所以,不能以双亲是否拥有法律上的婚姻关系直接地判断子女与日本社会联系的强弱。毕竟,也存在因婚姻关系生来便拥有日本国籍却从小生活在国外的情况,这种情况的子女与日本社会的联系并不比在日本生活的非婚生子女更强。所以,单纯以法律上的婚姻关系来作为给予子女日本国籍的理由,已经不适合当今的

---

〔1〕 参照日本『最高裁判所民事判例集』第62卷6号1479页。
〔2〕 参照日本『最高裁判所民事判例集』第62卷6号1367页。

家庭生活的实际状况。另外,在日本所加入的国际条约中,也存在儿童不基于出生而受到差别对待的规定,所以有必要对现行的法律进行一定程度的修改。总之,该条立法目的的合理性,已随着日本社会内外环境的变化渐渐消失,如今,该法只是给日本国籍的取得了一个过剩的要件。而且,此要件还会使非婚生子女在对待上产生显著的差别,将违背日本政府签订的国际条约。

最后,至于是否会因为认定该法违宪致使其完全被废除的问题,日本最高法院认为立足于《日本国宪法》第 14 条平等对待的要求和国籍法所采用的血统主义的原则,受到身为日本国民的父或母的承认与以血统主义为基调认可国籍的该法第 3 条第 1 项的规定的目的是同等的。在满足除婚生子女外的其他要件的情况下,该子女可以得到国籍上的认可。为受到不合理的差别对待的人打开这个直接的救济渠道,是合理的。而对该法的新的解释,是为了修正区别对待产生的违宪瑕疵,并非使该法完全无效,而是使产生该案区别对待的多余要件的无效,法定婚姻关系不过是其中的一个条件,即便这个部分因违宪而废除,在遵循该法律主旨的情况下,该条依旧是符合立法者意思的,部分无效的结果只是使国籍的认定不再只限于婚生子女。毕竟,非婚生子女的权利同样也值得保护。因此,最终最高法院认为一审判决具有正当性,驳回了被上诉人的控诉。

通过上面对法官的判决理由和思考过程的总结,我们可以试着考察暗默知识。本来,日本《国籍法》在第 3 条只规定了婚生子女取得国籍的情况,对于非婚生子女,如果严格遵循法条主义,是不能取得日本国籍的,结论将和日本高等法院作出的判决一样。然而,无论是地方法院还是最高法院都作出了与法律条文相反的规定,那么这里必然存在法官的个人思考。而个人思考又是建立在一定的价值判断上的,很明显,这次法官的价值选择并非来源于法律的明文规定,因为当时的国籍法认为只有婚生子女的利益才是法律应当保护的利益,而非婚生子女是同居关系的结果,同居可能会被认为有“不道德”的意思,法律不想明文认可这种“不道德”的关系,也因此波及非婚生子女。所以,法官决定保护该案中非婚生子女的利益,这种价值选择应该是源于他多年的审判直觉,他认为虽然该子女在国籍的取得上并不符合法律上的要件,但除了这个形式上的要件外,实质上与婚生子女没有任何区别。于是,法官多年来形成的对正义的感觉告诉他,对于该案,即便是非婚生子女,也应得到保护。但是,如果我们再试着追问为什么法官认为这个利益也应该保护,可能法官自己也难以用语言上的知识去回答。因为这个选择并非来自演绎的逻辑推理,而是源于法官的直觉和对正义的感觉,我们可以从判决书中法官的理由里分析出这个结论。我们可以看到,法官阐述的理由,多是一些难以用语言说明的东西。比如,地方法院认为如果不认可原告当事人的国籍,则违反社会一般观念,伤害了国民感情。然而,如果具体来讲,社会一般观念是什么?国民感情又是一种怎样的感情?这是难以用语言细化的,就像哈耶克所说的隐性的一般社会规则(non-articulated rules)[1]一样。再者,社会一般观念又真的认可这种同居关系的结果吗?法官自己的感情又真的能代表国民感情吗?这当然是不可能的,法官只是用这样的词代替"我的审判直觉""我的正义感觉",使判决书看上去更合理化,这不过是一种法律修辞方式,目的是让大众接受。日本最高法院一开始也没从法律上给出理由(事实上,他们也无法直接根据某条款,赋予该非婚生子女日本国籍),而是利用了孩子所处的被动地位、社会环境的变化导致家庭生活方式的多样化以及国际条约的履行等,牵强地说明应保护上诉人的利益。当法官已开始借用一种难以细化的"大道理"而不是严密的法律条文来使自己的判决合理化时,就说明法官的价值判断本身也源于一种难以说明的"大道理",也就是本文所说的暗默知识。暗默知识帮助法官作出价值选择,甚至形成价值判断,从而再驱使法官去为这个选择寻找正当化的理由,所以波兰尼才认为,暗默知识本质上是一种理解力(understanding),是一种领会、把握经验、重组经验的知识。它在人类认识的各环节上起着主导性、决定性的作用,相对于显性知识具有理论上的优先性。[2]

法官的选择以暗默知识为开端,最终作用于法律的解释或者创造中。当然,本案最终从宪法上为判决找到了法律上的支持。然而,宪法大部分的内容,也是难以用语言说明理由的,如本案中宪法关于平等的规定,我们很难回答为什么要平等,只能借用"理性""本性"来说明。而且,法官之所以会想到用宪法来解决这个问题也是因为暗默知识在一开始使法官形成了一个价值选择,如果没有这个作为导向,法官也不会发挥自己的主动性从各方面找寻理由。

从上面的分析可以看出,案例中的价值判断也好,新的法律解释也好,

---

〔1〕［日］大崎正瑠:「暗黙知を再吟味する」、『东京经济大学人文自然科学论集』第140号。

〔2〕参见闻曙明:《隐性知识显性化问题研究》,苏州大学2006年博士学位论文,第40页。

其实都是在暗默知识的基础上产生的，可以说，暗默知识的确在民事审判的法律适用过程中起一定作用。

（三）事实认定过程中的暗默知识

民事审判中的事实认定是基于当事人提出的证据，通过推理论证判断主要事实是否存在的活动。但如上所述，不一定每个纠纷都简单得刚好有足够的证据来推理事实，甚至有些纠纷连关键性的证据都难以提出。幸而，成为争议的事实并不是单纯的自然现象，而是人自身的行为或者与人相关的事实。所以，在这种推理论证的活动中，不一定要像科学活动那样满足苛刻的条件，在事实认定中承担重要作用的并不是科学上的定理，而是经验法则。一般而言，人类的行为是“意思”的产物，这是大多数人所共通的，所以我们可以把经验法则作为演绎推理的大前提，从一般推向个别。在没有特别例外的事情发生的情况下，是可以推测某个特定行为是基于一定感觉、思维、意欲而产生的。在审判过程中，处于第三者的法院，将当事人之间发生的过去的一定的事实作为“排除合理怀疑”的事实进行认识，这是从人类行动的类似性中归纳得到的一般的经验法则的适用的结果。[1] 这种经验法则的适用在被作为合理的经验而被接受的情况下，该事实的认定与基于该事实得到的审判结果也同样获得了社会的通用力。

1. 经验法则与暗默知识

所谓经验法则，是指从经验中归纳得到的关于事物的性状或因果关系的知识或者法则。在我国台湾地区，经验法则，是指“人类以经验归纳所获得的有关事物因果关系或性质状态之法则或者知识，其范围既包括属于日常生活上的一般人之常识，也包括属于科学，技术，艺术等专门学问方面之知识”。[2] 德国学者斯泰（Friedlich Stein）认为，经验法则是“从定义或者具体的诉讼的事例中独立出来的，具有一般性内容的假言的判断。虽然说是从经验中获得的东西，但又从作为观察对象的个别的事例中独立出来，用以指导新的事例”。[3] 它是一种法则而非一种关于事实的命题。

由于经验法则是属于一般常识上的东西，所以也包含了职业上的技术与专门科学上的法则等许多实际上的东西（并非一种具体的事实，而是进

[1] ［日］齐藤朔郎：『事実認定論』、有斐阁、1954、页9。

[2] 陈宗荣、林庆苗：《民事诉讼法》，台北，三民书局1996年版，第487页。

[3] ［日］原竹裕：「裁判による法創造と事実審理」、『一桥大学研究年报法学研究』1997年总第29期。

行事实的判断时成为前提的知识乃至法则)。[1] 一般来说,可以将经验法则分为需要专门知识的"专门经验法则"和不需要专门知识的"一般经验法则",比如,在医学中,既有不需要专门的知识就能理解的一般的经验法则,也有需要在学界或者学说中慎重地讨论,从而确立得到的"专门的经验法则"。[2] 但在民事审判中使用的经验法则,只是关于人的行为的部分。比如:

"在这样的情况下,人通常会采取这样的行动"(盖然性);
"在这样的情况下,人通常不会采取这样的行动";
"在这种情况下,人可能会这样行动"(可能性)。

法官在进行事实认定前,经常会将上面的法则置于脑海中,甚至在事实完整的出现前,就已预判了整个案情,但从上面经验法则的表述方式上我们也能明确得知,经验法则是与必然的逻辑法则或科学法则不同的一种盖然性的原则,常常会伴随例外的状况。在事实认定时,法官会将这个念头随时置于脑中,根据案件的实际情况,修改对经验法则的适用。

经验法则一般有如下特征。第一,主观性和客观性。由于经验法则是一种法则,而非关于事实的命题,所以它是一种经过人大脑加工的产物。同时,它需要法官来发挥作用。也就是说,它的发挥也受到法官自身知识和价值判断的影响,具有很大的主观性。然而,经验法则的来源并非大脑,从它的定义我们可以看出,经验法则来源于法官长年的审判实务中积累的经验,是对事实的一种认识,所以又具有客观性。第二,无限性与有限性。经验法则来源于生活中的方方面面,各领域都可以归纳出相关的经验法则。它既可能是科学上的经验,也可以是生活上的常理、常情。而且,随着我们认识的不断加深,新的经验法则也可能不断地产生,所以经验法则具有一定的无限性。虽然其来源与数量是无限的,可同时经验法则又具有有限性的特征:我们不可能发现所有的经验法则,而且在民事诉讼上,对经验法则的利用也是有限的。因为每个案件的事实,只能是生活中的一个部分,所以利用到的经验法则也是有限的。第三,抽象性与具体性。经验法则既然被称为法则,

---

〔1〕［日］新堂幸二:『新民事訴訟法(第五版)』、弘文堂、2011、页79。
〔2〕［日］加藤新太郎编:『民事事実認定と立証活動第一巻』、判例タイムズ社、2009、页347。

那么就是对经验进行总结得到的认识,自然具有抽象性。但同时,它又是从具体的事物(审判中所运用的经验法则主要来源于人的具体行为)中得出的认识,所以又具有具体性。第四,盖然性。如前所说,经验法则不是一种必然的逻辑法则或者科学法则,常常伴有例外的情况。所以,经验法则又具有盖然性的特征。这导致法官在运用经验法则时常要考虑例外的可能。若不属于例外的范畴,则可以相关的经验法则;若属于例外的范畴,则要排除该经验法则,或者适用其他的特别的经验法则。所以对于经验法则,我们一般会加入"通常"这样的限定词。比如,对于"在地球上太阳每天都从东边升起"这样的经验是错误的,因为极地会有太阳一直不落或者一直不升的季节出现,这就是一种经验法则的例外。所以如果要正确表述这个经验法则,就应该变为,"通常,在地球上,太阳每天都从东边升起"。

通过对经验法则特征的分析,可以看到很多经验法则来源于法官长期的审判经验,而且还有一部分经验法则,法官在使用时,经常将其称为社会常理。对于依据审判经验而产生的经验法则,它的产生过程是难以用语言说明的,是不知不觉中产生的一种认知。而被称为社会常理的经验法则,其实就是当被问到为什么会这样认为的时候,法官难以用语言完满地解释,只能说这是社会的常理、常情。所以可以说,有一部分经验法则其实就是一种暗默的知识。

2. 直觉与暗默知识

直觉有时在事实认定时也占有重要的作用,虽然它不能在这个过程中被法官明确地提出来,但没人可以否认它在认识过程中的帮助作用。当法官面对复杂的案件事实时,直觉通常可以帮助法官进行快速的判断,明确事实认定的方向。这一方面可以加快诉讼进程,另一方面又可以使当事人有效地提出证据。不过,直觉毕竟是一种非理性认识,直接作为审判的依据是不合理的,也无法说服大众。所以,法官必须对直觉进行理性的分析和论证以检验直觉的正确性。只有"严密的思维附以直觉的指引,得出的结论才具有说服力"。[1] 而法官要在审判中合理地运用直觉,就要培养一种审判性的直觉思维。这种思维以司法经验的积累为基础,又依托法官自身丰富的法律知识。法官作为第三者,虽然不能亲历当事人间发生的事实,但通过聆听当事人的自述,可以建立一种对事件最初的认识,"裁判者就是依据这

---

〔1〕 谢静:《司法裁判中法律事实的认定》,中国政法大学2003年硕士学位论文,第14页。

重新签订借条,把利息算入本金中,所以,本案中B的借款从40万元变成了90万元。事实上,其中53.2万元都是利息而不是本金。

本案中的二审法官,在长期对高利贷行为的认定过程中,早已形成了一种暗默知识、一种事实认定感觉,当发现含有上述特征,即借条中没有规定利率且A仅能用借条主张权利,汇款行为等间接证据缺失时,就已经直觉地发现该案是高利贷行为。之后,再通过计算,发现B否认的金额正好和利率计算出的金额相同,就支持了法官的直觉,也赋予了这个暗默知识合理性。

本案缺乏几个关键的间接证据,A主张借出了90万元,并提出了作为直接证据的借条,但B否认了其中的53.2万元,同时A也没有证明这53.2万元被交付给B的间接证据,那么作为法官,应该更相信谁?由于A拥有直接证据,在不发挥暗默知识、审判直觉的情况下,可能会偏向A,作出和一审一样的判断。但后来的事实证明,这个判断是错误的。而发挥好了暗默知识,便可能发现其中的真相,像二审的法官一样直觉地认定此案属于高利贷行为,保证审判的公平。

(2)案例三:亲属间不动产买卖合同成立问题认定案[1]

案件概要:A将其所有的建筑物从昭和57年开始,就无偿借给其四女Y居住。然而,A后来却与Y夫妻两人交恶,于是要求Y夫妇返还建筑物的使用权(之后,由于A的死亡,A的儿子X继承了诉讼权)。Y却表示,自己已于昭和50年(1975年)年末向A提出了以650万日元购买此建筑物和土地的意愿并达成共识。

对于Y的这个抗辩,买卖合同的成立与否成了本案争议的主要问题点。首先,X否认了这个买卖合同,并以“Y的居住行为一直都是基于昭和57年缔结的使用借贷合同而非买卖合同”进行反驳。经查明,A与Y之间不存在纸质的买卖合同书,但从昭和52年(1977年)到昭和53年(1978年)的1年间,Y向A合计支付了180万日元的现金,且Y从A处获得了2封支付证明书,其中一封名为“领受书”,另一封名为“证”。一审法院认为,A与Y之间的买卖契约成立,于是驳回了A的返还请求;而二审法院却不认可A与Y之间的买卖契约的成立,承认了A的请求。

最后,在上诉审理中,日本最高法院认为直接地将A与Y的契约视为

〔1〕 参见最判平成10·12·8判时1680号9页。

暂时的使用借贷契约存在疑问,且反而尚有承认买卖契约成立的余地,于是撤销 Y 的败诉部分,发回原判法院重审。

日本最高法院认为买卖合同存在是基于如下事实和证人证言。

Y 夫妇指出:他们于昭和 50 年(1975 年)提出了想要购买该建筑物和土地的想法,而 A 则对该建筑物和土地提出了 650 万日元的期望价格。这之后,Y 夫妇从其公司的社内存款中分别取出了 30 万日元和 150 万日元用以支付给 A,同时,从 A 处得到了“领受书”和“证”两封支付证明。另外,Y 还通过向自己公司贷款补齐了购房款的不足部分,并拟定了借款手续所要求的“收据”,该“收据”中还含有 A 的印章。“收据”的手抄件交给了公司,而原件则保留在了 A 处。但是,A 承诺,如果 Y 愿意等到租房人 E 退房后再搬入该建筑物中,那么购房款的不足部分可以免除,于是 Y 就中止了与公司的借贷合同。这之后,Y 请求 A 做不动产所有权的转移登记,然而 A 并没有回应。

A 的次女 D 的证言如下:关于 Y 夫妇所说的 180 万日元,实际上是 Y 贷款购买汽车后剩下的部分,而 A 只是受 Y 之托帮其保管。而当法官询问 Y 为何要超过购车的必要金额,大幅度地向公司贷款并且之后不立刻归还多余的部分,而是甘愿承受利息也要请 A 保管剩余的购车款的理由,以及之后这部分钱款如何处理的,D 并没有作出明确的回答。

A 的长女 C 的证言如下:Y 所提出的作为支付证明的“证”,实际上是由 C 自己擅自拟定的,并不属于 A 的意思。但当问到 C 为什么要擅自拟定一个“证”书的时候,C 表示原因已经不记得了,因此,法官认为这部分证词的信用度很低。同时,对于 C 所说的“‘证’书的印章是自己冒用 A 的印章擅自盖上去的”这件事,C 自己也无法提供证据证明。

A 一直保管着记录有“收到 180 万日元”的“领受书”和笔记(该笔记记录了 180 万日元支付的事),而所谓的代为保管剩余购车款的证词,并没有相关的文件能证明。同时,也没有发现 A 为 Y 保管“购车款剩余款”的合理的理由。而 A 长期保管这些文件的行为被认为是“与自己的财产有密切关系才妥善保管”才是合理的。

Y 于昭和 57 年(1982 年)E 退房后,搬进了该案的建筑物,并花费了大约 300 万日元对该建筑物进行装修,其中,至少有 100 万日元的支出,是有小票证明的。A 在法庭上表示,她以为 Y 只是短期居住,然而,从 Y 花费 300 万日元装修该建筑物来看,该行为应该是以长期居住为前提的。

整理上述各点可以获知以下内容。(1)记载有Y支付记录的“领受书”“证”上有A的印章。同时,关于盖章这一点,也没有其他的具体证据证明违背了A的意思。(2)A长期保管着这两份证明书。(3)Y在入住时进行了大规模的改建。在改建期间,A对于此行为没有提出任何异议,入住后Y与A之间也没有围绕建筑物的使用问题发生过纠纷。(4)没有其他证据能证明Y的支付行为是基于其他目的而不是购房。那么参照上述4点,可以推理出的主要的间接事实:首先,Y所支付180万元的目的的确是作为购房款的一部分;其次,Y花费300万日元对建筑物进行改造。再带入经验法则来分析:第一,买卖契约若没有成立,通常是不会进行支付的(所以,从支付了180万日元这个行为来看,Y的确缔结了买卖契约用以购买该土地建筑物);第二,若非自己所有的建筑物,通常是不会花费高额的费用进行改造的(所以,支付高额的费用进行施工,应该是该建筑物的所有者)。

然而在本案中,还有一个问题就是“证”和“领受书”是否是基于名义人A的真正意思而拟定而成的。如果两份书证是基于A的意思拟定而成的话,那么它们所记载的内容就可以得到认可,基本上具有较高的证明力了。首先,两封证明书都有A的印章,似乎可以表示证明书是基于A的意思产生的,然而根据长女C与二女D的证言,“证”是由C拟定且印章也是C擅自盖上的。如果这样,该证明书就不是基于A的意思产生的,而买卖契约也就可能不成立。如此,就不得不再次要求双方提出新的证据。然而,再次斟酌可以发现,C的证言违反了“如果是自己亲自拟定的话,通常应当会记得住拟定的原因”这样的经验法则,D的证言违反了“若伴有利息的话,通常不会大幅度超过使用金额借入金钱,而且如果有剩余未使用的部分的话,也通常不会委托第三人保管,而是尽快返回多余的部分”这样的经验法则;A的行为则符合“与自己没有关系的文件,没有长期保管的理由,只有与自己利益相关的文件,才会长期亲自保管”这样的经验法则。所以被上诉人的证言,无论哪一个都是不自然、不合理的。那么,与之相对的,Y的表述更合理,所以书证记载的内容应该是真实且符合A的意思的。法官基于这样的经验判断,基本确信了Y的陈述。

买卖合同书的不存在作为消极方面,给本案的事实认定增加了巨大的难度。一般来说,就买卖行为而言,是没有必要拟定合同书的,但是对于土地或者建筑物等高价的重要的财产的买卖行为,出于交易安全的目的,通常又会拟定合同书(这样的观念也可以视为一种经验法则)。所以,合同书不存在就表示一种买卖行为本身就不存在的可能性。但是,本案属于近亲属之间的交易,可以是这种经验法则的例外,所以这个消极方面的事实的证据力就被大幅度地削减了。

在本案中,日本最高法院是以作为直接证据的当事人陈述的信用性为中心,参照上述各个要素(间接事实,证据)和经验法则作出判断的。尝试依靠经验法则,抽取出主要的间接事实和证据或者进行可能的假设。由于本案证人和当事人之间的言辞互相矛盾,加之在诉讼的早期,所有的事实难以聚集在一起,所以法院不得不利用这些混乱的、零星的情报,动用经验法则设立假设。在内心设立完假设后,法官思考出与之矛盾的点或者缺失的部分事实,然后要求当事人进行说明,催促他们提出相关的证据来帮助自己不断地重复验证修正假设,最后将假设认定为法律事实。假设方法是无法从现有的制度或者规定中去寻求的,多是法官的暗默知识在起作用。法官通过多年的审判经验直觉性地去假设,从而感知当事人和证人言辞的真实度。

而法官所依照的经验法则,也如前面所述,并非像法律规范那样理所应当,而是充满了例外的情况,所以该案件要如何采用经验法则、什么样的情况下承认例外,是必须和上面的各项操作同时进行的。最后,若是推理出难以撼动的事实或找到难以撼动的证据,这些就将成为法院判断的决定性要素,并赋予审判客观性和安定性。由于本案缺乏关键性的证据,所以法官依靠经验法则进行了大量的假设推理进行事实认定,用以推出主要事实。在这几个复数的经验法则中,最值得吟味的便是“对于不动产等高价的商品的买卖行为,通常是会拟定合同书的”这样的经验法则,但本案正是缺少买卖合同书,所以如果依照这个经验法则,Y 的请求就很难得到认可。然而,经验法则具有盖然性的特点,是有例外可能性出现的。本案导致例外情况的原因就是当事人双方属于亲子关系,而关系亲密的亲子间即便涉及大额财产的交易也不一定会签订纸质的合同书。出于血缘和亲情口头的合约便够了,正式的合同反而让人觉得很见外。法官长期的审判经验也可能早已形成了这种“亲子间通常都是口头承诺”这样的反传统经验法则的经验法则,如果要解释其中的理由,同样也只能说这是父母子女间的常情,它也是基于一种暗默的知识产生的。

综上所述,暗默知识的确是存在且在事实认定过程中发挥作用的。具体来说,法官在面对证据间的矛盾时,会利用暗默性的直觉、经验去询问当事人或证人,判断证词的合理性;在形成了对证据的确信后又会利用暗默知识进行假设,在促使当事人提供证据验证自己的假设,从而完成事实认定活动。

四、对暗默知识的规范

2006年11月,徐某宣称在准备上公交车之时,被从后门下车的彭宇撞倒,要求彭宇承担人身损害赔偿责任,而彭宇否认自己有撞倒徐某,宣称自己仅是看徐某摔倒,出于善心前去帮助。最终,在双方都没有拿出决定性证据的情况下,法官认定彭宇撞倒徐某的事实成立,赔付人身损害赔偿11万余元。这便是曾经引起社会巨大轰动的"彭宇案"。[1]

从"彭宇案"的判决书我们可以发现,徐某没有证据证明彭宇撞到自己,彭宇也无法证明自己没有撞到徐某,然而,法官最终认定彭宇存在过错。从法官给出的理由可以看到,法官这样判定完全是利用了本文所说的暗默知识,但也正是这个暗默知识,引起了巨大的争议。那么对于发挥暗默知识引发的问题,应该怎么看?

虽然法律没有在允许和禁止上对暗默知识的发挥作出什么规定,但从前面几部分我们知道,在审判中,法官或多或少都会使用他们的暗默知识。经验老到的法官可能会不经意地发挥暗默知识,而面对疑难案件,法官会不得已地发挥暗默知识。暗默知识虽然可以帮助法官快速或正确地裁判案件,但它毕竟是一种主观的知识,所以必须要有一个发挥的范围和限制的方式,以免成为法官滥用司法权力的理由。暗默知识的主观性会因为法官的个人倾向产生显著的偏向,而一旦先入为主就很难脱离。这作为感性的弱点,在审判活动中是绝不能放任的。因此,本文虽然肯定暗默知识的作用,但也承认其需要规范。

(一)规范暗默知识的理由

总的来说,规范暗默知识的原因有两点。

首先,发挥暗默知识的主体的自身原因要求规范暗默知识的发挥。发挥暗默知识的主体是法官,而暗默知识又是一种主观的知识,因此,法官的素质和经验会对其最终作用产生巨大的影响。经验老到的法官,也许能更好地发挥暗默知识,掌握暗默知识在审判中的力度,"适可而止"地作用于

---

〔1〕 参见南京市鼓楼区人民法院民事判决书(2007)鼓民一初字第212号。

审判过程中;而缺乏经验的法官,如果任意地发挥暗默知识,则可能“剑走偏锋”,被理性的弱点打败。但这种情况并非绝对,经验老到的法官若太相信暗默知识,凭直觉去选择法律认定事实,反而可能成为经验主义的“顽固派”;而经验尚浅的法官在面对新案件时,反而可能超越经验,找到更合适的解决方式。法官素质问题也影响着暗默知识的作用,经历了精英教育、系统培养的法官,一般都有着良好的法学素养,对正义的感觉也更系统,他们在发挥暗默知识时,会将其更合理地与正义关联起来。而一些没有经过精英化教育的法官,很难说他们能否将暗默知识发挥好,甚至如果个别职业道德和价值观念不高,那么放任暗默知识的发挥反而成了一种恣意的工具,不但不利于审判,而且会使当事人对法院产生不信任感。但同样的,这种情况也不绝对,系统地培养出来的法官,也许的确审判素质更高,但也因为系统的培养变得“中规中矩”,对法条形式化的信仰可能使他无法找到最合适的手段去解决纠纷,而一些来经过精英化教育的法官,在一种非正式的正义感形成过程中,他们找到的解决手段在结果上可能更令当事人满意。主体的影响并非是一种有规律的影响,而是一种个人化的影响,并不是越具有经验越精英化就越能利用好暗默知识,也不是缺少经验就难以把控暗默知识。这是由于暗默知识极具个人性的原因导致的。每个人的暗默知识是不同的,因而对民事审判的影响也是不同的。但正是由于这种不规律的影响,才更要规范暗默知识的发挥。

其次,暗默知识发挥的结果要求对暗默知识进行规范。由于暗默知识可以帮助法官判断,所以暗默知识的发挥可能会对判决结果造成直接的影响。既然民事审判是以依靠法律这个工具公平公正地解决现实社会中发生的私人纠纷为目的的程序,那么它就不允许出错。法律问题虽然是法官的领域,法官可以对其进行解释与创造,但一旦失误,其中形成的价值选择不单会影响其针对的案件,还有可能左右今后发生的类似案件的结果,甚至对整个社会产生影响,这种情况在日本最高法院尤为需要注意。由于最高法院的权威性,在一次判决形成后很可能作为判例,为同级法院和下级法院所遵守,特别是疑难案件这种难以在法律上找到依据的案件,如果有先例存在的话,后面的法官很容易陷入之前的价值选择。比如,前述案例一作出判决,又有 17 名非婚生子女据此申请了国籍的认可,而法院也一一同意了,可以看出先例的影响力。事实认定也和法律解释一样,不允许出现差错,因为事实认定作为审判过程中决定性的一环,稍有不同就可能对结果产生巨大的影响,而且事实是当事人之间发生的,那么就很少会产生当事人自己不知道“答案”的问题,法官如果不小心对事实进行了错误的认定、作出了错误的判决,就可能一下子陷入信赖危机的情况,所以法官在事实认定的时候常常也伴随着紧张感。[1] 对于一个面目可憎的人,法官在直觉上先入为主地认为其是坏人,在事实模糊不清的情况下,无论他说什么,法官都容易倒向另一方。所以,暗默知识绝不能任意地发挥。

(二)规范暗默知识的方式

1. 语言修辞对暗默知识的规范方式

本来审判的内心机制就具有一定的隐秘性,若在其中加入暗默知识就更会变得如此——本身就隐秘的内心判断再不用语言说明,难以给败诉方和阅读判决书的人一个信服的理由。既然暗默知识是一种非语言的知识,那么规范的方法可以用相反的方式,即用语言去规范。也就是说,法官发挥的暗默知识必须要用语言文字赋予它一个合理性的理由,用语言把合理性与非语言的暗默知识关联起来。但要说明的是,法官要做的并不是将暗默知识本身语言化,所以这里并不与暗默知识本身的难以说明性矛盾。法官要做的是用语言文字把自己暗默的思考正当化,也就是用修辞的方法使人信服。这种活动并未触及暗默知识本身,而是用语言修辞让我们觉得法官的思考是合理的。

那么,法官利用语言修辞赋予暗默知识合理性的方法有几种呢?

(1)诉诸公众情感和公众价值

法官在赋予自己内心暗默知识合理性的时候,可以诉诸公众感情。公众感情本身就具有一定的抽象性,是一种模糊概念,而且,公众感情一般又和道德有紧密的联系,法官形成的暗默知识就有可能部分地和公众感情重叠。于是,法官用诉诸公众感情的方法来赋予暗默知识合理性就很容易被大众所接受。公众价值也一样,虽然我们可以找到一些词语来形容这种价值,但这些词语本身也是很抽象的,同时,公众价值也有和法官暗默知识重叠的地方,所以诉诸公众价值也可以说服大众。

比如,在本文的案例一中,地方法院用了“国民感情”“社会通念”等词语,实际上,法官的判断并非源于国民感情而是源于自己内心,但他认为自己的思考和一般的国民的正义感情相符和,所以借用这些词语是没问题的。

[1] [日]田尾桃二:『民事事実認定論の基本構造』、判例タイムズ社、1999、页55。

除此之外,法官还会使用“一般人都会”“亲子之间一般”“作为人应当会”之类的言辞,虽然这些词显得不够专业,但却有可能说服他人。当在法律上找寻不到特别好的理由时,这些“模糊概念”就派上用场了。“模糊概念”作为关联暗默知识的工具,虽然不能说服所有的人(毕竟暗默知识和“模糊概念”都是模糊的),但它至少能帮助法官在判决书上隐藏“我认为”“我的直觉告诉我”“我多年的经验”这种让人感觉主观色彩严重有失公平的词汇。

(2)诉诸一般社会环境

法官解释说明他的暗默知识时也并非只能用上述一种办法——利用似是而非的词语、模糊的概念说服大众。其实,只要能用语言文字寻求到合理的理由,法官还是可以诉诸社会一般环境的。

比如,案例一中日本最高法院就没有像地方法院那样借助“社会通念”等模糊概念,而是结合当时立法的背景,社会现状和直接利益关系人的无过错等理由来说明。这些理由比“社会一般感觉”要明确很多,但严格来说,它们也并非法律上的理由,而是法官借助自己的修辞方法来说服他的对象而已。“经验丰富的法官则能正好将内心的正义感与裁判的逻辑形式理性很好地协调一致,从而将司法裁判变成一门艺术。”[1]

(3)诉诸理性的计算

在赋予暗默知识合理性的时候,还可以依靠计算的方式。数字可以给人一种信服感,而数字越具体就越给人真实感。法官在发挥暗默知识时利用计算的方式,不但可以验证自己的暗默知识是否可靠,还可以让大众觉得法官的认定有理有据。因此,将计算过程用文字表达出来可以赋予暗默知识合理性。

如在案例二中,法官直觉地认定了高利贷行为后,继续结合利率计算出具体的利息金额,发现最终利息加本金的结果和A主张的金额一致。虽然该案没有直接证据证明A的高利贷行为,但通过法官的直觉和计算却能推理出这个事实,而且大众在这种理性的计算面前,也会选择相信法官的判断。

综上,我们可以作出这样一个推论:既然语言可以赋予暗默知识合理性,那么用语言的方式也可以规范暗默知识的发挥。只有可以用语言说明一定合理程度的暗默知识,才能成为法官判断选择的理由,不能说明合理性或者合理性明显偏低的则不能成为理由。当诉诸公众感情和公众价值,一

---

[1] 胡学军、涂书田:《司法裁判中的隐性知识论纲》,载《现代法学》2010年第5期。

般社会环境、理性计算等方式难以说明合理性的时候,这种暗默知识就不能得到发挥。

回到"彭宇案"中,它是法官利用暗默知识判案的典型案例。在该案中,双方都没有决定性证据,而法官在判决理由中写的是"依靠社会情理""依据日常生活经验分析""从常理分析"。这就是诉诸社会感情与价值赋予暗默知识合理性的方式,然而,这段修辞的内容并不合理,所以很难赋予法官暗默知识的合理性,因此引发了巨大的争论。法官所谓的常理,指的是法官认为常理应当是首先控制逃逸的加害者,然而,根据大众对见义勇为的理解,一种出于正义感的行为应该是在加害者逃逸后先确定受害人情况,所以彭宇先扶徐某也是有道理的。再者,法官所谓的社会情理,是认为在家属到来后,彭宇应该自行离开,而不是一直待到最后还垫付医药费,这个行为证明了彭宇心中自认了对此事的责任,然而大众的一般感情(虽然他们可能并不会按这种一般感情去行为)是更相信"好人做到底"。彭宇留到最后,大众更愿意相信他是因为善意而不是因为侵害责任。因此,法官的语言修辞难以赋予他的认识合理性,也就无法说服大众。所以,为了防止暗默知识的任意发挥引发的误判和信赖危机问题,暗默知识必须用语言修辞进行规范。而要做到这一点,就要求法官在判决书中公开判决理由、规范公开制度。只有这样,法官在发挥暗默知识时才会更慎重,毕竟"面目可憎的人提出的证据可信度低"这样的判断在判决书上是不可能站得住脚的。

2. 克服内心的偏见规范暗默知识

既然暗默知识归根结底是一种个人的知识,是一种直觉或者审判感觉,那么,除了用言语修辞来规范以外还可以通过法官自身对偏见的克服来规范暗默知识。规范暗默知识主要是防止法官的偏信,法官若在心中建立起一套对自己直觉观念的反省规则,就可能规范暗默知识。让法官明白自己的直觉可能产生误差,偏信可能会导致错误,前述见解并不适合每一种情况,还得具体地分析。通过直觉得到结果后,再根据案件的具体事实从直觉的反方向去思考,以此来检验自己的直觉。以案例三为例,买卖行为一般并不签订纸质的合同,但在进行重大交易的情况下,为了保证交易安全也会签订纸质合同。所以房屋买卖如果没有合同书,法官可能会直觉地认为双方并没有交易的合意。但针对案例三的具体事实,法官就应当反方向思考一下没有合同书是否也具有合理性,由于当事人之间的母女关系,出于血缘和亲情即使重大的金钱交易,也有可能不签订正式的合同书,签订合同书会给人一种“外人”的表现，所以不签订也具有合理性。

法官建立起克服内心偏见的规则，就可以帮助自己合理利用暗默知识，同时也使暗默知识更规范。

结 语

法官作为独立的人在审判中有独立的思考是无可厚非的，而暗默知识在民事审判中的运用也是难以避免的。只要法官不是机器，那么在任何一场审判中，法官都会产生基于个人知识的思考，只不过，在简单案件中法官可以依赖现成的法律和证据轻松地解决纠纷，而暗默知识被抑制住了而已。但是在疑难案件中，法官不得不靠自己去认定事实，解释法律甚至创造法律，这时，法官个人知识的成分就很大了，而这种个人的知识多半是暗默的。

虽然暗默知识具有个人主观的色彩，又有难以说明的特征，仿佛和公正严明客观的审判活动格格不入，但事实上，合理适当地发挥暗默知识对审判很有帮助。现有成文法的有限性导致了它不可能解决所有的纠纷，或者它不可能合理地解决所有纠纷，这个时候法官就成了立法者，用他对正义的理解去创设法律。同样地，法庭审判过程中很难找寻到绝对客观的事实，大多数都是法律事实，当事人的主张由于证据的欠缺而难以认定时，法官该更相信谁，也需要运用暗默知识加以判断。我们应当正视并鼓励暗默知识的运用，这样才可能得到更合理的判决结果。相反，抑制暗默知识，可能会使审判的结果处于风险中，法官能作出“中规中矩”的审判，但却作不出合理的审判。这不利于司法审判的发展。

当然，暗默知识毕竟是一种个人知识，在利用它时，必须要进行规范，否则，它可能就成了法官过度自由的工具，反而不利于审判活动。

本文是在试着将暗默知识引入民事审判实践的研究中，为法官的价值选择和经验法则提供另一种正当性证明。虽然暗默知识由于其难以言说、过于缥缈，在学界还存在争议，但我们不得不承认在日常生活和科学研究中，有时候会有一种暗默的知识帮助我们完成发现，甚至发明。而且的确有大量的学者已试图把暗默知识引入教育学、经营学、工学、理学，甚至医学。所以，法律方法论的研究也很有必要重视暗默知识这个问题。然而遗憾的是，不管是国内还是国外，以“法与暗默知识”为主题的研究都十分的稀少。所以，个人利用本论文，虽然内容并不深入，但也希望为法律方法论的研究提供一个新的视角与思路。

图书在版编目(CIP)数据

社会中的法理. 第10卷 / 张永和主编. -- 北京 : 法律出版社, 2018
ISBN 978-7-5197-3005-5

Ⅰ. ①社… Ⅱ. ①张… Ⅲ. ①法理学-研究 Ⅳ. ①D90

中国版本图书馆CIP数据核字(2018)第291478号

社会中的法理(第10卷)
SHEHUI ZHONG DE FALI(DI 10 JUAN)

张永和 主编

策划编辑 陈 妮
责任编辑 陈 妮 单 洁
装帧设计 汪奇峰

出版 法律出版社
总发行 中国法律图书有限公司
经销 新华书店
印刷 北京虎彩文化传播有限公司
责任校对 杨锦华
责任印制 吕亚莉

编辑统筹 财经法治出版分社
开本 720毫米×960毫米 1/16
印张 14.5
字数 240千
版本 2018年12月第1版
印次 2018年12月第1次印刷

法律出版社/北京市丰台区莲花池西里7号(100073)
网址/www.lawpress.com.cn
投稿邮箱/info@lawpress.com.cn
举报维权邮箱/jbwq@lawpress.com.cn
销售热线/010-83938336
咨询电话/010-63939796

中国法律图书有限公司/北京市丰台区莲花池西里7号(100073)
全国各地中法图分、子公司销售电话:
统一销售客服/400-660-6393
第一法律书店/010-83938334/8335 西安分公司/029-85330678 重庆分公司/023-67453036
上海分公司/021-62071639/1636 深圳分公司/0755-83072995

书号:ISBN 978-7-5197-3005-5
定价:68.00元
(如有缺页或倒装,中国法律图书有限公司负责退换)